TOFFE TIET

LISA LYNCH

Toffe tiet

Vertaald door Annoesjka Oostindiër

2010
Uitgeverij Contact
Amsterdam/Antwerpen

© 2010 Lisa Lynch
© 2010 Nederlandse vertaling Annoesjka Oostindiër
Oorspronkelijke titel *The C-word*
Oorspronkelijke uitgever Arrow Books, Londen
Omslagontwerp en illustratie Suzan Beijer
Typografie Text & Image, Beilen
Drukwerk Drukkerij Bariet, Ruinen
ISBN 978 90 254 3449 6
D/2010/0108/933
NUR 320
www.uitgeverijcontact.nl

Voor Cyril en Jean

Inhoud

Inleiding

Op mijn lange lijst van 'dingen die ik voor mijn dertigste wil doen' (het noorderlicht zien, zwanger worden, een boek schrijven, zes kilo afvallen, een paar Christian Louboutins hebben) stond niet: borstkanker overwinnen. Maar ja, het balletje rolt nu eenmaal zoals het rolt.

Wat er vooral zo klote was, was niet zozeer dat ik zo'n zware taak aan mijn lijstje moest toevoegen, als wel de buitengewoon beroerde timing, omdat hij me mijn laatste paar kostbare jaren als twintiger afnam. Er stond me nog zo veel belangrijks te doen: middagjes winkelen, een wonderbra dragen, romantische weekendjes weg en stomdronken etentjes met vrienden (niet dat dat slim was met die paar pondjes die eraf moesten). Hoewel ik er dus niet omheen kon dat die Klotezooi (zoals ik het ben gaan noemen) een tijdje op de eerste plaats zou komen, had ik me vast voorgenomen om al die leuke dingen weer terug te krijgen. Ik zou me echt niet meer dan alleen mijn haar laten afnemen. (En laten we wel wezen, dat was al kut genoeg.)

Ik ben er altijd van uitgegaan dat wat het ook is, je het maar beter kunt weten. (De waarheid komt misschien hard aan, maar het is toch altijd fijner als je weet dat er iets niet helemaal klopt, zoals wanneer je shirt half in je onderbroek zit gepropt?) Ik ben evenmin op mijn mondje gevallen. En zo begon ik dus een blog: *Alright Tit*, waarop ik een dagboek bijhield van mijn kankerervaringen. Schrijvend de strijd aangaan bleek een goede strategie: mijn vrienden en familie bleven zo niet alleen op de hoogte van alles wat Kylie (of de Moedige Kylie, want dat is haar volledige naam) ze nooit rechtstreeks zou vertellen, maar het was tegelijkertijd een louterende ervaring waardoor ik niet op de divan van de therapeut belandde (nou ja, niet al te lang althans).

Ik pretendeer niet de enige twintiger te zijn die ooit de diagnose borstkanker heeft gekregen. Waarschijnlijk ben ik gewoon degene met de grootste bek. Maar iedereen heeft een strategie nodig en die van mij was om al schrijvend door deze Klotezooi zien te komen (en er met een fierdere tred in een prachtig paar Louboutins weer uit te komen).

Carrie Bradshaw viel bij Dior, ik bij Debenhams. Het was mei 2008 en het was spectaculair. De combinatie van oncomfortabele hakken, een spekgladde vloer en een op hol geslagen hoofd vanwege een cocktailjurkje en voilà: *boink*. Met je armen voor je met je voortanden op de vloertegels smakken, terwijl je borstkas en knieën je val breken en je benen in de lucht spartelen als die van een peuter met een driftbui: het was theatraal, overdreven, een perfecte score. En het was doorslaggevend moment nummer één wat betreft de ontdekking dat ik me in stadium III van borstkanker bevond.

Veelbetekenend moment nummer twee kwam een maand later, toen mijn man en ik aan het nep-ruziën waren. Van buitenaf zou je denken dat we een in Londen wonend stel zijn met een solide hypotheek en een cafetière, dat hun airmilessaldo goed in de gaten houdt. Achter gesloten deuren tekenen we echter dingen op elkaars voorhoofd, houden we luidruchtige karaokes van Beatles-liedjes en kietelen we elkaar tot we bijna stikken van het lachen. Terwijl ik probeerde terug te vechten maar ondertussen langzaam al het gevoel in mijn zenuwtoppen kwijtraakte en ook nog een volle blaas onder controle moest zien te houden, wilde ik wat tijd winnen door een 'vergeet niet dat ik nog steeds last heb van die val van laatst' toe te voegen aan het 'ik ben een meisje dus je moet me wel matsen' dat ik al had ingezet. Maar als je getrouwd bent met de meest competitief ingestelde man die er bestaat, heeft dat soort zielige smoesjes weinig effect en dus maakte hij zich op om me de genadeslag toe te dienen. Hij pinde mijn armen achter mijn rug vast en strekte zijn andere hand al naar mijn bij Debenhams geblesseerde linkertiet uit. Toen P. om een time-out vroeg omdat de speelse tietengraai me meer pijn had gedaan dan zou moeten en hij wat meer dan zijn gebruikelijke handvol had gevoeld, wist ik dat er iets mis was. (P. gooit nooit als eerste de handdoek in de ring.) En dat was dan ook exact het moment dat de lol eraf was en mijn kankerreis begon.

Aangezien ik een hekel heb aan het woord 'reis' in combinatie met kanker is dat eigenlijk een wat rare woordkeus. Reis impliceert een aangenaam uitje naar het strand, het begin van een *magical mystery tour*, of een ingrijpende belevenis waardoor je tot een belangrijk inzicht bent gekomen. Maar kanker is geen reis. Kanker is een atoombom die pats-boem midden in je prachtige wereldje belandt – en in dit geval verdomme ook nog eens zonder waarschuwing vooraf. Daar is niets bevrijdends, feestelijks of verlichtends aan.

De diagnose 'je hebt kanker' is alsof je te horen krijgt dat je over een kwartier eindexamen moet doen in een taal waarin je nog nooit les hebt gehad. (*Parlez-vous chemo?*) Je loopt de wachtkamer binnen in de veronderstelling dat je nooit meer hoeft te blokken en loopt daas naar buiten met allemaal ontstellend noodzakelijke terminologie die jou net zo vreemd voorkomt als sneeuw een inwoner van Fiji. De bijgaande informatie is behoedzaam verwoord en heerlijk vrijblijvend ('je zou kunnen merken dat...', 'de mogelijkheid bestaat dat...', 'je kunt tot de ontdekking komen dat...', 'als je voelt dat...') op een mierzoete 'hé, het valt allemaal wel mee'-toon, als een flinterdun gordijntje dat een loeigrote olifant moet zien te verhullen.

Ik wil helemaal niet horen dat haaruitval betekent dat ik 's ochtends langer in bed kan blijven liggen doordat ik het niet hoef te föhnen, of dat het kopen van een scala aan pruiken me de kans biedt om verschillende persoonlijkheden uit te proberen in de echtelijke sponde (en die heb ik beide uit een 'opbeurende verzameling citaten' van vrouwen die borstkanker hebben overleefd). Ik wil ook helemaal niemand die indruk geven, want het is onverantwoordelijk en eerlijk gezegd ook volslagen lulkoek. Zelfs voor ik een van die dingen waar die ervaringsdeskundigen het over hadden zelf had ervaren, wist ik al dat het niet zo zou zijn. Ik zou er alle ochtenden van uitslapen voor over hebben gehad om mijn weelderige lokken te kunnen behouden. En die chemo heeft niet alleen een desastreus effect op je seksleven, maar de behandeling van borstkanker doet ook niet bepaald wonderen voor je zelfbeeld. (Ik kan me niet herinneren dat ik ooit een twintiger met een kaal hoofd en één borst heb gezien in FHM's lijst van de honderd meest sexy vrouwen.)

Dus loop naar de pomp met die clichématige, domweg stompzinnige kankerspitsvondigheden ('denk aan al het geld/alle tijd/inzet die je kunt besparen op mascara/je kapsel/het ontharen van je benen') in al die mierzoete, waarheid

verhullende 'informatie'-folders en oprechte, levensverbete-
rende zelfhulpboeken. Het wordt tijd dat iemand eens ver-
telt hoe het écht is.

En dat is dus precies wat ik heb gedaan.

1

Een spijtbetuiging

Juni 2008

Vanwege een gebrek aan fatsoenlijk gespreksmateriaal en enigszins merkwaardige voorkeuren vervielen mijn eerste (ongeschikte) vriendje en ik in de gewoonte dat we amper praatten en elkaar in plaats daarvan als onderzoeksmateriaal gebruikten. Het voelde niet altijd prettig en we deden het niet altijd goed, maar we waren vijftien en wilden dolgraag indruk maken op onze klasgenootjes. Op een iets te enthousiaste middag in een verder leeg huis liep ik op de een of andere manier een pijnlijke rechtertepel op. Hoe? God mag het weten. Maar in de weken daarna was het even afgelopen met al het geëxperimenteer, totdat het litteken op mijn tiet was geheeld en mijn ongeschikte vriendje iemand anders had gevonden om mee te experimenteren.

Dertien jaar later wijt ik het feit dat mijn rechtertiet mijn minst favoriete is nog steeds aan dat voorval. Niet met een straatlengte, hoor – qua tieten ben ik altijd tevreden geweest met wat me is toebedeeld en er ook altijd van uitgegaan dat de paar mensen die ze hebben mogen aanschouwen daar verrotte blij mee mogen zijn – maar zo heeft iedereen toch zijn eigen favotieten?

En dus wil ik vandaag mijn excuses aanbieden aan mijn

rechterborst. Allereerst dat ik het net over 'borst' had. 'Borst' is gewoon een van die woorden waar ik zonder dat te kunnen uitleggen van gruwel, vandaar die aanhalingstekens. Maar ik wil mijn excuses vooral aan mijn rechtertiet aanbieden (ja, dat klinkt al veel beter) omdat ik altijd de voorkeur heb gegeven aan mijn linker, terwijl die nota bene kanker kreeg.

Is het te laat om van zijde te wisselen?

'Nog een gin-tonic, Lis?'

Ik had op het terras van onze lievelingskroeg in Londen met wat vrienden afgesproken voor een pilsje (dat betekent dus gewoon: drie uur zuipen op een lege maag). Het was zo'n verrukkelijke avond die je maar eens per jaar meemaakt, als het weer goed genoeg is om je leggings en laarzen te verwisselen voor blote benen en sandalen met sleehakken. Ik zat goed in mijn vel en droeg mijn eerste zomerjurkje van het seizoen, had mijn stelten ingesmeerd met een verdacht uitziend nepbruin goedje en mijn pas uitgegroeide pony in een soort zijwaartse scheiding weten te krijgen, zodat je denkt dat je er als een soort Jessica Rabbit uitziet (maar eerlijk gezegd lijkt het eerder alsof je maar één oog hebt).

'Nee, doe maar niet,' antwoordde ik aan een jury van ontstelde blikken. 'Nee, echt niet. Ik moet morgenochtend naar de dokter. Ik heb een cyste in mijn tiet die niet te genieten is.' Om de een of andere reden wees ik daarbij naar de gewraakte tiet; één gin-tonic te veel en ik voelde al de neiging mijn vrienden anatomieles te gaan geven. Niemand leek er ook maar in het minst om te malen. Ik evenmin. Want een knobbeltje in je borst op mijn leeftijd is toch uiteraard een cyste? En bovendien zat het me meer dwars dat ik door die vroege afspraak nu al voor de laatste ronde moest aftaaien. 'We praten na mijn vakantie wel verder bij, oké? Als ik met een echt bruin kleurtje kan pronken,' zei ik terwijl ik een gevlekt oranje been op de grond zette, mijn tas over mijn schouder zwiepte en naar de dichtstbijzijnde beschikbare taxi toog.

Zelfs mijn huisarts was verre van bezorgd. 'Ik weet zeker dat het een cyste is,' zei ze. 'En die is weg tegen de tijd dat je terug bent van vakantie.' P. en ik waren al maanden bezig met het plannen van deze reis: eerst naar LA, waar Ant woont – een van mijn beste vriendinnen – en dan door naar Mexico voor de wat betere ontspanning in de vorm van Corona's zuipen, zon aanbidden en nacho's schransen. Stiekem gingen we er allebei ook van uit dat we daar op zwangerschapsgoud zouden stuiten. (Na twee miskramen in een halfjaar was het maken van een baby zo langzamerhand best een obsessie geworden.) We waren dan ook geen van beiden bereid om ons zonovergoten neukschema te laten vergallen door een irritante cyste in mijn donder (o nee, tiet).

Maar na een week waarin mijn bikini niet lekker zat en ik P.'s hand telkens bij mijn linkertiet moest wegslaan, begon dat knobbeltje me wel degelijk dwars te zitten. Het werd steeds harder, deed pijn als je het aanraakte en stond eerlijk gezegd ook verre van flatteus bij mijn zomerjurkjes met spaghettibandjes. Ik zei er iets over tegen Ant.

'Kun je 'm heen en weer bewegen?' vroeg ze terwijl we op Venice Boardwalk aan onze *frozen yoghurt* likten. Ik stak mijn hand onder mijn shirtje, ervan uitgaande dat met Muscle Beach recht voor ons niemand acht zou slaan op een bleek Brits meisje dat zit te frunniken aan haar linkertiet.

'Eh, ja, ik geloof het wel.' Ik vroeg me ondertussen af of het knobbeltje door te veel geprik en gepor zou kunnen ontploffen, net zoals een shampoofles op grote hoogte.

'Dan is het een cyste,' drukte ze me op het hart. 'Laat ze er nog maar eens naar kijken als je terug bent en ik wil wedden dat ze het dan meteen kunnen weghalen.'

Dat deed ik dan ook, zij het niet meteen. Want terwijl we in Mexico zaten vernamen we het nieuws waar ik sinds het overlijden van mijn lieve oma vorig jaar al bang voor was: dat mijn opa zich bij haar had gevoegd. Het is extra onwerkelijk om zo'n telefoontje te krijgen terwijl je in de brandende ochtendzon op een balkon met uitzicht over zee staat. Je ouders leggen je uit wat er is gebeurd, weten uiteindelijk niets meer te zeggen en proberen dan een geforceerd praatje met je te beginnen in de trant van 'heb je het fijn?' en 'is het lekker weer?' terwijl jij op beide vragen het antwoord schuldig moet blijven. Ik had het liefst het eerste het beste vliegtuig naar huis genomen, maar daar wilde niemand iets van weten. We zouden toch over een paar dagen terugvliegen en aangezien iedereen dit al maanden had zien aankomen, kon ik ook niet veel zinnigs uitrichten. En dus bracht ik de rest van de vakantie snikkend in de zonneschijn door tot ik weer voet op eigen bodem zette, waar ik vervolgens in de miezerregen verder jankte. Er moest een begrafenis worden geregeld en bijgewoond, er was een duizendtal geweldige verhalen dat opgerakeld moest worden over opa's dagen als de chagrijnigste cricketscheidsrechter van heel Derbyshire (oftewel de *Grumpire*), dus die cyste moest maar even wachten. Niet dat ik me er trouwens zorgen over maakte. Als er onheil op mijn pad had gelegen, dan was dat toch zeker mijn opa's overlijden geweest.

Een week na zijn begrafenis was ik eindelijk in de gelegenheid om nog een keer naar dat knobbeltje te laten kijken. Ik ging terug naar de huisarts en probeerde haar wijs te maken dat als het geen cyste was, dan toch zeker de eerste tekenen van een zwangerschap. (Aangezien ik al twee keer met jong was geschopt, wist ik dat hormonen rechtstreeks naar mijn boezem schoten.) 'Misschien heb je wel gelijk,' zei ze terwijl ze over haar bijna op knappen staande bolle buik streek. 'Maar ik wil je toch doorverwijzen voor een dikkenaaldbiopsie, gewoon voor de zekerheid.'

En toen stond alles stil. Ofwel ik bevond me opeens in een aflevering van *Heroes*, met Hiro Nakamure-achtige krachten om de tijd te laten stilstaan, of mijn huisarts had zojuist het woord 'biopsie' laten vallen.

'Sorry, maar eh... biopsie?' stotterde ik, nog zonder beha en rechtop gezeten op de onderzoekstafel. Ze gebaarde dat ik me kon aankleden en drukte me op het hart dat het gezien mijn leeftijd (28) en het feit dat er geen enkele kanker in mijn familie voorkwam, niet iets was om wakker van te liggen. Zelfs de acht weken wachttijd die de verzekering rekende voor een dikkenaaldbiopsie (dat is standaard voor 'lage risicogevallen'), baarde haar geen zorgen. Maar de toevoeging van het woord 'biopsie' aan mijn toch al natuurlijke geneigdheid om nachten wakker te liggen, zelfs na iets onbeduidends als een late aflevering van *24*, betekende dat twee maanden in mijn ogen een eeuwigheid leek en dus vroeg ik of ze me naar een privéarts kon doorverwijzen. En zo werden acht weken dus opeens 48 uur.

P. was met me meegekomen naar deze tweede afspraak – misschien eerder omdat hij dan wat vroeger van zijn werk weg kon dan uit oprechte bezorgdheid – en we namen het ervan en genoten van de namiddagzon terwijl de rest van de Londense forensenbevolking zich naar huis spoedde. Zo nipten we ogenschijnlijk achteloos aan onze shandy's, gezeten op een bankje voor de kroeg bij ons om de hoek, en deden alsof die biopsie dat weekend niets te betekenen had. P. moet eenmaal per jaar op zaterdag werken en dat was natuurlijk juist dit komend weekend. 'Maakt niet uit,' zei ik. 'Het is toch alleen maar even erin en eruit met die naald. Ze kunnen toch nog niets zeggen.'

Ik belde mijn ouders terwijl P. naar binnen ging voor een tweede drankje. 'Nou, ze stuurt me door voor een naaldbiopsie aanstaande zaterdag,' zei ik luchtig, wat met een onkarakteristieke stilte beantwoord werd.

'O,' zei mijn moeder na een tijdje. 'Eh, oké dan. Ik begrijp het. Hoe ga je erheen?'

'Ik heb de auto omdat P. moet werken, dus ik rijd er wel gewoon naartoe.' Ik merkte de bezorgdheid in haar stem wel op maar stond er niet bij stil, want mijn moeder is al ongerust als ik tegen haar zeg dat ik straks de straat ga oversteken, de nachtbus ga nemen of met een vriendin heb afgesproken in een café.

Ik hoorde mijn vader zich er op de achtergrond mee bemoeien: 'Zeg maar dat we morgenavond even langskomen. Zeg maar dat we er, als ze ons nodig heeft, morgenochtend al kunnen zijn.' Mijn moeder herhaalde zijn woorden.

'Nee, dat hoeft echt niet. Het zal allemaal wel loslopen,' drong ik aan. 'Maak je nou maar geen zorgen.'

Ik vertelde P. hoe mijn moeder had geklonken. 'Ach, jouw moeder is van nature een piekeraar,' zei hij. 'Kijk nou zelf, je maakt het prima. Het zal allemaal wel loslopen.'

Die zaterdag liep het echter helemaal niet los, maar niet direct vanwege die biopsie. De ochtend was begonnen met een van de twee dingen waar P. en ik weleens ruzie over hebben (de andere reden is namelijk onze standaard *Paul versus John Beatles Battle*). Nee, hij was om drie uur 's ochtends lazarus binnen komen zetten, wat op zich geen probleem zou zijn geweest, ware het niet dat hij had gezegd dat hij al om halftwaalf thuis zou zijn en zijn smartphone in een urinoir had laten vallen. Aangezien ik de dag toch al in een halve stuipligging was begonnen, gaf ik hem dus de wind van voren omdat hij er de oorzaak van was dat ik mezelf had zitten opvreten als een stiknerveuze moeder die op haar puberzoon zit te wachten tot hij van zijn eerste avondje uit terugkomt. Na van een ijskoude kermis te zijn thuisgekomen, vertrok hij dus naar zijn werk, terwijl ik heel erg pissig naar het ziekenhuis reed.

Ik werd in de piepkleine onderzoeksruimte ontvangen met de inmiddels standaard geworden geruststellende riedel – er werd wederom gewezen op mijn leeftijd en gebrek aan kanker in de familie – terwijl de elegant geklede specialist een naald in mijn tiet stak. Hij noteerde zijn nummer op een visitekaartje. 'Ik weet vrijwel zeker dat ik de uitslag dinsdag al binnen heb. Bel mijn secretaresse maar voor een afspraak zodat we je die middag nog ergens in kunnen passen,' zei hij. Hoe schokkend het ook was dat ik de uitslag zo snel zou horen, ging ik er op dat moment nog van uit dat dat sowieso beter was dan twee maanden chagrijnig op mijn nagels te moeten bijten.

Op weg terug naar huis was ik met mijn gedachten vooral bij de komende, ongebruikelijk drukke week bij het tekst- en reclamebureau waar ik als redacteur werkte: maandag had ik de hele dag afspraken met klanten en dinsdag een persdeadline. Voor het eerst was ik blij dat ik zo veel omhanden had. Op dat moment schrok ik door een geluid echter op uit mijn dagdromen. *Plok-plok-plok.* '*What the...*?' zei ik toen ik de bestuurder achter me heftige handbewegingen zag maken terwijl hij met zijn wijsvinger een paar keer dwingend omlaag wees. 'Wat is er met jou aan de hand, eikel?' foeterde ik in mijn achteruitkijkspiegel en ik reed iets harder de heuvel af naar de straat waar we wonen.

Het geluid hield aan. *Plok-plok-plok.* Ik wist de auto voor de deur te parkeren en terwijl ik al half uitgestapt snel de handrem aan trok, zag ik de lekke band. 'Kolere,' vloekte ik net iets te hard in onze rustige buitenwijk en ik liep in één ruk door naar de voordeur, gooide mijn tas op tafel en belde P. Terwijl ik wachtte tot hij opnam, liep ik alweer naar buiten om de schade op te nemen, waarbij ik de deur hard achter me dichtsmeet. En zo weerklonk er nog een schuttingwoord door onze woonwijk. 'Kuuuutt!' Mijn sleutels zaten nog in mijn handtas. Het buurjochie stak grinnikend zijn hoofd over het hek, stiekem nogal onder de indruk van mijn schuttingtaal. Ik liet nog wat voorbeelden daarvan achter op P.'s voicemail en vroeg me vervolgens toch even af of het universum me op deze manier duidelijk probeerde te maken dat er binnenkort stront aan de knikker zou zijn.

De dagen daarna hadden P. en ik het allebei erg druk op ons werk en we deden ons best om ook thuis genoeg omhanden te hebben, waarbij we het voor de hand liggende onderwerp vermeden door op maandagavond uit eten te gaan met mijn moeder, die toevallig even in Londen was voor een congres. Zodra het gesprek op de volgende dag kwam, dreunden we alle drie als een mantra waarmee we de paniek konden verdrijven, op volautomatische wijze de geruststellende woorden van de specialist op.

'Ik moet morgen iets eerder weg,' zei ik dinsdag tegen mijn baas. 'Dit weekend is er een biopsie van een knobbeltje in mijn borst gedaan en vanmiddag krijg ik de uitslag.'

Ze keek me aan in het toilet van een klant waar we onze handen stonden te wassen. 'Maar dat is vast en zeker toch niks onrustbarends?'

Ik trok mijn neus op en schudde kortaf mijn hoofd. 'Nee, het is vast gewoon een cyste. Woensdagochtend ben ik er weer om de drukproeven te bekijken.'

Maar dat was ik dus niet.

'We lopen een beetje uit, maar zodra de kamer vrij is kunnen we de mammografie maken,' zei de verpleegkundige die op haar hurken voor ons zat met haar hand losjes op mijn knie.

'Ze raakte mijn knie aan,' fluisterde ik tegen P. 'Ik ken haar helemaal niet. Waar gáát dit over?'

Zelfs dat van die wachtkamer snapte ik niet echt. Ik wist niet eens dat ze me hadden ingepland voor een mammografie. P. wuifde mijn vermoedens weg. 'Ze is vast gewoon wat handtastelijk. Zo zijn sommige verpleegkundigen,' zei hij zonder al te veel overtuigingskracht, met zijn hoofd alweer bij zijn mobieltje terwijl hij mijn linkerhand in de zijne hield.

Er ging een uur voorbij. Mensen die lang na ons waren binnengekomen, werden bijna meteen geholpen. Ik wilde de receptioniste niet vragen wat er loos was en koos ervoor om luidkeels te poeh-poeh'en en mijn nek zo ver mogelijk uit te strekken om te kunnen zien hoe vaak de deur naar de mammografieruimte open- en dichtging. Uiteindelijk verscheen er aan het eind van de gang een andere verpleegkundige. Ze overhandigde me een ziekenhuishesje en leidde me door de deur terwijl ze me onophoudelijk met mijn afgetrapte rode schoenen complimenteerde. 'Dat zijn schoenen waarmee je overal gezien kunt worden,' zei ze terwijl ze voor het bijna twee meter hoge apparaat ging staan en de metalen plaat waar mijn tiet op moest rusten in gereedheid bracht.

'O, ja, vast,' antwoordde ik, meer bezig met de tweede en bovenste plaat die nu verdacht dicht bij mijn tiet kwam.

'Het zal door de druk even onaangenaam zijn, maar dat duurt maar een paar seconden,' legde ze uit, terwijl mijn adem stokte en ik niet probeerde te gillen doordat ik zag – en voelde – dat mijn tiet als een hompje klei werd platgedrukt. 'Zulke schoenen zou ik ook wel willen,' vervolgde ze. 'Schoenen die je naar je werk aan kunt, maar daarna ook gewoon naar

de kroeg, zonder dat je blaren krijgt. En rood is zo'n veelzij-
dige kleur, hè.' Het apparaat schoof zoemend terug in zijn oorspronkelijke positie.

Hier klopt iets niet, dacht ik. Zo enthousiast word je niet
van kurken sleehakken van nog geen twaalf pond. En opeens
viel het kwartje van die andere verpleegkundige die mijn knie
net had aangeraakt. Ze waren me aan het voorbereiden op een
kankerdiagnose.

Nadat ik mijn t-shirt met een ster van lovertjes weer had
aangetrokken, bracht de verpleegkundige me samen met P.
naar de kamer van de specialist, terwijl ze op hoge toon en
idioot spraakzaam complimentjes bleef uitdelen. Op een
lichtbak aan de wand hing een scan van mijn tieten – ik stond
versteld van de snelheid waarmee die daar terecht was gekomen – en ik moest ineens denken aan de keer dat ik als klein
meisje bij het rolschaatsen mijn pols had gebroken. Wat vond
ik het ziekenhuis toen spannend: de röntgenfoto's, het gips,
en de button met 'Ik ben op de eerstehulp geweest', die ik op
mijn mitella vastprikte. Door het ernstige gezicht van de specialist en de verpleegkundige naast hem wisten P. en ik echter meteen dat mijn dagen van spannende ziekenhuisbezoekjes met een whiplash veroorzakende snelheid ten einde waren
gekomen.

Vanachter zijn imposante bureau wees de arts naar een wa-
zige vlek op de scan en lepelde zinnen op die ik me niet meer
kan herinneren, maar die slechts op één ding konden duiden.
Ik hoorde het woord 'borstkanker'. De rest was witte ruis.

Over postvakantieblues gesproken. Mijn bruine kleurtje is
nog nooit zo snel verbleekt.

2

Met je neus op de pijnlijke feiten

'Het is vast gewoon een cyste.'
'Het is ongetwijfeld volkomen goedaardig.'
'Mocht blijken dat de kanker is uitgezaaid.'
'Voor het geval je chemo moet hebben.'
'In het onwaarschijnlijke geval dat de CT-scan uitwijst dat andere organen ook zijn aangetast...'
Blablabla. Kan iemand me verdomme nu gewoon 's eerlijk antwoord geven?

Sorry voor mijn zwartgallige bui, maar ik heb momenteel wat moeite met het hervinden van mijn gevoel voor humor, waardoor anderen de indruk krijgen dat ik het allemaal wel aankan. Het enige wat ik op dit moment zie is het feit dat kanker dodelijk is. En voor je je mond opendoet om me te vertellen dat de tijd in mijn voordeel is, dat borstkanker tegenwoordig goed behandeld kan worden, dat ik een vechter ben... Ik ben me heel wel bewust van al die zaken, echt, dank je. Maar ik weet ook dat als jij in mijn exclusieve hooggehakte schoenen zou staan, jij ook van het zwartste scenario zou uitgaan.

'Ik snap niet wat ze me net hebben verteld,' zei ik tegen P. toen we van het ziekenhuis naar het parkeerterrein liepen. 'Ik kan het niet bevatten.' Ik opereerde op de automatische piloot. P. ook. Ik heb geen flauw idee hoe hij ons naar huis heeft weten te rijden.

'Ze hebben ons het nieuws verteld,' zei hij. (Nu het nieuws nog zo vers was, kon niemand het woord 'kanker' al over zijn lippen krijgen. En zo is dat andere woord ervoor, de 'Klote-zooi', dus ontstaan: de 'Hij wiens naam niet genoemd mag worden' als de Voldemort van kanker.) 'En toen zeiden ze dat ze moeten uitzoeken of het invasief is. Het is beter als het niet-invasief is – dan is chemo misschien voldoende – maar als het wel invasief is, moet je na je mastectomie zowel chemo als bestraling ondergaan.' Het medisch jargon van meerdere lettergrepen dat ik me opeens eigen moest maken, ging mijn pet nog te boven.

'Die mastectomie is ook echt nodig, hè?' bitste ik terug, alsof P. degene was die had besloten dat dat zo was.

'Ja, lieverd.' Hij negeerde mijn geprikkelde toon. 'Als we vrijdag teruggaan voor de uitslag van de naaldbiopsie krijg je die datum van ze te horen.'

Die naaldbiopsie was kut. Daarvóór, maar vlak nadat ik 'het nieuws' had vernomen, was ik door de professor en de verpleegkundige die het me net hadden verteld, de kamer uit geleid en had ik een kopje thee gekregen. Ik zou kunnen zeggen dat P. en ik allebei in tranen waren, maar we huilden op een manier waaraan geen tranen te pas kwamen. Het was geschokt huilen. Verward huilen. Huilen alsof je versteend bent, doodsbang huilen. Het soort huilen waardoor je lichaam in zo'n verlammende, verstillende shock belandt dat je traanbuisjes niet meer werken, zodat je dus alleen maar bevend wat snuft en kermt, als een acteur die niet op bevel het juiste gevoel kan overbrengen.

P. staarde naar zijn mobieltje. 'Shit,' zei hij en zijn blik verried nog een geheel ander niveau van geschoktheid. 'Je ouders. Ik heb een heleboel oproepen gemist.' *Fuck.* Mijn vader en moeder. Hoe moest ik ze dit vertellen? Terwijl wij in het ziekenhuis waren, zat mijn moeder in de trein terug naar mijn geboorteplaats in Derby, waar mijn vader haar straks met de auto bij het plaatselijke station zou ophalen. We waren bijna vier uur in het ziekenhuis geweest en al die tijd hadden ze geprobeerd ons te bereiken. En aangezien ik altijd – echt áltijd – zorg dat ik ze elke dag op enig moment wel even spreek, of het nou vanaf de startbaan van een vliegveld, midden in een dronken karaokesessie of een modderig weiland in Glastonbury is – kon het feit dat ze me nu niet hadden kunnen bereiken maar één ding betekenen.

'We kunnen haar moeilijk in de trein bellen,' zei ik tegen P., waarbij ik met die subtiele 'we' suggereerde dat het geen uitgemaakte zaak was dat ik dat telefoontje zou plegen. 'Laten we mijn vader maar bellen.' En dat deden we. Of nee, dat deed P.

Op dat moment verscheen er namelijk een andere verpleegkundige die me kwam halen voor mijn dikkenaaldbiopsie en P. knikte me toe terwijl ik werd weggevoerd. 'Ik bel hem nu meteen,' zei hij, blijk gevend van een onbaatzuchtige moed die tijdens deze hele Klotezooi kenmerkend zou blijken voor zijn gedrag. Ik weet niet wat er tijdens dat telefoongesprek is gezegd. Ik wil ook echt nooit weten wat er tijdens dat telefoongesprek is gezegd.

Terwijl ik me hopeloos schuldig voelde dat mijn stomme, stomme lichaam weldra het hart van mijn vader en moeder en geweldige broertje Jamie zou breken, net als dat vóór hen al bij mijn man was gebeurd, liep ik het donkere kamertje in en ging op het bed zitten, waar ik me tot aan mijn middel uitkleedde, nog steeds snuffend, trillend en niet in staat boe of bah te zeggen. De verpleegkundige legde uit hoe de naaldbiopsie in zijn werk zou gaan, maar ik hoorde daar natuurlijk niets van, en dus was het dan ook een ontzettende schok toen er iets wat ik alleen kan omschrijven als een appelboor in mijn borst werd gejast en een stukje weefsel van de tumor die mijn leven dreigde te verpesten eruit rukte en mij gehavend en gebutst achterliet. En al die tijd staarde ik met vochtige ogen naar een aquarel aan de muur tegenover me. Ik heb tot op de dag van vandaag een gruwelijke hekel aan aquarellen.

'Heb je hem gesproken?' vroeg ik P. zodra ik de wachtkamer weer binnenkwam, hoewel ik aan zijn grijze gelaatskleur al kon zien dat dat zo was. Ik moest bijna kokhalzen bij de gedachte aan P.'s gesprek met mijn vader – mijn geweldige vader, de persoon op wie ik in deze hele wereld het meest wil lijken – en aan de ondraaglijke pijn van zulk nieuws, waarop geen enkele ouder zich kan voorbereiden. 'Je moet hem zelf maar even bellen,' zei P. op ernstige toon terwijl we het ziekenhuis verlieten na nadrukkelijk afscheid te hebben genomen van de professor en de verpleegkundige. (Ik weet inmiddels dat een kankerdiagnose die typisch Britse eigenschappen nog eens versterkt: koetjes en kalfjes, over het weer praten, een kopje thee... alsof die beleefdheid het enige is wat ons nog rest in tijden van crises.)

Het is raar wat je hersens vergeten. Afgezien van 'het komt allemaal goed' kan ik me niet herinneren wat ik tijdens dat telefoontje op weg naar huis tegen mijn vader heb gezegd. Noch wat ik even later tegen mijn moeder zei. De reacties van mijn beste vrienden, die hetzelfde telefoontje kregen, staan me evenmin voor de geest. Zelfs niet wat mijn baas zei toen ik haar later die avond thuis belde.

Ik heb mijn familieleden niet al te lang geleden gevraagd wat zij zich van die dag herinneren en verwachtte eigenlijk dat ik overdreven nauwkeurig gedetailleerde verslagen zou krijgen van wat er precies was gezegd, wat voor weer het was en welk liedje er op de radio was geweest. Zelfs zij kunnen echter geen enkel detail meer bovenhalen. Mijn moeder herinnert zich niet veel meer dan 'een gevoel van pure doodsangst'. Mijn vader weet nog dat zijn hoofd aanvoelde alsof het 'door elkaar was geklutst' en dat hij geprobeerd had zich te vermannen tijdens zijn telefoongesprek met P., maar dat hij zodra hij had neergelegd in elkaar was gestort. Jamie meende eerst dat mijn moeder het verkeerd had begrepen toen ze zei: 'Het is kanker', maar dacht meteen daarop: shit, shit, shit, het is echt zo, toen hij mijn huilende vader vlak achter haar zag staan. En P.? Tja, die was bij mij. En afgezien van ongeloof, verwarring en een plotseling onvermogen om te slikken, vertoont zijn herinnering evenveel lacunes als de mijne.

Dit is zeker geen volmaakt verslag van die paar afschuwelijke uren en zeker niet voldoende voor een politiereconstructie zoals je die bij *Crimewatch* ziet, of iets in de trant van 'de hoogtepunten van de dag' uit de eredivisie. De bij elkaar geraapte dia's, die losse ogenblikken, zijn het enige wat er nog op de vloer van de regiekamer ligt. Alsof onze hersens het allemaal hadden gewist van een harde schijf die we hadden willen veiligstellen, alsof dat wat er was opgeslagen geen waarde meer voor ons had, alsof we beter af waren zonder. En daar ben ik blij om. Ik wil namelijk graag afgeschermd worden van dat soort dingen, van die pijnlijke momenten die het begin van deze Klotezooi markeerden. De telefoontjes, de gesprekken, het moment dat ik mijn ouders voor het eerst zag nadat ze in allerijl wat kleren in een koffer hadden gegooid, de sleutels en het afschuwelijke nieuws bij Jamie hadden afgeleverd en toen zo snel als de snelheidscamera's op de M40 het hun toestonden naar Londen waren geracet.

Iets wat mijn hersens noch mijn harde schijf echter hebben

gewist, was de gênante groepsmail vol uitvluchten die ik stuurde aan de vrienden die ik het niet via de telefoon had verteld.

Onderwerp: Ik ga jullie woensdagochtend vergallen

Dag allemaal,

Allereerst, sorry voor de groepsmail. Aangezien het versturen van dit mailtje al moeilijk genoeg is, ga ik er niet omheen draaien, dus hier komt-ie: ik heb borstkanker. We hopen dat het zich nog in een vroegtijdig stadium bevindt en hoewel het hoogst ongebruikelijk is om dit op mijn leeftijd al te krijgen, hebben ze me gezegd dat dat juist in mijn voordeel is. Ik heb gisteren een dikkenaaldbiopsie gehad waaruit zal blijken of het wel of niet is uitgezaaid (we hopen natuurlijk van niet), en aan de hand daarvan zal het hele behandelplan worden bepaald. Hoe dan ook, ze beginnen na vrijdag meteen met die behandeling en dan zal het allemaal ook wat gemakkelijker zijn (zei ze naïef), omdat we het dan gewoon vanuit praktisch in plaats van emotioneel oogpunt kunnen benaderen (en eerlijk gezegd trek ik de emotionele kant ervan nu even niet). Nou, dat is dus het nieuws dat ik jullie wilde vertellen. Mijn excuses aan degenen met wie ik dankzij deze Klotezooi op deze manier opeens weer contact opneem. Ik beloof dat ik jullie zo goed mogelijk op de hoogte zal houden. En kan iemand me dan nu alsjeblieft een uiterst ongepast grapje of zoiets sturen?

Liz xxx

Als ik die mail nu weer doorlees, schud ik minzaam grinnikend onwillekeurig mijn hoofd. Die toon alleen al (zo rauw op je dak, verkeerd voorgelicht, versimpeld, zo van 'deze kanker heeft het op het verkeerde meisje voorzien') doet me ineenkrimpen. Hoe ontstellend onwetend kun je zijn? Maar ja, wist ik veel. Op dat moment hoopte ik nog dat de kanker zich in een beginstadium bevond, niet was uitgezaaid en met niet veel meer dan een borstamputatie kon worden genezen. De vervolgafspraak die vrijdag leverde echter een ander verhaal op.

Mijn ouders logeerden bij ons en op de een of andere manier hebben we die twee dagen voor de afspraak besteed aan volslagen belachelijke dingen, gewoon om de tijd door te komen. Zo zijn we bij Dixons op zoek gegaan naar een klein tv'tje zodat ze iets te kijken zouden hebben in het opkamertje bij ons dat hun tweede huis zou worden. Bij Ikea kochten we een dekmatras om de slaapbank wat comfortabeler te maken. Mijn moeder vond mijn niet bij elkaar passende rock-t-shirt en korte broekje geen geschikte pyjama voor een ziekenhuisverblijf van vijf dagen en dus togen we samen naar Marks & Spencer. Dit soort gedrag is trouwens typerend voor mijn familie: als we een crisis voor de kiezen krijgen, richten we ons meteen op de praktische kant ervan. Je zou misschien denken dat dat kenmerkend is voor mensen die uit de Midlands komen, maar misschien is het wel iets typisch Brits. Iemand heeft dan wel te horen gekregen dat hij kanker heeft, maar er ligt nog een heleboel was, er staat nog vuile vaat, er moet nog onkruid gewied worden en vergeet *Coronation Street* straks niet. Mijn familie en ik blinken uit in zulk eenvoudig, ogenschijnlijk onzinnig tijdverdrijf. (Maar o wee als het warme water op is, als iemand het speciale parkeerkaartje voor de dag van de voetbalwedstrijd is vergeten of het gazon helemaal aan flarden is als gevolg van iets te enthousiast balletje trappen... nou, berg je dan maar.) Dit was onze manier om een ietwat beter gevoel te krijgen over de hele situatie, of een poging om immuun te worden voor het verdriet. We konden niets veranderen aan het feit dat ik kanker had, maar we konden er wel voor zorgen dat alles op orde was om de rit zo soepel mogelijk te laten verlopen, of dat nu met behulp van nieuwe kussens, extra theezakjes, of ontkalkingsmiddel voor de douche was.

Het lastige aan die tactiek is dat je je dagen wel helemaal kunt volproppen met zinloze activiteiten, maar je zult je gevoelens toch ooit moeten ventileren en dus was de rest van die duistere, onwerkelijke achtenveertig uur gevuld met zo'n afschuwelijk, beklemmend gevoel dat je niet meer kunt praten, eten of ophouden met luidruchtig zitten snikken midden in een loeidruk café in een warenhuis. En dan slaat het verdriet opeens om in woede. Mijn moeder viel uit tegen een winkelmeisje dat ons niet samen in één pashokje wilde laten. Ik kreeg een woedeaanval omdat ik er in de gestippelde pyjama die ik van haar moest passen 'als een zieke' uitzag. Mijn vader werd gek van de instructieboekjes bij de paar gadgets de hij had aangeschaft zodat ik in het ziekenhuis wat te doen zou hebben. We verlangden allemaal naar iets – wat dan ook – wat we de schuld konden geven, maar winkelpersoneel, pyjama's en iPod-luidsprekers schoten schromelijk tekort en zo ontpopte de woede zich in een gefrustreerde, verwarde wanhoop.

Waarom we überhaupt dachten dat winkelen een goed idee was, mag Joost weten. Zelfs onder normale omstandigheden gaat samen winkelen ons niet goed af. Voor ons is de therapie in het woord 'winkeltherapie' ongeveer net zo'n opwindend vooruitzicht als de therapie in 'chemotherapie'. Mijn moeder staat bekend om haar korte lontje. Mijn vader om zijn desinteresse. En ik sta bekend als iemand die weinig geduld kan opbrengen voor hun korte lontje en desinteresse. Ik denk echter dat dat shoppen in een voor de rest zo verwarrende tijd voor iets normaals stond, en wat we allemaal het allerliefst wilden was de situatie noodgedwongen iets normaals meegeven, ook al was alles wat er om ons heen gebeurde dat totaal niet.

Thuisgekomen na die winkeluitjes, verdween ik linea recta minstens een kwartier met kleren aan onder mijn dekbed, voor ik erachter kwam dat ik, of ik er nu wel of niet het beste van maakte, juist behoefte had aan gezelschap. Niet dat we trouwens buiten die zinloze winkelmissies van ons het beste maakten van elkaars gezelschap. Meestal zaten we gewoon een beetje voor ons uit te staren: ik op de bank, mijn vader in de leunstoel, mijn moeder op de poef in de erker. En daar zaten we dan met verbijsterde tranen die over onze wangen biggelden, te wachten tot P. uit zijn werk kwam en zich bij ons voegde.

Hoewel ik was omringd door de liefste mensen van de hele wereld voelde ik me verschrikkelijk eenzaam, omdat niemand wist hoe het was om in mijn gekwelde geest en nutteloze lichaam vast te zitten. Maar ik stond evenmin te popelen om ze dat te vertellen. Ik had een uitlaatklep nodig. Sommige mensen nemen in zo'n geval een therapeut in vertrouwen, maar die had ik niet. Sommige mensen gaan biechten, maar ik was nog nooit naar de kerk geweest. Andere mensen praten tegen hun katten, maar ik ben geen dierenmens. Als dit iets anders dan kanker was geweest – een probleem op mijn werk bijvoorbeeld, of iets in de relatiesfeer – zou ik me instinctief tot mijn ouders en vrienden hebben gewend. Ik had het echter HELEMAAL gehad met al die kankerpraatjes – en dat terwijl het pas een paar luttele dagen deel uitmaakte van mijn stratosfeer – en puur door de aanwezigheid ervan waren mijn vertrouwelingen al zozeer in shock dat ik mijn sombere gedachten niet nog eens wilde toevoegen aan die gruwelijke werkelijkheid, omdat zij noch ik daar een beter gevoel van zouden krijgen. En dus zat mijn hoofd tot de nok toe vol onuitgesproken gedachten, angsten, vragen, zorgen, emoties en frustraties waarvan ik geen idee had hoe of waar ik die kwijt kon.

Tot een mailtje dat ik op donderdagmiddag schreef op de een of andere manier meer dan gewoon een verhaaltje werd en ik besefte dat ik mijn soelaas had gezocht bij mijn Mac. (Op een pc zou dat natuurlijk nooit gebeurd zijn.) En sorry dat ik met zo'n suffe verklaring aankom, maar het leek opeens zo volkomen logisch om deze frustrerende, ingrijpende, volslagen klotesituatie waarin ik was terechtgekomen van me af te schrijven. Niet dat ik bewust een dagboek begon bij te houden – ik begon niet eens bewust met mijn blog – maar omdat er meer gedachten door mijn hoofd tolden dan ik aankon, moest ik ze wel ergens kwijt en het toetsenbord bood een gemakkelijke uitweg.

Heel even stelde ik mezelf voor dat ik de Carrie Bradshaw van borstkanker zou worden: compleet met lang vaalblond haar, in kleermakerszit op mijn bed gezeten, dromend van schoenen, terwijl ik mijn hart uitstortte aan mijn MacBook. Toen kwam de werkelijkheid echter om de hoek kijken en ontdekte ik dat ik niet in een met couture volgestouwd Upper East Side-appartement zat, maar in een volgepropte flat vol uitverkoopjes in Wandsworth. Hoewel ik mezelf best kon wijsmaken dat een pyjamabroek van White Company het toppunt van geraffineerdheid was, denk ik toch dat het niet helemaal hetzelfde modestatement is als een roze tutu.

Zo bleef ik tot die afspraak op vrijdag aan mijn kankercolumn schrijven. 'Wat het ook is,' stelde ik iedereen voor de afspraak gerust, 'het is beter om het te weten. Dan kunnen we het gewoon weer praktisch aanpakken in plaats van onszelf gek maken met alleen maar gissen.'

P. en ik stelden mijn ouders voor aan de professor en de

verpleegkundige die we afgelopen dinsdag al hadden gesproken.

'O, wat fijn dat je ouders er zijn,' zei de verpleegkundige terwijl ze mijn vader de hand schudde. 'Dat dat nog maar lang zo mag blijven,' voegde ze er raadselachtig aan toe, wat mijn moeder meteen doorhad. 'Sorry dat je even moest wachten, Lisa,' zei ze vervolgens tegen mij, 'maar de prof wil eerst de makkelijke gevallen spreken en graag wat meer tijd uittrekken voor jou.'

Ik keek P. aan, en toen mijn ouders, terwijl de verpleegkundige wegliep. Mijn vader heeft me later verteld dat de blik die ik toen op mijn gezicht had hem eeuwig zal bijblijven. 'Nou, dat lijkt me duidelijk,' bromde ik verslagen. 'Ze bereidt me voor op het ergste.' Niemand sprak me tegen. We wisten allemaal dat ik op het punt stond het woord 'uitzaaiingen' te horen te krijgen.

Dat was echter niet het enige wat P. en ik te horen kregen toen we de spreekkamer betraden waar ons leven voorgoed zou veranderen. Terwijl de professor met een balpen naar een schematische tekening van een borst wees, die me deed denken aan mijn eindexamen biologie, legde hij uit dat mijn tumor van vijf centimeter – vijf centimeter! – niet alleen was uitgezaaid, maar zich zelfs helemaal niet in het beginstadium bevond, maar eerder in stadium II of III, afhankelijk van de vraag of hij tijdens de borstamputatie zou ontdekken dat hij naar mijn lymfeklieren was uitgezaaid.

'Hoeveel stadia zijn er?' vroeg ik, een kankerbeginner die o zo graag meer wilde weten.

'Vier,' antwoordde de verpleegkundige.

'Shit,' zuchtte ik, waarbij ik meteen mijn excuses aanbood dat ik me dat had laten ontvallen. Ik trok mijn stoel wat dichter naar het bureau toe, legde mijn onderarmen erop, met mijn handen plat voor me uit op het donkere eikenhout, klaar om ter zake te komen. 'Wat ik alleen niet snap,' zei ik merkwaardig koel en zakelijk, 'is waarom ik het niet eerder heb gemerkt. Waarom we dit geen van beiden eerder hebben gemerkt,' ging ik verder, terwijl ik naar P. gebaarde. 'Ik bedoel, dat ding is vijf centimeter!'

De professor trok nog een paar lijntjes op de tekening van die borst om te laten zien dat de tumor recht onder mijn tepel was gegroeid en zich pas daarna, al groeiend, naar de zijkant had verspreid – de kant waar P. en ik hem hadden ontdekt.

Mijn moeder kon haar ongeloof evenmin verbergen. 'Hoe kan het dat nou niemand dat heeft gemerkt?' viel ze uit tegen de verpleegkundige. 'Hoe kan het nou het ene moment een cyste zijn en vervolgens een uitgezaaide tumor?' Ik had het niet meer.

'Ik ga even wat thee halen en dan zal ik al jullie vragen beantwoorden,' zei de verpleegkundige, voor wie dit overduidelijk niet de eerste keer was.

'Ik vind het ronduit stuitend dat niemand het heeft opgemerkt!' gilde mijn moeder, terwijl ze steeds roder aanliep. Mijn vader was kapot en had duidelijk last van dezelfde soort boosheid, maar was door de snikken die hem dreigden te verstikken fysiek niet in staat dat te verwoorden. P. had zijn hoofd in zijn handen gelegd terwijl hij naar een stuk vloerbedekking staarde dat natter en natter werd van zijn tranen. En dit kwam allemaal door mij. Het was mijn lichaam, mijn borst, mijn kanker waardoor mijn moeder compleet over de rooie was, mijn vader door zijn hartverscheurende verdriet niet meer wist waar hij het zoeken moest en mijn man in een melancholische begrafenisstemming was geraakt. Ze reageerden als-

of ik dood was, en toch zat ik daar nog gewoon, als deelgenoot van deze verschrikkelijke rouwscène. Ik keek van mijn
vader naar mijn moeder, naar P. en toen weer terug naar mijn
ouders. Dit werd me echt te veel. Ik kreeg geen lucht meer. Ik
trok het niet.

'En nu is het GENOEG!' Ik schoot overeind uit mijn plastic
kuipstoeltje en trapte het woedend omver. 'Ik kan dit niet. IK
KAN DIT NIET!' Ze leken bijna verbaasd dat ik er überhaupt
nog was, en ook over het volume van mijn uitbarsting en het
feit dat ik boven ze uittorende doordat mijn keiharde gegil
een paar centimeters had toegevoegd aan mijn normale lengte van 1 meter 70. 'Jullie moeten NU ophouden. Allemaal! Ik
weet hoe moeilijk dit is – het is fucking ONBESTAANBAAR –
maar ik TREK HET NIET als jullie zo doen.' (Ik bedacht dat ik
nu net zo goed maar vast kon beginnen met vloeken in het
bijzijn mijn ouders.) 'Dat soort emoties kan ik nu ECHT NIET
GEBRUIKEN. Dus blijf je gerust zo gedragen, dan zoek ik het
verder zelf wel uit. Of jullie kappen ermee en dan doen we
het samen. Want ik kan dit best alleen, hoor,' vervolgde ik op
arrogante toon, terwijl ik toen ook al wist dat dat een kut-
smoes was. 'Ik kan mezelf hier heel wel in mijn eentje doorheen slaan, echt, maar wat ik er NIET BIJ KAN HEBBEN zijn jullie emoties, oké? OKÉ? En, wat wordt het?'

Precies op dat moment kwam de verpleegkundige terug
met wat thee en een doos tissues. Ze zag er nogal ontdaan uit.
Ofwel ze had gehoord wat hier gaande was – shit hé, ik denk
dat de halve binnenstad van Londen dat had gehoord – of ze
was compleet ondersteboven door de verbijsterende stilte die
dankzij mijn onverwacht heftige uitval over de kamer was
neergedaald.

'Zal ik het allemaal nog een keer uitleggen?' vroeg ze mijn
ouders, die braaf knikten als twee peuters die zojuist waren

betrapt. Dit was eerder voor hen dan voor mij bedoeld, hoewel ze mij nadrukkelijk aankeek bij het gedeelte over de chemotherapie, het deel dat eindigde met '... en je raakt je haar kwijt'.

Ik keek met een terneergeslagen blik naar mijn moeder. Ze wist precies wat er door me heen ging.

'Maar dan kan ik niet naar Jamies bruiloft,' zei ik. De grote dag van Jamie en Leanne zou over vier maanden plaatsvinden: precies midden in mijn vermoedelijke chemokuur.

'Natuurlijk wel,' zei de verpleegkundige. 'Je kunt een prachtige lange pruik dragen, of een mooie hoofddoek. Je zult er fantastisch uitzien.'

Ik negeerde haar geruststellende woorden. Alsof ik bij zo'n belangrijke gebeurtenis in een pruik zou komen opdagen. Pruiken zijn voor gekostumeerde bals, niet voor een bruiloft. En een hoofddoekje? Doe niet zo belachelijk. Wie dacht ze wel dat ik was? Een waarzegster? Terwijl zij doorging met de korte samenvatting van mijn diagnose en de behandeling die ik zou krijgen, zag ik in gedachten een kiekje van ons vieren naast een beeldschone bruid en een trotse bruidegom: mam, pap en P. in hun chicste kloffie en daarnaast, een tikkeltje ongemakkelijk in haar cocktailjurk, een kalende, pafferige dubbelganger van die ene uit *Little Britain*, die de foto van mijn broers mooiste dag zo voor eeuwig verpest.

3

Dit stuit me echt tegen de borst

Mensen zeggen steeds dat ik me 'niet zo groot hoef te hou- den' en dat ik 'niet zo positief hoef te zijn' ('groothouden' en 'positief' gaan LINEA RECTA op mijn lijstje van dingen waar ik een hekel aan heb). Ze zeggen dat als ik even van me af wil praten, of laaiend wil worden, of het eens flink op een jan- ken wil zetten, ik dan bij ze terechtkan. En het is fijn om dat te horen.

Maar dit wil ik toch even gezegd hebben: ik ben helemaal niet bewust 'iets' aan het zijn. Ik zal heus niet ineens zin krij- gen om het eens lekker op een janken te zetten, of tekeer te gaan of te zaniken. Die dingen gebeuren namelijk gewoon: bij het passen van een nieuwe pyjama bij Marks & Spencer, bij het sproeien van de tuin, als ik in mijn thee roer, of voor het slapengaan een kaars uitblaas. Elke reactie is momen- teel spontaan (vandaar dat een arm tienermeisje bij Dixons de wind onlangs van voren kreeg).

Dit is godbetert zelfs de eerste keer in heel mijn leven dat het me geen zak meer kan schelen hoe ik ben, hoe ik me ge- draag, of hoe ik overkom op andere mensen. Nogmaals: ik probeer helemaal niets te zijn, ik probeer me er gewoon doorheen te slaan.

Geen van deze woorden, vandaag niet en ook geen enkele

andere dag, zijn voor jou bedoeld. Ik 'hou me niet groot' omwille van jou. Laat ik het nog een keer herhalen: IK BEN NIET MOEDIG. Maak je vooral geen zorgen over hoe ik me erdoorheen sla. Het gaat volstrekt niet om 'hoe'. Ik sla me er gewoon doorheen. Er is helemaal geen goede of slechte manier om dat te doen. Jij zou je er ook doorheen slaan.

'Zullen we voor we naar huis gaan nog even wat eten?' vroeg ik P. en mijn ouders toen we het ziekenhuis uit liepen, nog steeds de onwillige vlaggendraagster tijdens deze kankerrondleiding. Na mijn recente uitbarsting met die stoel keken ze wel uit om daartegen in te gaan en dus liepen ze halfdaas als een stelletje wankele pasgeboren eendjes dat door hun kranige moeder naar de waterkant wordt geleid achter me aan naar het dichtstbijzijnde restaurant. We gingen aan een tafeltje zitten in het zo mogelijk slechtste tapasrestaurant ter wereld en smeten onze tassen en alle folders over borstkanker op tafel waar volgens mij minstens een half regenwoud voor was gekapt. Ik hoopte maar dat die onze geschokte, ontstelde blikken en rode oogjes zouden verklaren voor de wat zorgelijk toekijkende ober.

Normaal gesproken zijn we een irritant beleefd gezin: we bestellen pas een voorgerecht als duidelijk is dat iedereen er een wil, en even een dvd huren loopt meestal uit op een eindeloze riedel van 'nee, kies jij maar', waardoor het uitkiezen ervan meestal langer duurt dan de film zelf. Alleen doordat we zo uit het veld geslagen waren door de details van mijn diagnose was niemand vandaag in staat te bepalen wat hij wilde. Ik nam wederom de teugels in handen en bestelde snel wat non-descripte porties *bravas, croquettas* en tortilla, zodat iedereen voldoende te eten had, en ook om de ober die steeds verwarder begon te kijken weg te kunnen sturen.

Ik besefte nu pas dat de rollen waren omgedraaid: opeens was ik de ouder die voor mijn verloren kijkend kindergebroed moest zorgen, compleet met het 'maak je niet druk' en 'het komt wel goed' waarvan ik hoopte dat het hen zou geruststellen. Mijn vader heeft me later bekend dat hij op dat moment vreesde dat ik op deze jonge leeftijd al de moederkloek van de familie zou worden, en aangezien ik toch al bekendsta als bazig, was dat niet direct een functie waarin ik geïnteresseerd was. Bijna zodra het woord 'borstkanker' zijn intrede in onze wereld had gedaan, leek het wel alsof iedereen naar mij keek voor advies over hoe ze zich moesten gedragen en wat ze moesten zeggen. Ergens vond ik dat wel prettig. Aan de andere kant voelde ik me ook een in het diepe geworpen, wanhopig klein kind. Waarom zou ik hier op mijn achtentwintigste – achtentwintig! – beter mee kunnen omgaan dan een ander? Waarom was ík opeens de leider? *Ik* was het kind. *Ik* was hier degene met problemen. *Ik* was degene die hulp nodig had. Hoe kon ik het ene moment mijn ouders tierend mijn wil opleggen en tegelijkertijd verwachten dat ze meteen daarna mijn tranen zouden deppen? Niets, maar dan ook niets, geen enkel rottig kloteding hieraan was eerlijk en ik wilde eigenlijk janken, schreeuwen en vreselijk gaan stampvoeten in dat restaurant. En hoewel het ook niet eerlijk was dat ik mezelf bij de kladden moest grijpen omwille van iedereen van wie ik hield, was dat wel het enige waartoe ik mezelf kon zetten.

Toen onze gore 'tapbahs' eindelijk op tafel stonden, probeerde ik P. en mijn ouders te dwingen iets te eten en gebruikte hun geschutter met hun vorken als excuus om mijn eigen eten te negeren en in plaats daarvan een lijstje te maken van mensen die ik op de hoogte moest stellen. Jamie natuurlijk, en mijn vriendin Tills.

'Misschien moet ik het maar aan J. vertellen,' zei mijn moeder.

'Nee, dat moet ik echt zelf doen,' beet ik haar als een arrogante directrice toe. 'Weet je, ik ga het zelfs nu meteen doen.' Ik pakte mijn mobieltje dat voor me op tafel lag alsof het de presentielijst van school was. En zo stond ik even later aan de overkant van de straat naar P. en mijn ouders te kijken die wezenloos naar hun bordjes staarden, terwijl ik Jamie belde en ondertussen, wachtend tot hij zou opnemen, wat afbladderende verf van de ijzeren reling peuterde.

'Hallo, met mij... Het is uitgezaaid,' deelde ik hem plompverloren mee en wenste zodra die woorden mijn mond uit waren, al dat ik het nieuws op een betere manier had gebracht.

'Fuck,' was zijn onmiddellijke reactie. 'Shit, zussie van me... Fuckerdefuck. En wat gaan ze nu doen?'

Ik lepelde de te volgen stappen als een boodschappenlijstje voor hem op. 'Nou, eerst ga ik naar een vruchtbaarheidsdeskundige om te kijken of ik eitjes kan laten invriezen voordat de chemo ze allemaal om zeep helpt. Dan vrijdag meteen de borstamputatie en als ik daar eenmaal van ben bekomen, een paar maanden chemo.' De lijn kraakte door wat gesnuf en half ingeslikte krachttermen, maar ik ging vrolijk verder met mijn kankercatalogus. 'En dan nog bestraling en hormoontherapie, maar eerlijk gezegd weet ik niet precies wat dat inhoudt.'

Jamie had zichzelf weer in de hand. 'Maar dat werkt dan wel, hè?' Ik vond het doodeng toen ik de paniek in zijn stem hoorde.

''k Mag lije van... ja, joh, natuurlijk gaat dat werken.' Ik corrigeerde mezelf snel en besloot op dat moment ook dat ik vanaf nu al mijn twijfels voor mezelf zou houden. 'Ze zijn allemaal enorm positief, J.,' voegde ik er, nu wat gevoeliger, aan toe. 'Ik ben jong en sterk genoeg om dit aan te kunnen en ze

41

halen alles wat ze hebben uit de kast.'

Ik wierp een blik in de ruit van het restaurant en probeerde te liplezen waar P. en mijn ouders het over hadden. Ik ging ervan uit dat dit een soort voorproefje was van wat me te wachten stond: dat mensen het in mijn afwezigheid over me hadden, terwijl ik in het duister tastte over wat er besproken was.

'Hé, gaat het wel?' vroeg ik Jamie.

'Natuurlijk gaat het wel met mij, oen,' was zijn antwoord. Ik was blij dat iemand eindelijk een grapje durfde te maken. 'Ik wil alleen dat dat ook voor jóú geldt.'

Mijn telefoontje met Tills verliep min of meer hetzelfde. Ik kwam voor de draad met mijn tumor en ratelde de boodschappenlijst van de behandeling op. Zij hapte op de juiste momenten naar adem en zei heel vaak 'fuck'. Tills had zichzelf duidelijk al voorbereid op het allerslechtste nieuws en schakelde meteen over op een superpraktische modus en besloot wie ze het uit mijn naam kon vertellen en hoe ze ruimte in haar agenda kon vrijmaken voor het geval ik haar nodig had. Ze was geweldig openhartig en daar was ik haar meteen al dankbaar voor.

'Tills, ik kan nu even geen gezeik gebruiken,' zei ik.

'En dat ga je van mij dus ook niet horen,' antwoordde ze. 'Je bent het zelfs verplicht aan anderen dat, zodra jij dat wilt, je ze meteen zegt dat ze hun bek moeten houden. Je moet dit op jouw manier doen en je hebt nu niks aan van die blèrende mensen.'

Ik vertelde haar dat ik mijn ouders in het ziekenhuis schreeuwend de mond had gesnoerd en daar kreeg ik een pluim voor. 'Goed zo, meissie,' zei ze. 'Geef ze er maar vanlangs.'

Blijkbaar had iemand in het restaurant de anderen er ook

van langs gegeven – hoewel ik nog altijd niet weet wie – want tegen de tijd dat ik klaar was met mijn telefoontjes en weer op mijn krukje had plaatsgenomen, keken P. en mijn ouders me rechtop gezeten met een opgeplakte nepglimlach aan, na het kennelijke besluit dat duidelijk en praktisch nu de beste tactiek was.

'We hebben het erover gehad,' zei mijn vader, 'en als jullie even alleen willen zijn, hoef je dat maar te zeggen en dan sodemieteren wij wel op richting snelweg.'

'Dat is al een stuk beter,' zei ik stilletjes tegen mezelf. Mijn vader die 'opsodemieteren' gebruikte en Jamie die me een 'oen' noemde, was precies het soort taal waar ik nu behoefte aan had. Ja, dit mocht dan het Slechtste Nieuws in de Hele Wereldgeschiedenis zijn, en ja, het was hartverscheurend, onthutsend, eng en zou van ons allen een kolere hoeveelheid inspanning kosten om dit het hoofd te bieden, maar als we het wilden redden, moesten we op z'n minst een beetje luchthartig met de situatie omgaan.

'Ja, ik denk dat jullie inderdaad beter kunnen opsodemieteren,' zei ik met een knipoog naar mijn vader en ik keek P. even snel aan of hij het ermee eens was. (Alsof hij dat niet zou zijn. Ik ben ervan overtuigd dat als ik Veruca Salt had nagedaan en om een pony, een MX-5 en een Mulberry-handtas had gevraagd, hij me geen strobreed in de weg had gelegd.)

We betaalden, stapten allemaal in de auto en reden terug naar huis, onderwijl nieuwe lijstjes opstellend van wie we het nog moesten vertellen en hoe dan, zodat de auto al snel gevuld was met een tjilpend koor van sms-bliepjes. Terwijl de anderen zich aan hun geheime afspraak hielden om vooral praktisch, hulpvaardig en opgewekt te zijn, begonnen we langzaam weer in onze oude rol te vervallen, met ik als het behoeftige, nukkige kind tegenover mijn rustige, weloverwogen verzorgers. Ik staarde met een pruillipje uit het raam naar de rugzaktoeristen die over Baker Street slenterden, op zoek naar meisjes van mijn leeftijd. Waarom niet jij? dacht ik toen we een blij kijkende twintiger passeerden die arm in arm liep met haar eveneens, misselijkmakend gelukzalig kijkende vriendje. Waarom heb jíj dit niet?

Ik stelde me allerhande dingen voor die ze gedaan kon hebben die een tumor in haar borst zouden rechtvaardigen. Misschien was ze wel een keer iemand aangevlogen, of had ze fraude gepleegd, of misschien verkeerde haar vriend wel in zalige onwetendheid dat ze er ook nog een man en kinderen op na hield, die op hun beurt dachten dat zij nu op haar werk zat. Ik stelde in mijn hoofd een lijstje op van de dingen die ik gedaan had, die mijn eigen karma de verkeerde kant op hadden geduwd, maar wist alleen maar te verzinnen dat ik als tiener iemand een keer aan de haren had getrokken, dat ik mijn cv weleens had opgeklopt, en tijdens de introductiedagen op de universiteit een kleedje uit een Indiaas restaurant had gestolen. Maar zelfs al had ik alle cd's in mijn hele verzameling achterovergedrukt, de bullebak op school in elkaar geslagen en al mijn vriendjes bedrogen, verdiende ik het dan om kanker te krijgen?

'Fuck, dit is echt niet eerlijk,' beklaagde ik me toen we thuis waren en iedereen zijn positie weer had ingenomen: P. op een kussen op de grond, ik op de bank, paps in de leunstoel en mams op de poef in de erker. Ik was niet bedeesd, bang of angstig. Alleen maar boos. Witheet van woede. Ik wilde stampen, schreeuwen, vloeken en meppen – maar dan wel in mijn eentje. Dus hoe egoïstisch het ook was om ze dat aan te doen, pakten mijn ouders hun boeltje en reden terug naar Derby, waar ze mijn broer konden bijstaan, wat hij net zo goed als ieder van ons kon gebruiken, en om vast de noodzakelijke voorbereidingen te treffen om hun zomervakantie te verpesten zodat ze mij door deze Klotezooi konden loodsen.

Mijn telefoon stond roodgloeiend. Iedereen wist dat ik naar het ziekenhuis zou gaan en de details van de diagnose te horen zou krijgen. Sommige mensen waren nieuwsgierig hoe ernstig mijn ziekte was en weer anderen hadden net pas gehoord dat ik met stadium II of III te maken had. Ik negeerde ze allemaal en ging in plaats daarvan de keuken opruimen, waarbij ik luidruchtig tekeerging en lukraak borden in kastjes gooide en de deurtjes vervolgens dichtsmeet. P. nam ondertussen de secretaresserol op zich en drukte elke keer dat de telefoon overging meteen op de afbreektoets, maar nam een conference call met mijn bazen uiteindelijk wel aan.

Nadat hij had opgehangen legde hij me schuchter uit wat er gezegd was: dat ik per direct met verlof was gestuurd en dat we, als ze ook maar íéts konden doen om me te helpen – een taxi naar het ziekenhuis, een noodpakket of een tijdschriftenabonnement –, hen dan echt als eersten moesten bellen. Ik ken maar weinig bedrijven die zo veel steun zouden aanbieden, maar zelfs hun gulle blijk van hulp wist mijn blinde woede niet te doorbreken. Ik werd met de minuut laaiender, met elke ademhaling giftiger. Ik rukte mijn kledingkast open, scheurde afvalzakken van een rap kleiner wordende rol af en trok mijn net aangeschafte zomerkleren van hangertjes om ze vervolgens woest in een zak te proppen uit protest tegen alle zomerlol die nu aan mijn neus voorbij zou gaan.

Toen mijn driftbui eenmaal was overgewaaid en ik in P.'s liefdevolle armen al knuffelend werd gesust, ging de deurbel. Het was mijn vriendin Ali, die voorzien van een zelfgebakken taart naar ons was toegekomen om ons zo goed en zo kwaad als het ging te troosten. Normaal gesproken komt ze als een soort Tasmaanse duivel binnenzetten, maar ditmaal was ze een stuk rustiger en deed de voordeur voorzichtig achter zich dicht, waarna ze naar de keuken sloop om thee te zetten. P. en ik wisten allebei zonder het te zeggen hoeveel moeite ze zich had getroost om hierheen te komen, aangezien haar eigen moeder aan dezelfde ziekte is overleden.

'Oké dan,' zei ze terwijl ze tussen ons op de bank plaatsnam. 'Ik heb hier iets waarvan jullie zullen opvrolijken.' Ze haalde haar mobieltje uit haar zak en drukte op 'play' bij een serie video's van karaokesessies tijdens een vrijgezellenavondje waarvan ik had gehoopt dat P. die nooit te zien zou krijgen. 'Hoe je je hierdoor ook gaat voelen, Mac,' zei Ali – een van de weinige mensen die me nog steeds met de op mijn meisjesnaam geïnspireerde koosnaam aanspreekt –, 'erger dan dit kan het nooit worden.' Ze trok me tegen zich aan voor een eenarmige omhelzing terwijl we alle drie huilden van het lachen om de beelden waarop te zien was hoe ik een poging deed om te rappen, voor zover een straalbezopen iemand uit de Midlands dat überhaupt kan.

'Rotkind,' zei ik terwijl ik haar met mijn schouder porde. 'Je weet toch dat ik kanker heb?'

4

De langste dag

Het is 21 juni, de langste dag van het jaar. Ik ben inmiddels iets meer dan een uur op en ik weet nu al dat dit de somberste, deprimerendste, zwartste, verschrikkelijkste dag van mijn leven is.

Gisteravond heb ik mijn ouders weer weggestuurd, want ik dacht dat P. en ik wat tijd voor onszelf nodig hadden. En dat is ook zo, maar wel met het vangnet van de wetenschap dat zij in de buurt zijn en zich druk maken op de achtergrond. Zodra ik deze blogbijdrage heb gepost, gaan we dus naar ze toe.

Ik heb vandaag wat moeite om mijn strijdkracht te hervinden. Ik trek het echt niet. Dat heb ik vast al weleens eerder gezegd: na het overlijden van mijn lieve grootouders, bij het blokken voor mijn eindexamen, vlak voor een voetbalfinale of toen ik mijn vriendje met zijn ex in bed aantrof. Al die keren dat ik het toen zei, meende ik het alleen niet. Ik trok het toen wél. Maar nu dus even niet.

Ik heb mezelf erop betrapt dat ik zelfs uitkijk naar de operatie volgende week. IK WIL DAT DIT DING UIT MIJN LIJF VERDWIJNT. Snijd me maar open, haal die tepel maar weg, neem me alles maar af, kerf me maar vol littekens. MAAR HAAL HET NU GEWOON WEG!

Zo angstaanjagend als het gisteren nog leek, nu wíl ik zelfs aan de chemo, me volkomen belabberd voelen en mijn prachtige lange haar kwijtraken. ALLES zal toch zeker beter zijn dan de verstikking van deze donkere, ellendige Klotezooi waar niets aan te doen valt. Weg met die haren en die tiet, hoe sneller hoe beter, want dat betekent immers dat er iets hersteld wordt.

Nadat we gisteren giechelend naar bed zijn gegaan, kon je er denk ik donder op zeggen dat de werkelijkheid ons de volgende ochtend met een noodvaart zou inhalen. En dat doet me toch verrotte veel pijn, zeg. Onze zaterdagochtendroutine bestaat normaliter uit het soort dekbedlol waar ik als negentienjarige hoogst bedenkelijk bij zou hebben gekeken: thee en geroosterde boterhammen in bed, de krant, *Saturday Kitchen* op de buis en even op z'n hondjes alvorens de ingrediënten voor het avondeten in te slaan. Het is een heerlijk ritueel – de ochtend in al zijn glorie – en P. en ik schamen ons er niet voor dat dit ons favoriete moment van de week is. Deze zaterdag was alleen anders. Net als dat gebeurt de eerste keer dat je wakker wordt nadat je hebt gehoord dat iemand van wie je houdt is overleden, rukte de verschrikkelijke herinnering aan mijn uitgezaaide tumor ons ook nu uit onze slaap, zonder te zijn uitgenodigd in de echtelijke sponde en zonder ons zelfs maar die verrukkelijke milliseconde van niet-weten te gunnen voordat de afschuwelijke last van de werkelijkheid ons onder zijn loden dekbed platdrukte. Het was alsof de kanker ons bestrafte omdat we de ernst ervan de avond ervoor niet hadden beseft.

Ik begon meteen te huilen. 'Ik wil dit niet,' snikte ik tegen P.'s blote schouder aan. 'Ik denk niet dat ik het kan.' Ik keek op naar zijn bloedmooie gezicht, dat nat was van de tranen.

'Je moet wel,' wist hij nog net uit te brengen. 'Je moet wel. Je moet wel. Je moet wel. Je moet wel...' En elke keer dat hij het zei, begon hij harder te huilen en toen besefte ik pas dat ik niet de enige was die deze diagnose had gekregen – maar wij, P. en ik, het Lynch-team, klaar om te reageren op alles wat we voor onze kiezen kregen. Maar dít? Dit was geen elektriciteitsrekening, of een appartement waarvan de verkoopprijs opeens werd verhoogd, en zelfs geen miskraam. Dit had het in zich om al het andere te verpesten. Om een einde te maken aan P. en mij. Om na slechts anderhalf jaar al een punt te zetten achter ons vlekkeloze huwelijk. We schreeuwden het ongegeneerd uit in elkaars kussen, klampten elkaars blote huid vast alsof loslaten betekende dat we de handdoek nu al in de ring gooiden.

Ik wierp de lakens van me af, strompelde naar de woonkamer en stak mijn hoofd uit het raam om wat frisse lucht in te ademen, alsof het verdriet in onze slaapkamer me dreigde te verstikken. Het juniochtendzonnetje stak zijn kop net om de wolken heen en het leek wel alsof die zijn middelvinger opstak naar mij en mijn levensbedreigende problemen. Het gordijn wiebelde vervaarlijk toen ik het kwaad weer dichttrok en op woedende toon tegen de wereld daarbuiten declameerde: 'Dit is het ergste moment van mijn hele leven.'

Moet je kijken wat het ons had aangedaan. Kijk nou wat het met onze zaterdagochtendroutine deed. Het gore lef alleen al. En kijk wat het op het punt stond te gaan doen: het ging onze pasgetrouwde luchtbel kapotprikken, een noodzakelijk deel van mijn lichaam weghalen en de rest vervolgens ook verkloten, terwijl het ons ondertussen met afschuwelijke herinneringen opzadelde en ons beroofde van ons optimisme. Maar het ging me vooral om het tijdstip. Hoe durfde dit ding, net nu alles zo volmaakt en perfect was, dat van ons af te nemen?

De giftige dampen van onze verbrijzelde ochtend benamen ons de adem. Wegwezen hier. We propten zo veel mogelijk spullen in een weekendtas, voegden ons op de M40 bij alle anderen die een weekendje weggingen en raceten over de snelweg naar een plek waar op zijn minst iemand was die thee voor ons zette en het bad liet vollopen – de eenvoudige taken waartoe we opeens niet meer in staat leken. Mijn ouders stonden ons bij de deur op te wachten, met Jamie en zijn verloofde Leanne twee onbeholpen stapjes erachter. Ze deden alle vier hun best om hun rode ogen te maskeren.

'Ik kook vanavond,' zei Jamie.

'Alsof jij nog niet genoeg hebt geleden,' zei mijn vader, die met zijn karakteristieke geplaag zijn gebroken hart maskeerde. Jamie en Leanne duwden iedereen vervolgens aan de kant om me te overladen met knuffels; zo'n omhelzing die nét iets te lang duurt, zo'n omhelzing die de suggestie wekt dat ze bang zijn je te verliezen.

'Boehoe,' zei ik, terwijl ik ze allebei een geruststellend aaitje over hun schouder gaf omdat ik dit allemaal wat minder zwaarbeladen wilde maken. 'Het komt allemaal wel goed, jongens. Oké dan, wie gaat er theewater opzetten?'

Tijdens een ander gesprek waar ik niet bij was geweest, hadden ze blijkbaar afgesproken hoe ze deze avond zo vrolijk mogelijk konden laten verlopen. Jamie was de gebruikelijke pias, bladerend door een Jamie Oliver-boek op zoek naar een kipspiesjesrecept, terwijl hij mijn moeders betweterige opmerkingen wegwuifde met een sarcasme waarin doorklonk dat ze toch nooit een voet in haar eigen keuken zette. Leanne had het over de aanstaande bruiloft en sloot een weddenschap af over wie van hen tweeën het brakst zou zijn na zijn of haar vrijgezellenfeest. Ik opperde dat aangezien ik op de grote dag kaal zou zijn, ik wellicht gewoon de lachers op mijn hand moest krijgen en mijn toespraakje dan maar meteen met een raar accent moest houden.

We aten de kip en haalden herinneringen op aan vroeger. Aan Jamie die aan een talentenjacht had meegedaan als Michael Jackson, maar zodra hij het podium betrad in huilen was uitgebarsten. Aan al die ochtenden bij opa en oma, waar we tenten maakten onder het droogrek, waanzinnige golfbanen uitzetten in de tuin en de in het kleed gelopen Play-Doh eruit pulkten. En die keer dat mijn moeder mij op de po had achtergelaten om een telefoontje te beantwoorden, en zich vervolgens afvroeg hoe ik toch aan die bruine chocolademond kwam. Leannes ogen puilden zowat uit haar hoofd; ze was de enige in de kamer die toen pas deelgenoot werd van dat smerige geheimpje van mij. Normaal gesproken zou ik het door die onthulling niet weten waar ik het moest zoeken, maar die dag kwam mijn familie ermee weg. Want ondanks dat er die bekentenis over mijn poep-eten voor nodig was, was dit een prachtig voorbeeld van het geweldige vermogen van mijn familie om – wanneer dan ook – steeds te kunnen blijven lachen – en wat was ik daar verrotte blij mee.

5

New balls, please

Je zou de dag voor een borstamputatie doodzenuwachtig en kribbig moeten zijn, zo van 'nee ik krijg geen hap door mijn keel'. Alleen ben ik niet zo iemand die iets meteen doet zoals het hoort. Nee, ik bracht de dag voor míjn borstamputatie door met staren naar Rafael Nadals kont.

Een buitengewoon kiene ex-baas met vrienden in de juiste kringen had overduidelijk voorzien dat de dag voor zo'n operatie alles in zich heeft om een verschrikkelijke dag te worden, zo'n dag waarop een voetbaltrainer alleen maar piepend op zijn stoel op en neer zou schuiven. Zo had hij slinks twee kaartjes op de eerste rij van het centercourt van Wimbledon weten te regelen voor P. en mij om onze aandacht af te leiden van de tietamputatie die de volgende dag zou plaatsvinden. Jeetje, en wat was dat een heerlijke afleiding, zeg.

Met 'dat' bedoel ik uiteraard Rafa's prachtige achterste. Rond, strak, helemaal geweldig. Je zou zo je tanden erin willen zetten. Als je me op de televisie zou hebben gespot, had je kunnen zien dat ik als enige níét de bal van de ene kant naar de andere kant van het veld volgde. Rafa's kontje werd een bijna even grote obsessie als die ik sinds kort met andermans tieten heb. Niet dat ik mijn ogen eens lekker de kost geef, nee, het is echt puur wetenschappelijk. (En dames, dat is de enige keer in heel je leven dat je dat zinnetje mag geloven.) Maar het zat eraan te komen, hè. Met alle boezempraatjes van de laatste tijd ben ik in rap tempo een tietenconnaisseur aan het worden. Maar nu even serieus: zou ik met mijn nieuwe buste een soort Elephant Woman worden?

Gisteren heb ik mezelf daarmee op stang gejaagd, terwijl P. en ik al flikflooiend in een cabrioletbus door Londen reden (zijn tactiek om mijn aandacht af te leiden van de onvermijdelijke gebeurtenis morgen). Zal hij me nog wel aantrekkelijk vinden na mijn borstamputatie (kolere, wat heb ik een hekel aan dat woord), als ik vol hechtingen zit, er pafferig uitzie, onnatuurlijk aanvoel en ook nog eens tepelloos ben? En meer in het bijzonder: ziet hij me nog wel zitten als ik lijkbleek ben, geen haar meer heb en helemaal opgezet ben vanwege de steroïden? Hij is zo lief dat hij zelfs heeft aangeboden om zodra mijn haar uitvalt zijn eigen hoofd kaal te laten scheren. Ik heb hem gezegd dat dat niet hoeft: hij is zo verrekte knap dat dat zijn koppie geen goed zal doen, en ik hou van hem zoals hij er nu uitziet. Stom, hè?

'Als er nog één iemand zegt dat ik sterk moet zijn,' zei P. op de ochtend van mijn amputatie, op weg naar de vruchtbaarheidskliniek, 'draai ik met het laatste beetje kracht dat ik nog heb de nek van die klootzak om.' Ik giechelde, opgelucht dat het ons op de een of andere manier lukte om van deze hele toestand toch nog een onderonsje te maken. Maar P. sloeg met zijn frustratie wel de spijker op de kop, want we hadden de afgelopen paar dagen alleen maar 'wees sterk', 'hou vol', 'blijf positief', 'je kunt het' gehoord, en zeggen dat we daar hoorndol van werden, is een even groot understatement als zeggen dat ik liever mijn haar niet zou verliezen.

Zodra mensen de eerste schok eenmaal te boven zijn (wat op zich al lulkoek is, want wennen doet het niet) slaat hun reactie logischerwijs om van verbijstering in hulpvaardigheid. Alleen bestaan er gradaties van hulpvaardigheid. Hulpvaardig betekent voor mij: boeken, tijdschriften en dvd's opsturen. Mij helpen was bijvoorbeeld eersterangskaartjes regelen voor Wimbledon. Helpen was niet anders te worden behandeld, niet met zo'n genegen hoofd aangestaard te worden, niet als patiënt te worden gezien. (Tot op de dag van vandaag werp ik iemand die het lef heeft om met nadrukkelijke bezorgdheid naar mijn gevoelens te informeren, dan ook een dodelijke blik toe. Zelfs gewoon een eenvoudig 'gaat het wel, liever?' roept bij mij de onweerstaanbare neiging tot wraak op met een of ander gemeen Jedi-gedachtetrucje.) En helpen bestaat zeker niet uit me op het hart te drukken dat ik 'positief moet blijven' (alsof ik dat zelf niet kan bedenken) en op het nieuws dat ik kanker heb te reageren met de ontstellend stomme opmerking: 'Ik weet zeker dat je je niet laat kisten.' ('O nee? Goh, eerlijk gezegd ben ik daar zelf nog niet helemaal over uit.')

Maar dat is dus het eerste wat zo lastig is aan kanker: hoe goedbedoeld, frustrerend, verhelderend, zinloos of attent hun woorden ook mogen zijn, ze kunnen niets veranderen aan het feit dat jij kanker hebt. Ik wil nu niet als een ondankbaar wicht overkomen, want zelfs 'laat je niet kisten' is beter dan helemaal niets zeggen, en ik wil ook geenszins suggereren dat ik zelf een schone lei heb wat betreft mijn reacties op andermans klotenieuws. Ik bedoel, wie weet er in zo'n situatie nou wel iets goeds te zeggen? Zo kreeg ik als tiener een keer een telefoontje van de moeder van mijn toenmalige vriendje dat zijn vader was overleden. Ik wist echt niet hoe ik moest reageren en zei toen maar dat ik het niet kon bevatten. Ik zei 'gecondoleerd'. En toen vroeg ik om de een of andere duistere reden of ze melk nodig had, want tja, de juiste reactie als iemand zijn echtgenoot heeft verloren, is natuurlijk: 'Shit, stel dat ze nu geen thee kan zetten?'

Ik ben dus zo'n beetje de laatste persoon om je de les te lezen over de juiste manier om op slecht nieuws te reageren. Wat me bij het tweede punt brengt over wat er zo lastig is aan kanker. Wat je het beste kunt zeggen, verschilt natuurlijk van persoon tot persoon. Sommige mensen willen misschien wel genegeerd worden. Anderen hebben wellicht behoefte aan zoete lieve woordjes ('arm kindje toch, wat erg voor je'). Weer anderen geven misschien de voorkeur aan het ventileren van hun woede ('ik weiger verdomme te geloven dat dit jou moet overkomen'). Maar wat wilde ík eigenlijk? Nou, van alle berichtjes die ik kreeg was het eigenlijk al snel goed als het ook maar enigszins begripvol was en zonder al te veel ophef ('ik hou van je, ik denk aan je, je hoeft hier niet op te antwoorden'), of grappig ('maak je geen zorgen, zussie, ik kom in het weekend wel bij je langs... nou ja, als Derby niet thuis speelt'), of als iemand liever wilde roddelen dan het over kanker hebben ('ik hoorde net dat Cher haar anus laat stofzuigen').

Van alle reacties op mijn Klotezooi-nieuws was veruit mijn favoriete reactie echter die van een ex-collega. 'Borstkanker?' vroeg hij overrompeld. 'Wat erg... Je hebt van die waanzinnig mooie borsten.' (Applaus)

'En dat worden ze ook wel weer,' antwoordde ik, meer voor mezelf dan voor hem. Hoezeer ik mezelf ook wijs probeerde te maken dat een tiet verliezen niets was vergeleken met het kwijtraken van mijn haar (wat nogal belachelijk is, nu ik erover nadenk), zou ik liegen als ik nu zeg dat ik niet doodsbang was dat ze die prachtige linkertiet gingen weghalen.

De dagen voor de operatie waren goddank zo druk dat ik amper tijd had om een scheet te laten, laat staan stil te staan bij wat ik op het punt stond te verliezen. Maar nadat ik die ochtend was opgestaan met een bakje tranen in plaats van een boterham, gevolgd door een moedig gezicht in plaats van muesli, kwam het allemaal ineens wel erg dichtbij. Voor ik mijn zwart-witgeruite jurk aantrok (een felgekleurde bloeme-tjesjurk leek me niet echt passend), ging ik topless voor de slaapkamerspiegel staan. 'Dat is het dan,' fluisterde ik tegen mijn lievelingstiet. 'Je moet gaan.' En dat was het laatste wat ik van mijn linkertiet zag voor ik trillend en wel met verdoof-de vingers mijn jurk dichtknoopte. Ik heb niet omlaaggeke-ken toen de chirurg vlak voor de operatie het gebied afteken-de. Ik heb niet stiekem uit mijn ooghoeken gespiekt toen ik het operatiehemd aantrok. Ik heb hem onmiddellijk achter me gelaten, alsof ik hem op een perron uitzwaaide zonder me nog om te draaien toen de trein wegreed.

'Jeetje, dit is chic,' zei P. toen we parkeerden voor het impo-sante victoriaanse gebouw op Harley Street waar de vrucht-baarheidskliniek zat. De chirurg die mijn diagnose had ge-steld had ons hiernaar doorverwezen en ons ervan verzekerd dat de deskundige die we hier zouden spreken de beste kan-sen bood om mijn eitjes te laten invriezen voor ze door de chemo helemaal naar de mallemoer waren. We voelden ons niet echt op ons gemak in deze indrukwekkende entourage, maar deden ons best om onze noordelijke tongval te verdoe-zelen toen we ons bij de receptioniste meldden. We zaten braaf rechtop en letten zorgvuldig op onze woorden in de met ei-ken lambrisering afgewerkte lounge, die eerder leek op de stu-deerkamer van de rector van een privéschool dan op een wachtkamer voor echtparen met vruchtbaarheidsproblemen.

'En dan zijn jullie vast en zeker meneer en mevrouw Lynch,' zei de Eitjesman (wat niet echt een kunst was, aangezien er verder niemand in de wachtkamer zat). We knikten en liepen achter hem aan naar een al even indrukwekkend kantoor. We luisterden aandachtig terwijl hij ons vertelde dat tijd nu van het grootste belang was en dat als we geschikte eicellen wilden oogsten, ik het best een hormoonkuur kon ondergaan om de productie ervan te verhogen. 'Maar dat is op dit moment allemaal nog puur speculeren,' legde de Eitjesman uit, opkijkend van zijn bureau dat zo groot was dat je er snooker op had kunnen kon spelen. 'Dat hangt allemaal af van wat de specialist later vandaag te weten komt over je tumor.'

P. fronste net als ik zijn wenkbrauwen. 'Sorry, maar eh... Ik ben niet... We zijn niet...' begon hij op een vastberaden, vreemde toon die zijn afkomst uit Liverpool maskeerde. (Ik denk dat de vraag in zijn hoofd eerder als volgt luidde: Hé makker, wa zit jij nou te bazale?)

'Nou, naar aanleiding van de uitslag van het weefselonderzoek kan de specialist bijvoorbeeld besluiten dat het veilig genoeg is om de chemotherapie een paar weken uit te stellen, zodat je eerst een hormoonkuur kunt ondergaan,' vervolgde de Eitjesman, die niet doorhad dat hij met zijn pen puntjes zette op de blocnote voor hem. 'Ervan uitgaande dat de tumor alleen daar zit waar we denken dat die zit. En dan is er nog de vraag of het een hormoongevoelige tumor is. Indien dat de oorzaak van het hele probleem blijkt te zijn, zou het natuurlijk niet zo slim zijn om je vol oestrogeen te pompen.'

'Eh, nee,' beaamde ik. 'Maar even voor de duidelijkheid, ik wil zeker weten dat ik het allemaal begrijp. Als mijn kanker gevoelig is voor oestrogeen, dan moet ik die hormoonkuur dus niet ondergaan. En als dat niet zo is, dan kunnen we 'm gewoon wel doen.'

'Ervan uitgaande dat de tumor alleen daar zit waar we denken dat die zit,' herhaalde hij.

'Ja, oké. Goed,' zei ik, terwijl ik het even bijgelovig afklopte op zijn bureau. 'En hoe gaat u daarachter komen?' Ik maakte me eigenlijk meer druk over de onderlinge uitwisseling van bestanden tussen de twee klinieken dan over de uitslag zelf.

'De specialist belt me de uitslag door,' knikte de Eitjesman.

'Oké, prima dan,' concludeerde ik, tevreden dat de cruciale details over mijn tumor hem niet via een postduif of telepathie of zoiets dergelijks zouden bereiken.

'Ik kan nu even nergens over nadenken,' zei ik tegen P. toen we even later van de vruchtbaarheidskliniek weer terug naar het ziekenhuis gingen. 'Mijn hoofd zit nu gewoon te vol.'

Hij verplaatste zijn hand van mijn middel naar mijn onderrug, net als hij op de dag van de diagnose had gedaan en zoals hij altijd doet als hij me in bescherming wil nemen. 'Dat is niet erg, lieverd,' zei hij. 'Eén ding tegelijk, hè?' Ik greep zijn hand vast terwijl we de oprit naar de ingang van het ziekenhuis op liepen, de koffer die we normaliter voor romantische vakantieweekendjes gebruiken achter ons aan trekkend.

Voordat de verpleegkundige van de professor me mijn kamer liet zien, stelde ze me voor aan de hoofdverpleegkundige van de afdeling. 'Dit is Lisa,' zei ze. 'Ze is hier voor een borstamputatie.'

Er verscheen een frons boven haar bril terwijl ze met een achterdochtige blik van mijn gezicht naar mijn boezem keek, alsof we haar in het ootje namen en ik helemaal geen borstkanker had. Ik herkende die blik, de 'maar ze is nog zo jong'-blik. Dezelfde blik die ik later in de oncologiekliniek zou zien, en bij de chemotherapie en in de pruikenwinkel. 'O,' zei ze, zo mat als maar kan. 'Oké dan.'

De verpleegkundige aan mijn zijde had natuurlijk allang

gemerkt dat de sfeer wat ongemakkelijk was en loodste me dus snel verder terwijl ze van onderwerp veranderde en me vertelde dat we vóór de operatie samen met de prof – heerlijk toch, dat ze hem echt 'prof' noemde – naar een kliniek om de hoek zou gaan waar ik geïnjecteerd zou worden met de radioactieve vloeistof waarmee ze konden bepalen of de kanker naar mijn lymfeklieren was uitgezaaid (even voor de feitenfans: dat noemen ze in deze branche een 'schildwachtklierprocedure').

'En? Hoe voel je je?' vroeg de arts, terwijl we met zijn drieën in een grote terreinwagen stapten die voor het ziekenhuis stond.

'Ach,' grijnsde ik, 'goed, hoor. Prima.' Mijn glimlach werd nog wat breder terwijl ik me ondertussen afvroeg of het door de angst kwam dat ik zo opgewekt deed, of doordat deze man op het punt stond het mes te zetten in de tumor waardoor ik nog voor ik dertig was al het loodje dreigde te leggen. Waarschijnlijk dat laatste. (Kolere, als je niet aardig kunt zijn tegen de man die je leven gaat redden, zou je je toch bijna gaan afvragen of je leven het wel waard is om te redden.) 'En hoe was uw week?' vroeg ik, omdat ik een normaal gesprekje wilde voeren, maar ook graag wilde slijmen. 'Hebt u de hele week gewerkt?'

'Nee hoor, niet elke dag,' antwoordde hij. 'Ik ben deze week een dag naar Wimbledon geweest.'

'O! Ik ook! Ik ben gisteren geweest!' riep ik uit. 'Wie hebt u gezien?'

'De vrouwen.' Hij laste een korte pauze in. 'Ik snap echt niet waarom ze zo moeten kreunen.' Ik bedacht hoe heerlijk het was dat ik luchtig kon babbelen over kreunende tennisspeelsters vlak voor de zorgwekkendste gebeurtenis van mijn hele leven. 'Er bestaat geen enkele anatomische reden waarom ze dat zouden moeten doen,' vervolgde hij. 'Het is zo'n afknapper, vind je niet?'

Ik knikte met klem. 'Absoluut,' beaamde ik. 'AB-SO-LUUT.' (Ik vermoed dat ik het net zo vol overtuiging met hem eens zou zijn geweest als hij had voorgesteld om mijn borst met een ijsschep weg te halen, of had gezegd dat het afhakken van mijn linkerbeen mijn overlevingskansen aanzienlijk zou verbeteren.)

'En jij? Wie heb jij gezien?' vroeg hij, terwijl hij zich naar me omdraaide op de achterbank.

'Ik heb Nadal gezien,' vertelde ik. 'Echt helemaal goed. Het was zo ontzettend leuk. Mijn ex-baas had me die kaartjes gegeven in de hoop dat we dan wat minder aan vandaag zouden denken.'

'En? Hielp het?' vroeg hij met opgetrokken wenkbrauwen. 'Jazeker.'

'Mooi zo,' zei hij glimlachend. 'En de rest van de week voelde je je ook wel oké?'

Ik walste gladjes over mijn tranen, de tapas en de doodsangsten heen en vertelde hem in plaats daarvan dat de afgelopen dagen nogal 'raar' waren geweest. Ik maakte een grapje dat borstkanker tot nu toe vooral aanvoelde als een soort *Groundhog Day*, met allemaal lieve gebaren, ontbijten op bed, kaartjes, telefoontjes, brieven, cadeautjes, bloemen, tegoedbonnen, taarten, bezoekjes, chocola, kindertekeningen en een heliumballon in de vorm van een zeepaardje.

'Dan heb je een goed stel mensen om je heen,' antwoordde hij, nog steeds met een glimlach.

'Yep. Thuis én in het ziekenhuis.' Ik wist de neiging om hem een knipoog te geven nog net te onderdrukken.

Zo keuvelden we er in de kliniek alle drie vrolijk op los terwijl de professor met een blauwe pen allerlei strepen op me zette: een rondje om de tepel wiens laatste uur was geslagen, want via die plek zou hij mijn borst binnengaan, een andere vlak onder mijn oksel, waar hij een monster van mijn lymfeklieren zou nemen voor de biopsie tijdens de operatie, en als laatste een ovaal van vijftien centimeter op mijn rug, waar hij wat spierweefsel zou weghalen als basis voor mijn nieuwe chirurgisch te vervaardigen tiet.

'Je houdt je erg goed,' zei hij terwijl hij me in mijn onderarm een injectie met radioactieve vloeistof gaf.

Ik bloosde en maakte zo veel flauwe grapjes als ik maar kon, in de hoop dat ik damesachtig en dankbaar over zou komen, in plaats van afgemeten en angstig. De verpleegkundige gaf me een schouderklopje terwijl ze me weer in mijn jurk hielp, waarna we teruggingen naar het ziekenhuis. 'Daar gaan we dan,' zei ik schouderophalend, terwijl we op de lift stonden te wachten en ze mij allebei aanstaarden met een blik die naar ik aannam meelevend was.

'We hadden het gisteren nog over je,' zei mijn professor, inmiddels in operatiepak, die naar de verpleegkundige gebaarde dat ze op het knopje van de begane grond mocht drukken. 'En ik moet zeggen dat ik echt onder de indruk ben van hoe je je hier tot dusverre doorheen slaat.' Ik sperde mijn ogen open en de tranen snapten dat ze nu eindelijk mochten komen. Hij praatte verder: 'Ik zou best wat meer op jou willen lijken.'

Ik was volkomen ondersteboven van dit compliment en wist niets uit te brengen. 'Pfoe,' klonk mijn onverstaanbare zucht. 'Wa... tja, nou.' Hij bleef glimlachen terwijl ik me als een eersteklas sukkel bleef gedragen. 'Tjonge, dat weet ik nog zo net niet,' kon ik uiteindelijk uitbrengen, maar ik wist me nog altijd geen houding te geven. Ik schuifelde wat ongemakkelijk heen en weer, stamelde 'dank je wel' en was dolblij toen de liftdeuren eindelijk openschoven. Elke keer dat ik daarna aan dat moment heb teruggedacht – en de teller staat momenteel op 693.821 keer – ben ik veel beheerster dan ik in werkelijkheid was. Ik knipoog, stoot even tegen zijn schouder aan en zeg: 'Och, ik wil wedden dat u dat tegen al uw patiënten zegt.' Maar hoe sukkelig ik me destijds ook gedroeg, een zeker gevoel van zelfvoldaanheid kon ik toch ook niet ontkennen, want de man voor wie ik zo langzamerhand torenhoog respect had gekregen, had echt gezegd dat hij meer op mij wilde lijken. Het was net als een rapport vol tienen, en ik ga me er niet voor excuseren dat ik die kans om het lievelingetje van de meester te worden met beide handen aangreep.

Terug op zaal stonden P., mijn ouders en Jamie te wachten bij het bed dat de komende vijf dagen mijn thuis zou worden en ze hadden hun best gedaan om de kamer zo min mogelijk op een ziekenhuis en zo veel mogelijk op een studentenkamer te laten lijken. P. had een teddybeer in bed gestopt, mijn moeder was in de weer met een vaas bloemen, paps installeerde een iPod-dockingstation en Jamie had net een kaart van de Foo Fighters opgehangen, die als je hem openklapte veranderde in een woest aantrekkelijk poster van Dave Grohl. Ik trok het ziekenhuishemd aan, perste mijn kuiten in een paar steunkousen en raadde hen een paar hippe winkels in de buurt aan waar ze tijdens de zes uur die er voor mijn operatie stonden, misschien naartoe konden. Eigenlijk nogal dom, om net te doen alsof zij lekker zouden gaan shoppen in plaats van hun nagels tot op het bot af te kluiven, wachtend op het moment dat ik eindelijk weer de kamer in werd gerold. Ze waren stuk voor stuk net zo bang als ik en het leek mij de beste, zo niet de enig mogelijke tactiek te proberen dat te negeren.

'Ben je er klaar voor, lieverd?' vroeg iemand die zijn hoofd om de hoek van de deur stak.

'Zo klaar als maar kan,' antwoordde ik schouderophalend. 'Kom maar op.' Ik wierp een blik op mijn bezorgde ouders. 'We gaan ervoor.' Mijn bravoure duurde slechts kort, net lang genoeg voor een paar zoenen en het 'we houden van je' van mijn ouders en Jamie, want tegen de tijd dat ik naar de lift werd gerold, me de hele tijd stevig vastklampend aan P.'s hand, was ik al in tranen. Mijn ogen brandden van naakte angst terwijl ik een hogere macht smeekte dat ik straks zou ontwaken als dat díng, dit kutding, succesvol en voor eeuwig uit mijn lijf was gehaald. Ik keek nergens meer naar, alleen maar in P.'s bloedmooie ogen, zelfs toen ik aan de anesthesist werd voorgesteld. Als ik dit niet zou overleven, dan was dat wat ik als laatste wilde zien.

'Heb je weleens een algehele narcose gehad?' vroeg de anesthesist. Ik schudde mijn hoofd, nog steeds huilend. 'Je hoeft je echt niet druk te maken,' zei hij. 'Het is net alsof je een paar gin-tonics te veel op hebt.'

Ik dacht 'dat zou er nu wel ingaan', maar ik had de kracht niet om het te verwoorden, zo gefixeerd als ik was op het lieve gezicht van mijn man terwijl de naald in de rug van mijn hand werd gestoken.

En toen, met één borrel Gordon's te veel op, viel ik in slaap.

6

De gelijkmaker

Ah, morfine. Ik ben zo stoned als een tiet.

In deze door de medicijnen opgewekte sfeer van 'alles is zo enig' wil ik je iets vertellen waarvan je tranen in je ogen zult krijgen. Ik heb net het volgende sms'je op het mobieltje van mijn man aangetroffen (ik mag dan platgespoten in een ziekenhuisbed liggen, maar ik ben nog wel zo gewiekst dat ik stiekem andermans mobieltjes check). 'Ik weet dat dit een raar berichtje is om naar mijn schoonmoeder te sturen, maar ik heb de linkerborst van je dochter net gezien en die ziet er ongelofelijk uit.' En ik maar denken dat je van morfine zo lekker high werd...

Ik heb in plaats van een linkertiet nu misschien een verkleurd, drillerig hompje vlees dat er raar uitziet, een litteken op mijn rug waardoor strapless topjes tot het verleden behoren en een katheter vol groene plas (dat komt door de kleurstof, niet door asperges), maar dat is niet voor niks: hiep hiep hoera, de knobbel is dood!

Maar om meteen maar even in deze alles verklotende kankersfeer te blijven: er is helaas ook slecht nieuws. Behalve mijn linkertiet die nu (denk ik) in een afvalcontainer van het ziekenhuis ligt, liggen de lymfeklieren uit mijn linkeroksel daar namelijk ook. Allemaal. Die klotekankertumor was al een behoorlijk eind op weg naar mijn onderarm (later zullen we nog horen hoe ver precies, nadat ze dat via Google Maps hebben getraceerd, of wat ze daar ook voor gebruiken), maar gelukkig heeft mijn chirurg annex lachebekje annex superheld die regelrecht uit de hemel is neergedaald, ze er allemaal in één keer uit weten te jassen. Dus ondanks die tegenslag denk ik dat ik toch mag stellen dat ik net vanuit een achterstandspositie een prachtige gelijkmaker heb gescoord (dokter Lachebek met zijn verbluffende voorzet).

Lisa – De Klotezooi 1-1. Ik zou best een buikschuiver à la Klinsmann willen doen om dat te vieren, maar ik vrees dat dat nu te veel pijn doet.

'Ben je dat borstkankergeintje nou nog steeds aan het uitmelken?' vroeg Jamie toen hij de ochtend na mijn borstamputatie de kamer in kwam.

'Donder op,' reageerde ik grijnzend terwijl hij zijn jas uittrok. 'J. ik moet je wat zeggen: paps en mams wilden dit liever voor je geheimhouden, maar ik vind toch dat je moet weten dat jij een ongelukje was.' Hij knipoogde terwijl ik gebaarde dat hij naar de andere kant van het bed moest komen. 'Maar nou even serieus, makker, kun je dit effe voor me checken?' Ik wees naar de moeraskleurige katheter die hij vanwaar hij stond, nog niet kon zien.

'Tuurlijk zus, wat is... O nee hè, wat ben jij een kutwijf,' zei hij vol walging bij de aanblik van mijn groene piszak. Jamie mag dan misschien een grote, stoere, door sport geobsedeerde gozer zijn, maar hij is ook een watje. Ik lachte zo hard als mijn pijnlijke borstkas toeliet en dreigde dat als hij zijn zieke zus bleef plagen, ze hem haar bloederige wond zou laten zien.

Ik kijk altijd al uit naar Jamies bezoekjes, maar vooral die dag. Want als je in een poepchic ziekenhuishemd geheel volgens de laatste mode gemangeld aan bed gekluisterd bent in een onbekende, verontrustende omgeving, en het lijkt alsof er uit elke opening in je lijf een slangetje steekt, kun je echt het beste Jamie aan je zijde hebben om de situatie nog enigszins normaal te maken. Hij zou zichzelf voor dit soort gelegenheden eigenlijk aan mensen moeten verhuren. Dat, of bij de radiozender van het ziekenhuis gaan werken. 'En nou ophouden met zeiken,' zou hij kwelen, alvorens een van de volgende liedjes te draaien: 'Everybody Hurts', 'The Drugs Don't Work', of, zoals het een echte *shock-jock* betaamt: 'Another One Bites the Dust.'

Het telefoontje voor het tapasrestaurant destijds was het laatste serieuze gesprek dat Jamie en ik over kanker hadden gevoerd. Tot op de dag van vandaag is bij elk van onze gesprekken waar de Klotezooi ter sprake komt, de humor nooit ver te zoeken. Zelfs op de allerbelabberdste momenten tijdens de chemo vond hij het heerlijk om me uit te schelden voor hypochonder of kale knikker, en hij stond erop iedereen te vertellen dat ik met mijn borstkanker gewoon een goeie manier had gevonden om de aandacht te trekken – en ik vond dat allemaal wel best. Voor een broer en zus die zo close zijn als wij, zou dat als we ergens niet meer samen om konden lachen, een even grote ramp zijn geweest als de borstkanker zelf. En niet alleen een ramp, maar gewoon raar. Dit buitengewoon aangename getreiter begon trouwens zodra ik uit de operatiezaal mijn kamer in werd gerold. Ik was natuurlijk nog groggy, maar toen ik mijn ogen voor het eerst weer opendeed en P. en mijn familie op een rijtje voor het raam van mijn kamer zag staan, wist ik genoeg energie bij elkaar te schrapen om mijn middelvinger op te steken naar Jamie, voor ik weer in mijn door morfine veroorzaakte sluimering weggleed.

Wat ik op het moment dat ik mijn middelvinger opstak alleen niet had opgemerkt, was de opluchting die zich over de gezichten van mijn familie verspreidde, noch de tranen die op de grond drupten toen ik in de kamer op mijn bed werd gelegd. Terwijl ik bewusteloos op de operatietafel lag, waren zij namelijk volslagen de kluts kwijt geweest. In zekere zin had ik het dus het gemakkelijkst gehad. Zij waren immers degenen die doelloos door het centrum van Londen moesten dwalen terwijl dokter Lachebek een snee rond mijn tepel maakte om bij de tumor te kunnen komen, en waar hij vervolgens de rest van de middag voor nodig had om die te verwijderen. Zij waren degenen die zich gedwongen zagen om tijdrovende winkelexpedities op te zetten (bloemen, kaarten, een nieuw bedeltje voor mijn armband, een lavendelkussen zodat ik beter zou kunnen slapen), terwijl mijn borst werd vervangen door een tijdelijke prothese: een lege, zogenoemde tissue-expander waarmee het weefsel zou worden opgerekt. Zij waren degenen die doodzenuwachtig in het ziekenhuis moesten wachten en bij elk geluid opsprongen doordat mijn operatie waarvoor zes uur was uitgetrokken nu al acht uur duurde. Soms kun je denk ik maar beter degene zijn die in de stront zit dan degene die zich zorgen maakt over wie ermee besmeurd is.

Ik kan me niet veel herinneren van de eerste paar dagen in het ziekenhuis, wat ofwel te maken had met het morfine-pompje, ofwel met het feit dat het zo stomvervelend was dat mijn hersens de hele boel maar meteen hebben gewist. Wat ik alleen nog wel weet, zijn de blikken van de mensen die bij me op visite kwamen, als ze schaapachtig hun hoofd om de hoek van de deur staken. Het werd me al snel duidelijk dat Jamies geplaag niet bij iedereen navolging kreeg. Ik merkte dat ik razendsnel moest leren om binnen de eerste vijftien seconden van een bezoekje aan te voelen aan welke aanpak mijn bezoeker de voorkeur gaf. Eén vriendin barste meteen in snikken uit, dus ik troostte haar zo goed en zo kwaad als ik kon. Toen het gezicht van een ander wel erg wit wegtrok, bood ik hem een paar chocolaatjes uit mijn omvangrijke voorraad aan. Weer een ander was, zelfs voor haar doen, buitengewoon geanimeerd. Een andere vriend kwam met dit openingszinnetje aan: 'Tjemig, wat zit je haar goed.' Iemand anders zei: 'Oké, dat wordt zeker weten een ziekteverzuimbriefje.' Iemand anders gooide me bij het binnenkomen een zakje *Monster Munch*-chips met van die grappige gezichtjes toe.

Hoe heerlijk het ook was om met gelukwensen te worden overladen, ik kreeg ook meteen een voorproefje van hoe het voelt om een kunstschat te zijn, een soort freakshow die mensen één voor één mogen bezichtigen. (Komt dat zien, komt dat zien, de vrouw met één borst!) Maar in plaats van me te gedragen als een zieke of continu stil te staan bij mijn nieuwe, ongelijke boezem, probeerde ik het iedereen naar de zin te maken. Ik klopte op mijn niet-tiet zodra die ter sprake kwam, zwaaide mijn drains die het wondvocht opvingen door de lucht, en maakte zo veel kankergrapjes als ik kon bedenken (de net genoemde 'zo stoned als een tiet' en 'platgespoten' waren mijn favoriete). Dat gaf mij een beter gevoel. Het gaf hun een beter gevoel. En het was de beste tactiek die ik in mijn arsenaal voorhanden had om die kanker eronder te krijgen.

Tijdens een van die bezoekjes lukte het me ineens alleen niet zo goed om een vrolijke noot te treffen. Het was de middag na de operatie, toen ik dokter Lachebek voor het eerst weer zag en het mijn moeders beurt was om me gezelschap te houden. Daar stapte mijn held dan de kamer in, met een stralende glimlach van oor tot oor, de beleefdheid zelve, overduidelijk ingenomen met zijn werk.

'Wat zie jij er goed uit, zeg,' zei hij opgewekt terwijl hij mijn moeder en mij begroette.

'Hallo daar.' Ik bloosde terwijl mijn moeder naast mijn bed kwam staan, zodat we allebei aan zijn lippen konden hangen om te horen wat hij te melden had.

'De operatie is goed verlopen,' vervolgde hij terwijl wij braaf knikten als van die hondjes op de hoedenplank van de auto. 'Alleen bleek uit de schildwachtklierprocedure dat het naar je lymfeklieren is uitgezaaid, dus die heb ik meteen ook maar weggehaald,' deelde hij ons mede.

Ik hapte naar adem en wierp een schuinse blik op mijn moeder, die ook met haar mond vol tanden stond. Niet dat ik nu per se geschokt was. Kolere zeg, qua schokken zat ik wel zo'n beetje aan mijn taks. Nee, ik denk dat als hij had onthuld dat ik was geopereerd door een blinde stagiair, ik hem nog redelijk onverstoorbaar had aangehoord. Misschien was het eerder teleurstelling. 'Dus het is wel uitgezaaid,' zei ik kalmpjes, hoewel ik niet precies weet tegen wie.

'Inderdaad,' knikte hij. 'Maar ik ben reuze optimistisch. Vergeet niet dat het nu allemaal weg is, alles is verwijderd. En de chemotherapie zal afrekenen met de nog eventuele foute cellen die niet operatief verwijderd kunnen worden.'

Zoals inmiddels wel vaker gebeurde tijdens dit soort momenten waarop ik iets hoorde dat kwam als een donderslag bij heldere hemel, luisterde ik al niet meer en liet mijn moeder alle vragen stellen over de prognose en de histologie (doordat ze in een ziekenhuis heeft gewerkt is ze bekend met dat soort taal). Terwijl zij praatten, probeerde ik het nieuws op rationele wijze te verwerken. 'Oké, nu gewoon even de feiten op een rijtje zetten,' zei ik tegen mezelf. 'Het zat eerst in mijn tiet. Vandaaruit is het in mijn lymfesysteem gekropen.

Maar het is nu weg. Het is er nu uit. Hij heeft het weggehaald. Dus het is wel wat meer gedoe dan je aanvankelijk dacht, maar maakt dat nou echt uit? Had je hiervoor überhaupt weleens van lymfeklieren gehoord? Zou je die bij Pictionary kunnen tekenen? Nee. Dus verdomme, hoezo spelen die een cruciale rol in je gestel? Kom op nou! Mensen kunnen zonder een nier nog een heel lang en goed leven leiden en je weet waar die voor dienen. Dus wat stellen die paar lymfeklieren nou helemaal voor?' Ik vermoed dat de loeizware pijnstillers een rol speelden bij deze nuchtere manier van redeneren, maar het feit dat mijn moeder me wel heel ontspannen op het hart drukte dat het niet van invloed was op de afloop, zolang de klieren maar verwijderd waren, joeg me vanwege haar geforceerde kalmte eerder de stuipen op het lijf dan het nieuws zelf.

Ik weet dat dit ook gewoon de stoïcijnse Britse manier is om zaken te benaderen, maar zeg nou zelf, als het ergste al is gebeurd, wat maakt nóg een tegenslag dan nog uit? Net als kleddernat regenen op weg naar huis en dan in een plas stappen. Ja, dat is balen, maar ga je je daar dan echt over opwinden? Toen ik dit onlangs met Ant besprak, vergeleek ze het met een van de hakbijlen waarmee French en Saunders weleens in het rond zwaaiden en dan per ongeluk een vinger afhakten en die aan de hond gaven, om er vervolgens nog een af te snijden omdat de hond zo hongerig keek. 'Ach lieverd, wat maakt nóg een vinger nou uit?' plaagde ze me.

In die aaneenschakeling van minigevechten die mijn eerste paar dagen in het ziekenhuis kenmerkten, was de werkelijkheid van dat kankerstadium III gewoon een van de hordes die ik moest zien te nemen. In mijn toenmalige staat, waarbij het al een opgave was om rechtop te gaan zitten of een kop thee te drinken, vloog elk relativeringsvermogen regelrecht mijn raam op de vierde verdieping uit.

Zo was de dag dat het me lukte om mijn pyjama aan te trekken voor mij al heel wat. Het klinkt nogal idioot nu ik het hier zo opschrijf, maar toentertijd, met pijn in mijn borstkas en ergens in mijn rug (maar waar precies?) en een stijve linkerarm waardoor ik die niet echt goed kon gebruiken, was het al een hele prestatie dat het me lukte om mijn elleboog te buigen en door de mouw van mijn pyjama te steken. (Niet in het minst omdat het ook nog eens een oerlelijke pyjama was. Ik had mijn moeder die alleen laten kopen om haar een wat beter gevoel te geven.) Het was zelfs zozeer een prestatie dat het de eerste in een serie van triomfantelijke kankermijlpaalfoto's werd die mijn moeder en broer via hun mobieltjes uitwisselden en waarin ik nog een keer mijn middelvinger naar hem opsteek. Ja, oké, het is geen doorsneefamiliealbum, maar het wordt in onze familie desalniettemin gekoesterd. ('Daar heb je Lisa in het ziekenhuis, terwijl ze haar middelvinger opsteekt naar Jamie. En daar is Lisa weer, bij de eerste maaltijd die ze na de chemo weer door haar keel kreeg, terwijl ze haar middelvinger opsteekt naar Jamie. En dat is Lisa met haar hoofddoekje. Kijk. Ze steekt haar middelvinger op naar Jamie.')

Nog een mijlpaal was de eerste keer dat ik weer door de gang op de afdeling kon lopen. Nou ja, ik denk dat ik beter 'waggelen' kan zeggen. Dankzij het pyjamajasje dat aan de linkerkant veel losser zat dan rechts en doordat ik aan de ene kant een drain met me meetorste en aan de andere kant een zak vol pis (daar heb je niet van terug hè, Mulberry), hadden mijn eerste paar stapjes weinig weg van een zelfverzekerd catwalkloopje. Je zou denken dat ik me vooral geneerde voor die door het ziekenhuis uitgereikte handtassen, maar toen ik Tills en haar man Si aan het uiteinde van de gang zag, kwam mijn rare mengeling van gevoelens dat ik blij was hen te zien en me tegelijkertijd schaamde dat ze me zo zagen, eerder door mijn gestippelde omapyjama dan door de fles urine in mijn rechterhand.

De grootste horde nam echter een iets minder smakelijke vorm aan, en in een even zo onsmakelijke omgeving, namelijk het toilet. Ik begon de kanker net een beetje te bevatten, maar die verstopping? Shit hé! (Of geen shit, in dit geval.) Tjeezus, in die foldertjes die ze je geven als ze je diagnose stellen, zou moeten staan: 'Welkom bij borstkanker. Laat je ijdelheid achter bij de deur en persen maar.'

Eigenlijk is het een doodeenvoudige optelsom. Algehele narcose + een heleboel medicijnen = een reet die even strak op slot zit als een Zwitsers bankkluis. En zo liet ik op mijn voorlaatste dag in het ziekenhuis een verpleegster de niet benijdenswaardige taak op zich nemen om een zetpil in mijn reet te proppen (aan het einde van haar dienst, 't arme schaap!) en zag P.'s getuige bij ons huwelijk even later zijn gezicht vertrekken toen hij halverwege zijn bezoekje verzeild raakte in een ziekenhuisgesprekje over hoe zacht mijn ontlasting was. (IJdel? Hoezo ijdel?) Het is maar goed dat P. en ik toen al getrouwd waren, want anders had hij flink wat munitie voor zijn toespraak gehad.

Na alle ontberingen komt er dan toch ook wat verlichting. Later die avond, met op de achtergrond vijftienduizend uitzinnige tennisfans op mijn ziekenhuis-tv'tje (en een echtgenoot die aan de andere kant van de deur de rol van coach op zich had genomen) wist ik met mijn eigen Murray-achtige tegenaanval op de proppen te komen. 'Dank je wel, Wimbledon,' zei ik tegen mezelf in de spiegel toen ik mijn handen waste. 'Jullie waren een geweldig publiek. Zonder jullie was het me niet gelukt.'

7

'Red Ferris'

Juli 2008

Ik ken niemand die zo goed kon zwelgen in zijn zwakke gestel (en alle aandacht die dat met zich meebracht) als mijn grootvader. Na zijn hartoperatie heeft hij een paar jaar lang amechtig ademend in een stoel met één hand altijd nadrukkelijk op de plek van zijn hart zitten popelen tot iemand er een opmerking over zou maken.

Ik had na mijn diagnose als grapje geopperd dat ik misschien op dezelfde manier de aandacht kon trekken door alleen nog maar met mijn hand op mijn linkertiet rond te lopen. En tadaa! Hier zit ik dan in de stoel naast mijn ziekenhuisbed, met mijn rechterhand te typen terwijl ik met mijn linker mijn borstprothese omklem. Mijn linkerarm is nog steeds naar de filistijnen – zozeer dat ik mijn eigen haar niet eens in een staartje kan doen en mezelf evenmin kan aankleden – dus dan kan ik er toch net zo goed mijn borstprothese mee vasthouden? Noem het fysiotherapie.

Maar goed, nu even over die nepperd. Geloof me, kanker wordt met de dag extravaganter. Ik was net aan het genieten van het zalige moment dat ze de diverse drains ontkoppelden, voordat ik na vijf dagen uit het ziekenhuis zou worden ontslagen, en wie komt er binnen? Niemand minder dan mijn bijzonder aardige (en ze heeft verdomme ook altijd gelijk) Mammacare-verpleegkundige om me een beha aan te meten die ik dag en nacht zal moeten dragen tot iemand me zegt dat dat niet meer hoeft. En neem maar van mij aan dat deze brassière zich niet kan meten met iets van Agent Provocateur. Maar daarover later meer.

Wat die beha alleen wel heeft, is een handig klein zakje voor de borstprothese waar ik nu mee te koop loop (dames, hou 'm in de gaten tijdens de volgende Fashion Week!). Het is een rond, schuimrubberachtig geval dat volgepropt lijkt met lamswol en hij voelt een beetje aan als een raar soort clownsneus (*miep miep*). En hoewel ik er nu best blij mee ben, doordat ik in mijn hoogsluitende kleding dan geen ongelijke boezem heb, zie ik toch erg uit naar het moment dat mijn nu nog platte zoutoplossingimplantaat gevuld zal worden. (Dat gezegd hebbend, zo leuk wordt het nu ook weer niet, want het is alleen maar een imitatie van mijn reguliere cup B, dus om nou te zeggen dat hij aan de Dolly Parton-test zal worden onderworpen...)

Over vullen gesproken, mijn voorgevel vertoont een wat vreemde bijwerking waar ik niet direct op had gerekend. Je kent de film *Sjakie en de chocoladefabriek* wel, hè? (Die nogal slechte uit de jaren zeventig, niet de psychedelische versie met Johnny Depp.) Oké, weet je dan nog dat Violet Beauderest in een giga bosbes veranderde nadat ze een niet helemaal deugdelijk kauwgompje in haar mond had gestopt? Nou, dat is dus wat je je ongeveer moet voorstellen bij hoe mijn linkerzijde aanvoelt sinds ze die drains eruit hebben gehaald. Wijsneuzerige Mammacare-verpleegkundige waarschuwde me dat mijn huid 'als een volle kruik' zou kunnen aanvoelen en ja hoor, ook nu heeft ze weer gelijk. Gelukkig heeft dokter Lachebek volgende week een stel

Oempa Loempa's bij de hand om me te laten leeglopen. En hopelijk gaat die verrotte beha dan ook wat comfortabeler zitten. Waarmee ik niet wil zeggen dat mijn onlangs afgeslankte linkerzij ervoor zal zorgen dat mijn kankerpatiëntenlingerie dan opeens reuze modieus is.

Van een afstandje (laten we zeggen, vanaf de overkant van een voetbalveld) lijkt mijn beha een beetje op een sportbeha, of een op ultrakort aerobicsshirtje (van die hele opzichtige die vaak gedragen worden door van die gelooide vrouwen van in de zestig die tijdens het spitsuur over de Chelsea Bridge joggen). Maar van dichtbij ziet hij eruit als iets wat in een vorig leven aan de waslijn van mijn oma had kunnen hangen. Hij is gebroken wit (uiteraard is-ie niet verkrijgbaar in andere kleuren) met brede bandjes en wat non-descripte geborduurde bloemetjes van het soort dat je vaak op een waardeloze sprei in een B&B ziet. Deze beha is voldoende bewijs dat de medische wereld gewoon niet goed raad weet met borstkanker bij twintigers. Je zou hem antisexy kunnen noemen. Arme P. heeft al kloten als cricketballen en met mijn nieuwe lingerielook ziet het er niet naar uit dat daar snel verbetering in zal komen.

'Verdikkeme, wat ben jij populair, zeg,' zei de postbode vrolijk, toen ze me bij de voordeur een stapel post overhandigde die op een trouwdag niet zou hebben misstaan, wat ze sinds mensen over de Klotezooi hadden gehoord nu zo'n beetje elke dag deed. De *Groundhog Day* die steeds weer opnieuw leek te beginnen en waar ik tegen dokter Lachebek nog een grapje over had gemaakt, leek niet af te zwakken, vooral niet sinds ik weer thuis was. Het was dan ook een hele worsteling om niet te verzuipen in de ontstellende vloedgolf van welwillendheid die mijn kant op stroomde.

Ik kon amper geloven wat voor lieve dingen mensen allemaal voor me deden. Ze stuurden enorme pakketten op met allerlei spulletjes die misschien van pas konden komen, ze kwamen helemaal vanuit het buitenland bij me op bezoek, regelden taxi's om me van en naar de afspraken in het ziekenhuis te brengen, belden Charles Worthingtons persoonlijke assistente om te vragen aan wie hij mijn kortwiekknipbeurt vlak voor de chemo zou toevertrouwen... echt *waantastische* dingen. Ik denk dat ik niet eens raar had opgekeken als ik mijn naam op een zeppelin had zien staan, of in een krantenkop, of op een scoreboard bij een honkbalwedstrijd zoals in die film met Ferris Bueller.

Het was allemaal zo ontstellend lief – en het hielp ook nog eens enorm – maar ik worstelde met de vraag in hoeverre ik dit allemaal kon aannemen. Niet dat ik mijn positie niet bij elke gelegenheid die zich voordeed uitmelkte. Ik kwam er zo langzamerhand zelfs achter dat mijn ziekte het perfecte excuus voor welk soort gedrag dan ook leek te zijn – en daar ging ik eens flink van profiteren. Iemand op straat die me liever niet liet voorgaan? Dan trok ik lekker toch voor diegene op. 'Krijg de klere, ik heb kanker.' Was er nog maar één stuk pizza? 'Jullie kunnen allemaal de pot op, dat is voor mij, want ik heb kanker.' Het was misschien een hopeloze onderneming, te vergelijken met een hondendrol doorzoeken of er misschien goud in zit, maar in tijden als deze moet je alles pakken wat je pakken kunt, nietwaar? Maar soms, ondanks mijn gretigheid om de kanker zo veel mogelijk uit te buiten, was de manier waarop anderen me behandelden gewoonweg zo overweldigend dat ik me bijna geroepen voelde daar een einde aan te maken.

Als ik vraagtekens zette bij hun aardigheid, zeiden ze dat ze dat deden omdat ze van me hielden en dat als ik om te beginnen zelf niet zo aardig was geweest, ze ook niet die moeite zouden nemen. Ik maakte me zorgen dat ze het juist bij het verkeerde eind hadden en dat hun ongelofelijke inspanningen zonde van al die moeite waren, want eerlijk gezegd ben ik echt niet altijd even aardig.

Als ik daar zin in heb, kan ik een behoorlijk knorrig/egoistisch/bitchy/lui/koppig/overgevoelig/manipulatief/brutaal wicht zijn. Toen prinses Diana stierf en daarmee mijn achttiende verjaardag verpestte, had ik daar flink de pest over in. Ik zet haast nooit thee voor collega's. Ik heb een keer iemands kantoor voor iets anders dan werk gebruikt. Ik kom ALTIJD EN OVERAL te laat. Ik heb weleens kleren geruild die ik al had gedragen. Ik heb meer sigaretten gebietst dan ik ooit heb gekocht. Ik heb meer gespijbeld dan ik colleges heb gevolgd en kwam altijd met kutsmoezen aan zodat ik een werkstuk later mocht inleveren. Ik heb steevast aanmerkingen op het taalgebruik van anderen en heb altijd een rode pen op zak om overbodige apostrofs op posters, menu's of verjaardagskaarten door te kunnen strepen.

En ik lieg. Het is bekend dat ik dat op mijn cv heb gedaan, maar ik doe het vooral in situaties waarvan ik weet dat iemand zich de ogen uit zijn kop zal schamen. Zoals de keer dat ik P. vertelde dat OutKast uit Pontypridd kwam in plaats van uit Georgia en vervolgens toekeek terwijl hij dat anderen probeerde wijs te maken. Of de keer dat ik woedend mijn broer opbelde, razend dat presentator annex model Vernon Kay in de jaarlijkse lintjesregen een ridderorde zou ontvangen voor zijn vrijwilligerswerk. (Sir Vernon Kay! Dat geloof je toch niet! Blijkbaar geldt: hoe bespottelijker de leugen, hoe beter het resultaat.) Of tijdens de introductiedagen van de universiteit, toen ik een roddel in gang zette dat ik een plek bij de Spice Girls had afgeslagen omdat ik liever wilde studeren. Of de keer dat ik een paar kinderen op school had wijsgemaakt dat mijn vader vroeger voor Derby County had gevoetbald. En de keer dat mijn broer een houseparty hield en ik een vriend zover kreeg om net te doen alsof hij van de politie was en te zeggen dat hij belde vanwege klachten over de geluidsoverlast. Wat overigens een geweldig resultaat opleverde: Jamies vrienden peperen hem dat nog steeds in, wat ik echt een geweldige bak vind. Maar zeg nou zelf, zijn dat de daden van iemand die het verdient om met zo'n ontzettende hoeveelheid medeleven te worden overladen? Met alle kutstreken die ik had uitgehaald is het nog een wonder dat ze het wereldschokkende nieuws van het meisje dat kanker riep überhaupt geloofden.

De week nadat ik uit het ziekenhuis kwam was een bijzonder rare tijd. Opeens leek de Klotezooi niet meer gewoon een nieuwtje te zijn, maar een heuse gebeurtenis die non-stop, vierentwintig uur per dag, continu geüpdatet werd en waar iedereen het zijne van wilde weten. En dat voelde zo onwerkelijk aan. Vroeger, toen ik zelf nog geen kanker had, wanneer ik dat k-woord dan hoorde, trok ik meteen allerlei overhaaste conclusies die zo'n lelijk woord meestal oproept. Dat het vast en zeker ondraaglijk was, dat je je dan ongetwijfeld afschuwelijk voelde en dat je uiteraard al had geweten dat je kanker had voor iemand je dat vertelde. Maar zo werkt het dus niet. En zeker in het begin is het niet de kanker waardoor je je hondsberoerd voelt, maar de behandeling. En die zat er nu aan te komen.

Het lastige was dat ik niet het gevoel had dat ik kanker had. Het voelde eerder alsof ik net een cosmetische ingreep had ondergaan en afgezien van de hechtingen, de zwellingen en de stijfheid voelde ik me eigenlijk best goed. Dus ondanks het feit dat ik een ziekte had die me de das om kon doen nog voor ik dertig was, keek ik op Sky+ naar de ene na de andere aflevering van *Coronation Street*. En ondanks het feit dat er slechts een paar dagen geleden nog een levensbedreigende tumor onder mijn tepel groeide, was ik afspraken aan het inplannen om nog even snel voor de chemo begon, met vrienden te kunnen lunchen, naar de kroeg te gaan en uit eten te gaan. Ik was populairder dan ooit tevoren. Zo te zien was ik door die borstkanker opeens interessant geworden.

Dat was raar, want ik heb mezelf altijd als een betrekkelijk oninteressant iemand beschouwd. Als mijn school jaarboeken zou hebben uitgegeven, zou ik het meisje zijn geweest dat 'het hoogstwaarschijnlijkst een normaal leven leidde', en daar was ik zowel blij mee als verbolgen over. Ik had alles altijd precies gedaan wat er van me verwacht werd, precies zoals ik het zelf had uitgestippeld. Op mijn zestiende deed ik voor het eerst eindexamen. Op mijn achttiende haalde ik nog een diploma. Mijn bachelordiploma volgde op mijn eenentwintigste, mijn master een jaar later. Ik was vijfentwintig toen ik redactrice bij een tijdschrift werd. Was getrouwd op mijn zevenentwintigste. Alles precies volgens het boekje: niet overmatig veel schoolverzuim, geen winkeldiefstallen, geen tatoeages of onfatsoenlijke piercings, ik was nooit gearresteerd, nooit ongewenst zwanger geweest, geen totaal ontspoorde drugsfestijnen, geen tumultueus tussenjaar, geen illegale *rave*-feesten die het hele weekend duurden, geen hopeloze affaires met foute basgitaristen (hè, jammer zeg). Was mijn gebrek aan een puberteit vol wilde haren à la Drew Barrymore of het feit dat ik me niet roekeloos als een zelfzuchtige twintiger had uitgeleefd op de een of andere manier gemuteerd tot deze opstandige tumor? Als kind was ik altijd al dol geweest op dat rijmpje van Solomon Grundy, die op maandag geboren werd, op dinsdag was gedoopt en op woensdag trouwde. Was de Klotezooi nu mijn versie van 'en op donderdag werd hij ziek'?

Begrijp me niet verkeerd, ik had met volle teugen genoten van alle dwaze en ongeplande leuke dingen die een achtentwintigjarige meid van haar lijstje moet kunnen afvinken, en had ondertussen ook al mijn padvindersinsignes verdiend met de nodige tequilashots, scharrels en kotspartijen uit het taxiraampje. Dat was echter allemaal gebeurd binnen veilige grenzen, zonder dat iemand schrammen had opgelopen. ('Lol volgens de regels', zoals P. dat noemt.)

Ik was blij met het leven dat ik leidde, maar toch wilde ik af en toe stiekem dat ik iets interessanter zou zijn. En hé, kijk nou! Nu was ik opeens interessant – alleen kon me dat nu gestolen worden. Hoe heerlijk het ook was om zo veel egostrelende aandacht te krijgen, als ik me dan weer herinnerde waarom ik die allemaal kreeg, vloog de werkelijkheid me weer als een hond met hondsdolheid naar de keel. Zo kon ik het ene moment nog zelfgenoegzaam bezig zijn met het schikken van prachtige boeketten en het volgende moment gefrustreerde tranen met tuiten huilen bij het aanrecht, bezorgd doordat de behandeling zo snel zou beginnen en doodsbang over wat me nu misschien te wachten stond.

Die medische behandeling was uiteraard ook de reden dat vrienden en familie me zo behandelden. Ze legden me in de watten omdat dat het enige was wat ze konden doen. Ze konden de kanker niet wegnemen en zich evenmin als mij voordoen en de behandeling in mijn plaats ondergaan, als een soort ziekelijke rijexamenzwendel. Wat ze wél konden – en op een veel grotere schaal dan je ooit met Kerstmis, op een verjaardag of bij een bruiloft zult ervaren – was me laten merken hoeveel ze van me hielden en me op het hart drukken dat wat voor ellendige verrassingen deze Klotezooi ook voor me in petto had, ik altijd op hen kon rekenen, als het vangnet onder mijn zwaaiende trapeze.

8

De geen-kinderenclausule

Dokter Lachebek en Wijsneuzerige Mammacare-verpleegkundige waren vandaag in topvorm tijdens de follow-upaf-
spraak van mijn borstamputatie. Ze zitten precies op mijn
golflengte in de zin dat alles wat ze te melden hebben moeilijk slechter kan zijn dat wat ze me drie weken geleden hebben verteld. En dus zijn ze heel vrolijk en nuchter en vinden
het prima om voor het kankerpraatje eerst even wat over
tennis te babbelen.

Dan was er vandaag nog het geweldige moment dat mijn
verband er voor het eerst af mocht, zodat we het handwerk
van dokter Lachebek eindelijk konden bewonderen. Tjonge,
die kerel zou een naaiatelier moeten beginnen want zijn
hechtwerk is echt helemaal de bom. Op mijn rug zit een bijna diagonaal litteken dat ongeveer even groot is als een Cur-
ly Wurly-reep en die in mijn oksel is net iets korter dan een
KitKat (gelukkig niet de Chunky-versie). Ze zijn allebei super-
netjes en helen goed, dus ik maak me er dan ook geen zorgen over dat je die later nog zult kunnen zien. (Laag uitge-
sneden ruggen zijn dus zeker weer een optie. Of dat zouden
ze zijn, als die kleding me überhaupt zou staan.)

Maar – en nu graag wat tromgeroffel – de moeder der won-
den zit aan de voorkant, en dat is me nogal een kanjer. Ik ben

nooit het type meisje geweest dat te pas en te onpas haar tieten ontbloot, maar misschien dat ik daar nu wel verandering in ga brengen. Ik denk dat ik me een soort kruisvormige, gruwelijke paarse jaap had voorgesteld, omringd door kneuzingen en slordige hechtingen die alle kanten op staken, met de bloedkorsten er nog aan. (Smakelijk eten!) Maar als je bedenkt wat mijn tiet heeft doorgemaakt, ziet die er precies zo uit als zou moeten. Kort gezegd is mijn tepel er afgehakt ('weg' lijkt me toch niet helemaal het juiste woord) en vervangen door een stukje huid van mijn rug. Wil je het voor je zien? Nou, stel je dan maar een enigszins platgedrukte ovale vorm voor, met een rondje zo groot als een Quality Street Toffee Penny in het midden. Dat is het dus wel zo'n beetje. Niet slecht, hè? Geen wonder dat we er vanochtend met zijn vieren vol bewondering naar stonden te kijken. Wat een prachtding.

Maar nu even over de rest van dat consult. (Beschouw al het bovenstaande maar als het tenniskoetje voor het kankerkalfje.) De rest van de afspraak vandaag ging namelijk over ernstiger kwesties, zoals weefseluitslagen en het behandelschema. Eerst het goede nieuws:

1. Ondanks het feit dat de tumor mijn huid gevaarlijk dicht was genaderd, is de biopsie 'schoon' teruggekomen. En zeg nou zelf, om er nu ook nog huidkanker bij te hebben...

2. Mijn herstel verloopt op alle fronten voorspoedig. Niet dat ik binnen afzienbare tijd het YMCA-dansje kan doen, maar nu heb ik tenminste ook een excuus waarom ik de vervelende lamstraal ben die niet meedoet met de Mexicaanse wave.

3. De tumor is weg. Uit de CT-scan van volgende week (waar ik 'm meer voor knijp dan ik durf toe te geven) zal blijken of er verder nog uitzaaiingen zijn, maar die bultige bitch

van een knobbel die deze toestand om te beginnen heeft veroorzaakt, is er wel uit.

En dan nu het niet zo goede nieuws:

1. Zelfs voor een stadium III-tumor is het een behoorlijke agressieve klojo (iets wat dokter Lachebek wellicht anders zou verwoorden). Hij is angstaanjagend snel uitgezaaid naar vierentwintig van de in totaal vijfentwintig lymfeklieren. (Ik wil wedden dat die vijfentwintigste klier een behoorlijk brutale etter was.) En dus moeten we haast maken met de chemo.

2. Mijn kanker is gevoeliger voor hormonen dan we hadden gedacht. Dus vóór de chemo nog snel even ivf om ons ervan te verzekeren dat we straks qua kinderen nog iets te kiezen hebben, moet van het lijstje worden geschrapt. Dat geldt eveneens voor de hoop die we nog koesterden dat we eitjes konden invriezen voor de volgende fase van de behandeling. We kunnen helaas niet wachten tot mijn eierstokken het goeie spul hebben opgehoest en het risico nemen dat de kanker dan nog verder is uitgezaaid.

3. Maar dat is niet het enige. Dat gedoe over dat mijn kanker oestrogeengevoelig is, zou op de een of andere manier mijn eigen schuld kunnen zijn. Bijna precies een jaar geleden kreeg ik de eerste van twee miskramen, dus het zou kunnen dat mijn poging om überhaupt zwanger te raken de kanker heeft verergerd. (Zie je nou wel, jongens en meisjes: SEKS IS WEL DEGELIJK GEVAARLIJK.) Er valt niet met zekerheid te zeggen of deze Klotezooi ook echt aan een van die twee zwangerschappen te wijten is, maar we kunnen evenmin negeren dat die voor een extra duwtje hebben gezorgd. Hoe dan ook, je zou kunnen zeggen dat oestrogeen dus mijn kryptoniet is.

Ik ben nog steeds verbijsterd door de primaire manier waarop P. en ik op die tegenslag voor mijn vruchtbaarheid reageerden. Net als de keiharde waarheid over de uitzaaiingen in mijn lymfeklieren voelde het een beetje alsof je een strafschop tegen krijgt terwijl je al met tien-nul achterstaat. Ik zou bijna zeggen dat er iets van zwarte humor in zat en ik betrapte mezelf erop dat ik aan een ex-collega dacht, een gozer die buitengewoon veel pech had. Als er ergens een gat was, viel hij erin. Als er ergens glasscherven lagen, trapte hij erop. Als er een dief in de stad was, dan werd er bij hem ingebroken. Als er een hooligan bij een voetbalwedstrijd was, was hij degene die klappen kreeg. En dus kreeg hij dan ook de weinig verrassende bijnaam Bofkont. En dan had je ons: meneer en mevrouw Voorspoed. Eerst de miskramen, toen een knobbeltje, vervolgens kanker, agressieve uitzaaiingen en toen nog eens vruchtbaarheidsproblemen. Lachen!

'Ik begin me toch af te vragen of ik in een vorig leven misschien een nazileider of zoiets ben geweest,' zei ik tegen P. terwijl we naast elkaar in bed vol ongeloof naar het plafond lagen te staren. 'Echt! Wat kunnen wij nou in godsnaam hebben gedaan dat we zo verrotte veel pech verdienen? Jij hebt toch niet iemand vermoord en me dat nooit verteld, hè?'

P. rolde op zijn zij zodat hij nog iets dichter tegen me aan lag. 'Niet dat ik weet, lieverd,' zei hij terneergeslagen. 'Maar met alles wat we nu voor onze kiezen krijgen, sta ik niet voor mezelf in. En nu jij weer met je karma.'

Door het dreigende, onbekende vooruitzicht van de chemotherapie die over een paar dagen zou beginnen, was er in ons hoofd gewoon niet genoeg ruimte om nog zo'n keiharde opkalefater van de Klotezooi te kunnen verwerken. We probeerden het dus zo goed en zo kwaad als het ging te negeren en maten ons een houding aan van 'nou ja, het is niet anders', hoe belachelijk dat nu ook mag klinken. Het is denk ik nog eens extra belachelijk als je bedenkt dat vóór deze Klotezooi álles voor P. en mij zo'n beetje draaide om het krijgen van een kind.

Wij keken er echter als volgt tegenaan: als we na mijn miskramen tijdens het hele proces van onderzoeken te horen hadden gekregen dat we geen kinderen konden krijgen, zou dat een keiharde teleurstelling zijn geweest. We zouden hebben gehuild en gerouwd om de kinderen voor wie we al namen hadden bedacht (Maisy Jean in het geval van een meisje, Cameron Thomas Arthur voor een jongen) en ons meteen voor adoptie hebben opgegeven. Maar de zaken stonden er nu anders voor, want afgezien van het feit dat dit nieuws nogal aan de vage kant was ('het zou riskant kunnen zijn om zwanger te raken' is iets heel anders dan de keiharde boodschap: 'je kunt geen kinderen krijgen'), stonden er belangrijker kwesties op het spel. In leven blijven om maar een dwarsstraat te noemen. Om nog maar te zwijgen over mijn veel nijpender zorgen over de gevolgen die de chemo op me zou hebben, en of die zou werken, hoe ik me zou voelen en wat het voor mijn uiterlijk zou betekenen.

Ik weet nog dat ik bijna elke avond hetzelfde droomde, namelijk dat er steeds weer een andere jongen die ik kende te horen kreeg dat ik borstkanker had. Dan ging hij een avondje uit met de ziek uitziende ik en zoende me aan het eind van de avond dan uiterst nadrukkelijk, alsof hij me wilde laten zien dat dat k-woord hem geen moer kon schelen. Ja oké, toegegeven, het was geen nachtmerrie en bovendien een welkome afwisseling van die andere terugkerende droom: ik sta in een drukke nachtclub uren in de rij voor de wc en als ik dan eindelijk, eindelijk aan de beurt ben, kom ik tot de ontdekking dat de enige vrije wc geen deur heeft. Ik betrapte me op de vraag of die eerste droom misschien iets te maken had met mijn vrees dat ik er volkomen afzichtelijk zou uitzien als die haaruitval en het opzwellen als gevolg van de steroïden eenmaal was begonnen. Want met of zonder kinderen, P. bleef de allerbelangrijkste in mijn leven.

Later die week besloot hij een keer van zijn werk naar huis te joggen. 'Ik reageer mijn frustratie af op het asfalt,' antwoordde hij toen ik hem vroeg waarom hij zijn gebruikelijke vervoermiddel afzwoer. Hij zei dat een stel meisjes op een bankje een opmerking over zijn benen hadden gemaakt. Ja, logisch. P. is inderdaad een waanzinnig stuk en ik was duidelijk niet de enige die dat was opgevallen (als je het waagt om bij hem in de buurt te komen, krab ik je ogen uit, begrepen?), maar dat zat me nu meer dwars dan dat het normaal gesproken zou hebben gedaan. Of nee, nu doe ik het zelfs te mooi voor. Ik was echt doodsbang dat hij me niet meer zou zien zitten. Tja, laten we wel wezen, een kale, kwabbige meid is niet direct waar een vent bij een modelechtgenote aan denkt, hè? En zeker geen kale, kwabbige meid die naar alle waarschijnlijkheid ook nog geen kinderen kan krijgen.

Het enige wat alle verstandige mensen in mijn omgeving zeiden, was dat ik niet moest tobben over dingen die nog niet aan de orde waren, maar me op het hier en nu moest richten en bij de dag moest leven. Maar dan kun je een hond net zo goed verbieden te blaffen. Of ik het nu wel of niet aan anderen vertelde, de reële kans dat de kanker mijn uiterlijk zou verkloten en mijn vruchtbaarheid zou ondermijnen, hield me meer bezig dan goed voor me was. Het enige waaraan ik kon denken, was dat dit voor P. allemaal een behoorlijke kutdeal aan het worden was. Zou het feit dat we geen kinderen konden krijgen hem niet vreselijk verdriet doen? Zou hij op een dag misschien niet wensen dat hij me niet op een donderdagochtend om zes uur wakker had gemaakt met een begerenswaardig Tiffany-doosje in zijn hand en de belofte dat we samen een geweldig leven tegemoet gingen? Er zou altijd wel een of andere bitch op een bankje zijn die hem met zijn benen complimenteerde, klaar om zijn aandacht af te leiden van zijn eens zo mooie bruid.

Ik weet eigenlijk niet hoe het voelt om spijt te hebben die aan je vreet, want de mijne lijkt eerder op losse eindjes waarvan ik zou willen dat ik ze aan elkaar had geknoopt toen dat nog kon. Was ik bijvoorbeeld maar aardiger geweest tegen die toffe gozer met wie ik na een paar leuke dates in onze geboortestad een bijna-relatie op afstand had gehad, maar vervolgens had afgepoeierd nadat hij voor mij helemaal naar Londen was gekomen. (En niet omdat ik hem niet aardig vond, maar omdat iemand in de tussentijd mijn hart had gebroken en ik me niet meer durfde over te geven aan een andere jongen.) Was ik die lieve vriendin Weeza maar nooit uit het oog verloren, die onze bruiloft niet had bijgewoond doordat we toen geen contact meer hadden – waar ik de rest van mijn leven van zal balen. Was ik maar wat vaker op mijn strepen gaan staan bij mijn vorige bijzonder stressvolle baan en had ik maar meer gedaan om het gedoe dat het voor mijn vrienden en mij had betekend te vermijden. Had ik nou maar niet mijn reiskostenbudget voor een hele maand besteed aan een paar schoenen met onmogelijk hoge hakken die ik naar de bruiloft van een vriendin had aangehad. Niet alleen doordat het een marteling was voor mijn tenen, maar omdat het ook nog eens leek alsof ik varkenspootjes à la miss Piggy had en ik ze daarna dus nooit meer heb aangetrokken.

Al die dingen vielen echter in het niet vergeleken bij de spijt die P. later misschien zou krijgen over de keuze van zijn echtgenote. We hadden bij onze bruiloft destijds niet gekozen voor de gebruikelijke gelofte van 'in voor- en tegenspoed, bij ziekte en gezondheid' (gelukkig maar), en elkaar in plaats daarvan beloofd om uit liefde en vriendschap voor elkaar te zorgen, elkaar in goede en lastige tijden te steunen en te troosten, elkaar te respecteren en te koesteren en elkaar eeuwig trouw te blijven. We hadden op die stralende dag in december, amper anderhalf jaar geleden, echter geen van beiden kunnen bevroeden dat die 'lastige tijden' dít zou inhouden.

Dankzij mijn twee teleurstellend korte zwangerschappen waren P. en ik uiteraard al gedwongen om na te denken over een leven dat alleen uit ons tweeën zou bestaan. Een leventje dat bestond uit overal ter wereld naar cricketwedstrijden gaan, heel veel hemelbedweekendjes weg, een tweede huisje in Spanje, in een gepimpte caravan elk jaar naar Glastonbury gaan, en een belachelijk kindonvriendelijk appartement in de binnenstad van Londen hebben met een enorm dakterras, ideaal voor feesten. Dat was zeker geen tweederangsbestaan dat buiten ons bereik lag. Ik vind het HEERLIJK om me zo'n leven met P. voor te stellen. (Tjeezus, élk leven met P. klinkt ronduit heerlijk. Zet ons in een hutje in Hull en we zouden het nog naar onze zin hebben.) En zelfs tijdens de zwaarste momenten van de Klotezooi zei P. dat hij nog steeds precies zo over onze toekomst dacht.

Juist omdat iedereen me behandelde alsof ik van suiker was, was het moeilijk om te doorgronden wanneer mensen nu echt oprecht waren, of alleen maar een lastig onderwerp wilden omzeilen en me dus naar de mond praatten. Zelfs P. Hoe terloops ik mijn angst ook ter sprake bracht, hij wist het altijd weg te wuiven alsof het een vlieg was die om zijn bierglas zoemde.

'Doe niet zo stom,' weersprak hij me terwijl hij mijn mooie lange haar streelde. 'Je hebt een prachtig gezicht en dat gaat toch niet veranderen?'

'Maar al die andere dingen dan?' vroeg ik. 'Ik ben niet de echtgenote die je voor ogen had. Je leven is nu niet direct zoals je had verwacht, hè?'

Hij maakte onmiddellijk korte metten met mijn redenering, zoals alleen hij dat kan. 'Je bedoelt óns leven,' zei hij terwijl hij zijn vingers verstrengelde met de mijne. 'We zitten in hetzelfde schuitje, weet je nog?'

En ik glimlachte. En hield mijn mond. Daar viel inderdaad niets tegen in te brengen.

9

Het wetenschappelijke praatje

Laat de wedstrijd maar beginnen! Ik ben de godganse middag in het ziekenhuis geweest en met zo ontzettend veel nieuwe informatie naar buiten gekomen dat het net lijkt alsof ik een spoedcursus in een vreemde taal heb gehad. De volgende keer dat je bij een pubquiz een moeilijke kankervraag krijgt, beschouw mij dan maar als je hulplijn.

Ik was me er heel wel van bewust dat fase twee van de Klotezooi vandaag zou worden ingeluid en stelde dus een emancipatoire daad door mijn prothesebeha terzijde te schuiven. Ik stak mijn ongelijke boezem trots vooruit in mijn lievelingsshirtje, hing een lange ketting om die mijn decolleté mooi accentueerde, en trok een spijkerbroek en sleehakken aan waarin ik de hele wereld aankon – zolang ik maar niet ver hoefde te lopen. De kanker mocht me dan mijn haar afnemen, mijn modegevoel dus niet, hè.

Zo wankelde ik het ziekenhuis in, waar ik een maagdelijk uitziende dossiermap met mijn naam erop kreeg die ik naar een andere verdieping moest meenemen. Ik ben nogal een nieuwsgierig aagje en heb de inhoud daarvan dus tijdens het wachten op de lift uitgebreid tot me genomen. Hij was met tabbladen opgedeeld in keurige, nog lege vakjes voor 'histologie', 'chemotherapieverslagen' en 'radiotherapieverslagen'. Toen de liftdeuren openschoven op de etage waar ik moest zijn, vielen me twee dingen meteen al op: (1) niet iedereen beschikte over zo'n keurige map (blijkbaar heeft een kankerbehandeling het zowel op jou als je dossier voorzien) en (2) ik was, schat ik, zo'n pakweg honderd jaar jonger dan de anderen in de wachtkamer. Ik had mijn sleehakken wel thuis kunnen laten, paarlen voor de zwijnen zal ik maar zeggen.

Na de gebruikelijke 'wattenstok-in-je-neus-MRSA-test' trad de cavalerie aan, oftewel professor Krullenbol en zijn bloedstollend mooie onderbevelhebber (goh, wat zal ik blij met haar zijn als ik straks in vol George Dawes-ornaat zal aantreden. Hadden ze nu werkelijk geen oncologe kunnen vinden die eruitziet als een trol?). Ze waren allebei overigens in topvorm: ze gaven de perfecte mix van rechttoe rechtaan informatie zonder dat het eng klonk, en waren empathisch zonder me zielig te vinden en hun hoofd dan zo even schuin te houden, iets wat veel mensen wel doen.

Professor Krullenbol legde me uit dat wat de CT-scan ook zou uitwijzen, dat geen invloed had op de chemo die ik zou ondergaan. Hij zei dat ik, of ze nu wel of niet meer uitzaaiingen vonden, er maar beter van kon uitgaan dat er elders in mijn lichaam sowieso wel kankercellen zouden zitten (vanwege de grote hoeveelheid lymfeklieren die waren aangetast) en raar genoeg vond ik dat eigenlijk best geruststellend nieuws. Ik scheet bagger voor de scan (en een betere benadering van 's werelds grootste understatement bestaat denk ik niet), maar toen ik dat hoorde verdween het merendeel van mijn zorgen.

Mijn probleem is dat ik, als het aankomt op wachten op uitslagen, die onwetendheid gewoon NIET TREK. Het was dan ook een enorme opluchting te weten dat ik, ongeacht de uitkomst van de scan, toch al de juiste behandeling zou ondergaan om dat kolereding naar zijn mallemoer te helpen. Maar dat gezegd hebbend, door de ernstige blik van mijn oncologe kwam alles opeens toch wel heel erg dichtbij. Ik had ze het liefst halverwege willen onderbreken. 'Wacht even, ik wil zeker weten dat ik dit allemaal snap. Ik heb bórstkanker? En jullie staan op het punt om me chémotherapie te geven? Dat is nogal fucking heftig, niet?' Tot nu toe leek het vergeleken bij de giftige behandeling die me de komende maanden te wachten staat allemaal nog best te doen. Tering, zeg.

Oké, en dan nu het wetenschappelijke praatje: ik begin met drie kuren van drie weken elk van de ene soort chemo, daarna hetzelfde aantal kuren van een ander type. De bijwerkingen die professor Krullenbol opsomde klonken niet direct als een overzicht van saunabehandelingen en Assistente Glamourpoes knikte ondertussen steeds wijselijk (aangezien haar weelderige krullenbos zelfs kon wedijveren met die van professor Krullenbol, neeg ze haar hoofd wel even begripvol toen hij het over haaruitval had). Hij deed ondertussen zijn uiterste best om me duidelijk te maken dat ze 'alles wat ze hadden uit de kast haalden', en dat hij op basis van mijn leeftijd en gezondheid van plan was me de sterkst mogelijke dosis chemo te geven (en om dat punt nog eens te benadrukken, volgde er daarna een stapel toestemmingsverklaringen die ik allemaal moest ondertekenen).

Het goede nieuws is echter dat hij ermee instemde om de chemo zodanig in te plannen dat Jamies bruiloft in 'een goede week' zal vallen (de derde week van een kuur), zodat ik hem een wederdienst kan bewijzen en met hem kan dansen op een indieklassieker en er zo schitterend mogelijk uit kan zien zónder wimpers en mét pruik.

Later volgde er in het ziekenhuis nog een CT-scan om mijn gedachten af te leiden van de grootte van de naalden die ze voor de chemo gebruiken, en dat was trouwens veel leuker dan het had moeten zijn. Ik vond het wel een beetje aanvoelen alsof je Kanye West bent in die video van 'Stronger' (maar dan wel in een ellendig ziekenhuishemdje in plaats van een witte boxershort), om in een futuristische witte kamer op een bewegend bed te liggen terwijl je lichaam door een tunnelvormig apparaat wordt gescand. Zelfs de injectie tijdens de scan was vanwege de nogal onverwachte gevolgen best lachwekkend: sinds wanneer is het gevoel dat je het in je broek hebt gedaan een aangename bijwerking? Het was echt zo raar en ook nog verdomd gênant. Wie dat spul voor die injectie ook samenstelt, die moet als je het mij vraagt wel een beetje een zeikstraal of zeikerd zijn, afgaande op het gevoel tussen mijn benen. Even voor alle duidelijkheid: ik heb niet echt in mijn broek gepist, hoor. Het voelde alleen wel zo. Ik zou je nu graag willen vertellen dat ik het nog nooit in mijn broek heb gedaan, maar dan zou ik dat spijtige voorval verzwijgen toen ik in mijn salopette op een skihelling stond en dankzij mijn sneeuwploeg-slakkengang niet op tijd bij de plee wist te komen.

Ik heb ook vast een kijkje kunnen nemen bij de dagbehandeling. Dat was niet direct een plek met rustgevende muziek, etherische oliën en mensen in poezelig witte kamerjassen, maar ook weer geen scène uit *The Exorcist*. Er zaten een paar arme sloebers die er verrotte beroerd uitzagen, maar anderen leken zo van een winkeluitje in Selfridges te komen. Ik ben geneigd de dingen op mijn manier te doen (en anders maar liever helemaal niet) en heb dus besloten geen kankerpatiënte te worden, maar een toevallige gast die gewoon een ontspannen dagje in de Therapiesuite heeft geboekt. Ik ga er met een enorme zonnebril naartoe, met een lekkere spijkerbroek aan, een stoer T-shirt en mijn blitse, nieuwe Converse-gympen, met mijn Marc Jacobs-tas in de ene hand en mijn iPhone in de andere, en negeer de ware reden dat ik daar ben gewoon. Dames en heren, borstkanker is zojuist helemaal je van het geworden.

'Zo ben je helemaal niet,' zei P. terwijl ik in mijn onderbroek aan het voeteneind van ons hemelbed mijn haar stond te fatsoeneren in het prachtige hotel in de Ashdown Forest waar we voor ons pre-chemo romantische avondje naartoe waren gegaan.

Ik fronste mijn wenkbrauwen. 'Hè? Hoe bedoel je?'

'Jij. Zo.' Hij lag languit in de kamerjas van het hotel op het bed de krant te lezen. 'In je onderbroek. Zo zonder enige gêne rondparaderen. Begrijp me niet verkeerd, liever, ik vind het heerlijk, maar zo doe je anders nooit. Moet je kijken, de gordijnen zijn zelfs open.'

'Ach, er staan buiten toch alleen maar een paar herten.' Ik haalde mijn schouders op, maar bedacht ondertussen dat P. ergens wel gelijk had. Zo was ik inderdaad niet.

Zo kan ik me dus ook niet herinneren dat er ooit een tijd is geweest dat ik er níét anders uit wilde zien. Als kind had ik een hekel aan mijn rossige (oké, roodbruine) krullenkop en ik was evenmin gezegend met een goed gebit. Nee, dat is een enorm understatement, dus ik zal de woorden van mijn vader hier maar meteen herhalen, die tijdens zijn toespraak bij onze bruiloft besloot te vermelden dat ik 'net zulke tanden als Ronaldinho' had. Op mijn twaalfde wist ik zeker dat ik het harigste meisje van de hele klas was en dreigde de kindertelefoon te bellen als ik van mijn moeder mijn benen niet mocht scheren. Toen ik dertien was, was ik volkomen geobsedeerd door het tergend langzame tempo waarin mijn borsten groeiden. (Naar nu blijkt wordt het hebben van borsten ook schromelijk overschat.) Op mijn veertiende draaide alles om puistjes. Op mijn vijftiende zwoer ik vanwege mijn knokige linkerknie korte rokjes voorgoed af. Op mijn zestiende maakte ik me juist weer meer zorgen over de omvang van mijn kont (waar overigens geen verandering in is gekomen). En sindsdien is het zo'n beetje alles: van dikke dijen, flubberarmen en een T-vormige navel, tot mijn 'kenkels', worstenvingertjes en te grote teennagels (een of andere grapjas heeft me eens gezegd dat ze op satellietschotels leken).

Dus hoe kwam het dan dat ik met zichtbare operatielittekens op mijn rug en in mijn oksel, een leeggelopen linkertiet en een stukje rughuid op de plaats waar mijn tepel had moeten zitten, zo enorm zelfverzekerd was geworden dat ik me opeens topless aan een kudde wilde dieren vertoonde? Misschien doordat ik me sinds de operatie niet meer zo lekker had gevoeld. Misschien kwam het door het antioxidantendieet dat dokter Lachebek me had aangeraden. Of misschien was het mijn laatste 'hoeramoment' voor de chemo zijn schade aanrichtte. Maar wat het ook was, terwijl de stoom opsteeg van mijn haar dat ik verwoed steil probeerde te krijgen, wenste ik dat ik terug kon naar mijn dertien-, veertien- of vijftienjarige zelf, haar eens flink door elkaar kon rammelen en dan zeggen dat ze niet zo verdomd onzeker moest zijn.

'Hoe dan ook,' zei ik tegen P. terwijl ik een chique jurk aantrok voor het avondeten, 'als ik jou was zou ik maar flink profiteren van mijn háár, niet van mijn lichaam. Want over twee dagen, meneer, hebt u dus een echtgenote met kort haar.'

P. boog zich voorover op het bed en veegde het sportkatern

aan de kant. 'Kan mijn langharige vrouw dan nu hierheen komen, zodat ik voor het eten maximaal van haar kan profiteren?'

Op elke website, folder en elk internetforum dat ik sinds mijn
diagnose had uitgeplozen, stond het advies dat je je haar het
best vóór de chemo kon afknippen. Ze zeiden dat de haaruitval minder traumatisch zou zijn als je niet wakker werd met
je hele kussen onder het haar. Blijkbaar zou dat me het gevoel
geven 'dat ik zelf weer de touwtjes in handen had'. Op de ochtend dat ik naar de kapper zou gaan, terwijl ik huilend voor
de spiegel stond en mijn schouderlange haar voor het laatst
helemaal steil maakte, voelde het echter allesbehalve zo.

Mijn vriendin Tills, aan wie ik ontzettend veel steun had
(zelfs bij dit ogenschijnlijk belachelijke haargedoe), had de
ideale 'Chemo-kortwiekdag' bedacht: een lunch vol antioxi-
danten, vervolgens naar de kapper en daarna shoppen voor
nieuwe kleren om mijn nieuwe look te completeren. Tijdens
de taxirit naar de stad bestudeerde ik de kapsels van elke
vrouw die we passeerden – net als ik voor mijn borstamputatie met tieten had gedaan – om te zien wie welke stijl het
best stond en te achterhalen of het de vrouwen met het lange of het korte haar waren die de meeste aandacht van de
mannen trokken. (Geen van beiden zo blijkt, maar vlak hot-
pants daarentegen niet uit.)

Tills parkeerde voor het café waar we zouden lunchen en
zag me al vanuit haar auto. Ze had maar één nanoseconde nodig om te zien hoe ik eraan toe was, maar in plaats van mijn
zenuwen te voeden, wees ze me even later juist op alle sexy
pagekopjes in tijdschriften en vertelde me hoe geweldig ik
eruit zou zien.

Een glas champagne was het enige lokmiddel dat me over
de drempel van de gelikte maar intimiderende kapsalon wist

te krijgen waar ze een afspraak voor me had gemaakt. Toen ik eenmaal doorhad dat de kapster instinctief aanvoelde wat me zou staan (en in de smiezen kreeg dat ik net zo zenuwachtig was als Pete Doherty bij een zoekactie van de douane), werd de hele ervaring al snel eerder leuk dan eng. Ik denk zelfs dat het mijn beste kapperservaring ooit was.

Om me te behoeden voor een echt megagriezelig kort kapsel stelde de kapster als compromis een schuine boblijn voor, zowel kort als hip, maar tegelijkertijd vrouwelijk en verrukkelijk. Zo verrukkelijk zelfs dat ik meteen een paar vrienden mailde om de volgende avond af te spreken in de kroeg. Dat was tevens (a) een listig trucje om niet aan de chemo van de dag daarna te hoeven denken, en (b) zo wist ik zeker dat ze me op mijn allerbest zouden zien voor dat chemogif mijn uiterlijk finaal zou verpesten.

Mijn afleidingsmanoeuvre bestond eveneens uit een etentje met P. bij ons favoriete buurtrestaurant. Ik zat op een bankje voor het raam – niet ons gebruikelijke plekje – met een spritzer en zag hem de heuvel af komen. Hij had geen moment door dat zijn vrouw daar op het bankje zat en had zijn hand al uitgestoken naar de deurknop voor hij het meisje ernaast zag. 'Hé!' riep hij enthousiast uit. 'Wauw! Wat zie je er jong uit!'

'Zal ik dat maar als een compliment opvatten?'

'Ja! Verdorie, ja, ja, absoluut,' zei P., die me nog eens goed bekeek terwijl hij met zijn hand onder mijn kin mijn hoofd heen en weer draaide. 'Maar verdomme, nu zie ik er naast jou dus stokoud uit.'

'Maak je geen zorgen, schat. Naast jou zie ik er straks hartstikke kaal uit.'

'Ach, hou je kop toch,' zei hij terwijl hij me een vermanende blik van opzij gaf.

'Hou je kop' leek zo langzamerhand hét standaardant-woord als ik weer eens over die haaruitval begon te mieze-muizen. Zeker voor de groep vrienden met wie ik die avond in de pub had afgesproken. Ik had me net als vlak na mijn borstamputatie weer de rol van spreekstalmeester aangeme-ten, dat wil zeggen dat ik afgrijselijk veel en vaak lachte, con-tinu allerlei bijdehante grapjes maakte en het iedereen naar de zin probeerde te maken. 'Boek me terwijl het nog kan, mensen,' zei ik terwijl ik door mijn nieuwe haar streek alsof ik aan een shampooreclame meedeed. 'Want tegen de tijd dat dit is uitgevallen, ga ik de deur niet meer uit.'

Het nieuwe matje viel aardig in de smaak. En met 'aardig' bedoel ik dat ik de pub verliet met een ego zo groot als Texas. En met 'verliet' bedoel ik 'strompelde': mijn limiet van twee glazen was meer dan genoeg om aangeschoten te zijn. (Blijk-baar geldt dat de combinatie zenuwen voor de chemo en een minimale hoeveelheid alcohol een lallende idioot oplevert.) Ik kletste P. op weg naar huis welbespraakt de oren van de kop over wat een geweldige vrienden ik wel niet had, hoe graag ik mijn normale leven zo snel mogelijk weer terug wilde zodat ik kon doorgaan met samen slempen, hoezeer ik toch maar bofte dat ik deze Klotezooi doormaakte met zo'n ongelofelijk ondersteunend netwerk (tjeezus, wat moet ik dronken zijn ge-weest: ik gebruikte echt die term 'ondersteunend netwerk'), en hoe ik me ondanks die Klotezooi nog steeds als het geluk-kigste meisje op aarde beschouwde. Wellicht zou dat allemaal wat indrukwekkender en oprechter hebben geklonken als ik dat niet had afgesloten door wat grappige accenten ten beste te geven.

Over grappig gesproken: die avond deed zich ook een fan-tastisch moment voor dat niet zou hebben misstaan in een cabaretshow. We zaten daar allemaal om de tafel over mijn tieten te praten (je kent het wel), staat er ineens een dame met een collectebus voor onze neus. 'Heeft iemand nog een kleine bijdrage over voor borstkanker?' Ik weet zeker dat het laatste wat dat arme mens verwacht had, was dat twaalf mensen hun biertjes in haar gezicht uitproestten. Het was dan ook waarschijnlijk niet zo raar dat ze ons vervolgens aankeek met een strenge blik van 'borstkanker is echt niet om te lachen, hoor'. We legden snel uit waarom we haar vraag zo'n giller vonden, maar ze dacht duidelijk dat we haar alleen maar nog meer in de zeik probeerden te nemen.

'Maar je ziet er helemaal niet ziek uit,' zei ze, waarbij ze me over het randje van haar bril beschuldigend aankeek.

'Nu misschien nog niet, nee,' zei ik terwijl ik een opgevouwen biljetje van vijf in haar collectebus stopte. 'Maar kom over twee maanden maar terug. Ik durf er de inhoud van die bus om te verwedden dat ik er dan verrekte belabberd uitzie.'

10

Hoe ik eraan toe ben

En hoe voelt chemo nou? Om mijn oncologisch verpleegkundige te citeren, die het altijd bij het juiste eind heeft: net
als een bevalling verschilt dat van persoon tot persoon.
Maar wil je weten hoe chemo voor mij aanvoelt?
De eerste nacht na het toedienen van de medicijnen was
volkomen afgrijselijk. Wat was ik vorige week een ontzettende sufkut dat ik meende dat ik de hele situatie wat kon op-
leuken door me op te tutten voor het ziekenhuis. Te denken
dat ik door de treurigste kamer van de hele wereld kon fla-
neren in een bloemetjesrok en wiebelhakken, als een ver-
dwaalde shopper die naar Primark in plaats van Prada is gestuurd. Al na een paar uur na het verlaten van het ziekenhuis
werd ik namelijk geconfronteerd met de niet zo bloemrijke
werkelijkheid. Zo misselijk zijn dat alles er acuut uit moet,
rillen en beven, diarree, je aderen uit je lijf willen rukken,
flauwvallen, pijn, hartkloppingen, al je botten doen zeer,
zweet- en paniekaanvallen, totaal niet in staat zijn om je eigen gedachten nog te volgen en lijdzaam moeten toezien
hoe je gewrichten opzwellen en er zich een kriebeluitslag
over je huid verspreidt, terwijl je niets anders kunt doen dan
een beetje heen en weer wiegen en telkens opnieuw 'fuckerdefuckerdefuck' zeggen. Kun je je voorstellen hoe moeilijk

het voor P. en mijn ouders is geweest om dat te moeten aanzien? (Die arme ouders van me hebben niet alleen moeten
leren leven met het feit dat hun dochter kanker heeft, maar
ook dat ze heel vaak schuttingtaal uitkraamt.)

De dagen erna waren honderd keer beter in vergelijking met
de eerste, maar toch nog fnuikend funest. Misselijkheid, vermoeidheid, pijnlijke botten, hoofdpijn, buikpijn en het allerergste: je kop is totaal naar de klote. Chemo (althans de eerste nacht erna) lijkt denk ik wel een beetje op een
heroïneverslaving of afkicken: het verziekt je uiterlijk en ver-
neukt je hoofd. Je wordt er een ander mens door. Het neemt
je af wie je bent en verandert je in een drammerig, gedepri-
meerd, verward, paranoïde, prikkelbaar mens dat niet in
staat is om iemand in zijn omgeving nog te begrijpen. En
dat vierentwintig uur per dag, zeven dag per week. Je bent
snel geïrriteerd en gaat je ergeren aan de mensen die je het
dierbaarst zijn, terwijl je hun eigenlijk wilt vertellen dat je
zo ontzéttend veel van ze houdt en dat zij de enige reden
zijn dat het je nog ene moer kan schelen en dit probeert te
doorstaan, want dat het zonder hen allemaal geen enkele
zin meer heeft.

Hoe kunnen zo veel mensen dit hebben gedaan? Hoe kan
het dat zo veel mensen dit hebben doorstaan en het ook
nog hebben overleefd? Ik ben net een paar dagen geleden
aan mijn eerste kuur begonnen en vraag me nu al af hoe ik
de rest van het jaar deze kutzooi te boven kan komen. Ik
denk dat ik waarschijnlijk voor het eerst sinds dit allemaal
begon echt kook van woede en het is allemaal zo verrotte
oneerlijk. Verdomme, ik ben achtentwintig, ja! In het warm-
ste weekend van het jaar hoor ik in de stralende zon op een
bankje bij de pub te zitten, terwijl ik shandy's achteroversla
en met mijn man, mijn ouders of mijn vrienden klets, over

waar we op vakantie zullen gaan, wie wat gaat doen met oud en nieuw, of er een derde seizoen van *Gavin & Stacey* komt, en hoe goed Derby's kansen voor het volgende seizoen zijn. Maar nee hoor. Ik snak juist naar een koele, donkere kamer, een paar uur slaap, en naar een uitweg uit deze fysieke en mentale... ik weet het niet... onrechtvaardigheid. Chemo weten te doorstaan is vermoed ik het summum van het menselijk uithoudingsvermogen.

Meer valt er eigenlijk niet te zeggen. Chemotherapie is echt volkomen kut.

Deze blogbijdrage heb ik drie dagen na mijn eerste chemo geschreven. En die 72 uur waren denk ik de ellendigste die ik ooit heb meegemaakt. Het begin ging nog wel: me optutten voor mijn eerste behandeling, een zo moedig mogelijk gezicht opzetten als je met Max Factor voor elkaar kunt krijgen, mijn stinkende best doen om de pijnlijke tranen weg te slikken die ik op weg naar het ziekenhuis in het bijzijn van mijn man dreigde te vergieten, en maar blijven glimlachen in weerwil van de bedenkelijke blikken waarmee iedereen me aankeek zodra ik de wachtkamer had betreden.

P. hield mijn hand stevig vast en we waren allebei vooral bezig met de vraag hoe lang we zouden moeten wachten. Eerst word je gewogen en opgemeten. Vervolgens bloed prikken, om het aantal witte bloedlichamen te bepalen. Dan wachten op de uitslag. En dan nog wat langer een beetje rondhangen terwijl ze de cytostatica prepareren. Tegen de tijd dat de behandeling daadwerkelijk begon, hadden we heen en weer naar Spanje kunnen vliegen.

Maar nog vóór dat allemaal had ik eerst nog een afspraak met mijn oncoloog, dezelfde Assistente Glamourpoes van verleden week. 'Goed nieuws,' zei ze terwijl we plaatsnamen in haar kantoor. 'Je CT-scan vertoonde geen afwijkingen.'

'Omijngod,' floepte ik er in één adem uit. 'Weet je dat zeker?'

'Zo zeker als we maar kunnen zijn.' (Het was niet direct de triomfantelijke *abso-fucking-lutely* waar ik op had gehoopt, maar het kon ermee door.)

'Dat is echt... Dat is gewoon... Dat is volkomen...'

'Ongelofelijk,' maakte P. mijn zin voor me af. 'Dat is ongelofelijk.'

'Dus we weten nu waarmee we te maken hebben,' zei Assistente Glamourpoes. 'Zoals je weet worden de kleine kankercellen niet opgepikt door de scan, maar dat is nu precies waar de chemotherapie voor is bedoeld.'

Vervolgens plaatste ze een beetje een domper op het geheel door de lijst van bijwerkingen nog een keer voor te lezen, iets wat de vorige keer ook al was gebeurd. Ik knikte bij elk woord dat ze oplas, er optimistisch van uitgaand dat ik in het ergste geval slechts met een deel van die lijst te maken zou krijgen. Want zeg nou zelf, hoe erg kon het nou helemaal zijn?

Toen we op een bankje in de buurt van het ziekenhuis onze lunch van couscous en een salade die we bij Marks & Spencer hadden gehaald zaten op te eten, werd ik gebeld dat de cytostatica gereed waren. P. en ik liepen met onze handen nog steeds in elkaar verstrengeld terug naar de zaal op de tweede etage waar de behandeling zou plaatsvinden. Ik koos een stoel uit in een hoek en P. trok een krukje bij, terwijl hij me met getuite lippen aankeek met een blik van 'wat ben je toch moedig', zonder ook daadwerkelijk dat m-woord uit te spreken dat ik sinds kort in de ban had gedaan. Terwijl ik ondertussen als een giraf in een apenhok achterdochtig werd aangestaard door alle andere vrouwen van tussen de vijftig en zestig jaar oud, vroeg ik de oncologisch verpleegkundige die het infuus prikte of ze iets zinnigs kon zeggen over welke van de twee chemokuren het ergst zou zijn.

'Gossie, lieverd, dat verschilt van persoon tot persoon,' zei de eerste verpleegkundige, die er meteen twee andere bij riep om te vragen wat zij ervan vonden. De ene dacht dat je vooral ontzettend misselijk werd van type één, maar dat de tweede meer pijn zou doen in je lichaam. De andere zei dat ze geen van beide echt 'lekker' waren, maar dat de meeste mensen de tweede als zwaarder ervoeren doordat je haar dan sneller uitviel. De eerste verpleegkundige liep vervolgens naar een andere chemopatiënte die in een boek van Maeve Binchy was verdiept en vroeg om haar mening. 'Pff,' zei ze, terwijl ze me over de rand van haar boek aankeek en haar schouders ophaalde, waarmee ze leek aan te geven dat ik dat als groentje toch onmogelijk zou begrijpen, om vervolgens weer door te gaan met lezen. De verpleegkundigen keken me hoopvol aan om te zien of de verzuchting van die andere patiënt voldoende antwoord op mijn vraag was.

'Oké,' zei ik. 'Laten we dan maar beginnen.'

Voordat ik daadwerkelijk aan de medicijnen werd aangesloten, heb ik eerst nog een uur met mijn hoofd in een vrieskast gezeten. Zo voelde het althans. Ik had een paar lovende verhalen over hoofdhuidkoeling gelezen, wat ervoor zorgt dat het gif minder snel tot je haarvaten doordringt en ik had bij mijn vorige afspraak dus gesmeekt of ik dat mocht uitproberen. Ik zou er alles voor over hebben gehad, echt alles, om de kans te vergroten om mijn mooie lokken te behouden, maar toen ik even later de weerspiegeling van mijn koelkap in het iPhone-schermpje opving, besefte ik meteen wat dat 'alles' inhield. Ik zag eruit als een enorme oetlul. 'Dit moet verdomme wel werken,' beet ik P. toe, van onder mijn ongemakkelijk zittende roze badmeesterchique hoofdtooi. Hij deed zijn uiterste best om zijn gegrinnik achter de krant te verbergen.

Omdat ik per se die koelkap op wilde, moest ik langer in het ziekenhuis blijven, aangezien de werking ervan wordt vergroot als je hem een uur ervoor en een uur erna ophoudt, evenals tijdens het toedienen van de cytostatica. Dan kwam het er dus op neer dat ik er zo'n vijf uur lang als een volslagen randdebiel uitzag. Niet dat de medicijnen zelf trouwens hielpen. De steroïden waren als eerste aan de beurt en ondanks het feit dat het klonk alsof die de minste schade zouden opleveren, kreeg ik ogenblikkelijk het gevoel alsof iemand jeukpoeder in mijn onderbroek had gestrooid. Waarom stromen die medicijnen toch meteen door naar je vooronder? Daar zat ik dan te blozen onder mijn ijskoude truttenkapje terwijl ik als de gouden medaillewinnaar van een candidawedstrijd als een gek zat te krabben. (Haha, wie was ook alweer het charmantste meisje van de chemo?)

'Zeg me dat dat alles is,' zei ik tegen de oncologisch verpleegkundige voordat ze met nog een enge zak vloeistof kwam aanzetten. Ze schudde haar hoofd. 'Sorry lieverd, maar nu komt het goeie spul.'

De eerste dosis van dat goeie spul was rood, felrood nota bene, een soort dikkere versie van Tizer-frisdrank. 'En straks niet schrikken, hè,' zei ze toen ze het infuus op mijn aderen aansloot, 'want je plas heeft zo meteen ook deze kleur.'

Ik trok een gezicht. 'Nou, dat wordt leuk dan.'

'En het is met name dit rode spul dat de haaruitval veroorzaakt,' zei ze terwijl ze even tegen mijn infuus tikte.

'Of niet,' zei ik hoopvol terwijl ik mijn wenkbrauwen naar mijn koelkap optrok. 'Ik hoop toch echt niet dat ik dit geval voor jandoedel opheb.'

Toen de eerste zak zijn weg eenmaal door mijn lijf had gevonden, was het tijd voor de tweede: ditmaal een doorzichtige vloeistof die op een soort zoutoplossing leek. Het rode spul zag eruit alsof het misschien wel pijn zou doen, maar deed dat dus helemaal niet. Dit doorzichtige spul had een nog veel raardere bijwerking. Het voelde alsof mijn keel in brand stond en ik werd nogal duizelig. De derde, eveneens doorzichtige zak cytostatica was al niet veel beter, want nu voelde het alsof ik half onder water lag en er water door mijn neus omhoogborrelde, alsof je in één keer een heel blikje priklimo achteroverslaat. P. en ik probeerden elkaar af te leiden door elkaar uit te dagen wie het meeste water op kon (in de hoop dat ik dat rode spul er meteen uit kon spoelen) en door een paar afleveringen van *Gavin & Stacey* te kijken op mijn iPod, maar de tijd kroop voorbij. Ik beantwoordde alle sms'jes die ik had gekregen, schreef een blogpost en wist wat werk te verrichten vanuit mijn stoel. P. verslond ongeveer een halve kiosk aan roddelbladen en hield mijn ouders doorlopend op de hoogte van de voortgang terwijl zij vanuit Derby op weg waren naar Londen, zodat ze tegen de tijd dat ik hier klaar was bij ons zouden zijn.

Bij thuiskomst stond er een schaal gepofte aardappelen met kaas en bacon op ons te wachten – mijn moeders lieve troosteten-geneesmethode.

'En hoe voel je je, dame?' vroeg mijn vader.

Ik wist niet goed wat ik moest antwoorden. 'Kweenie. Een beetje raar. Alsof er iets staat te gebeuren.' En daar had ik geen ongelijk in, want al snel nadat ik mijn blogpost die ik in het ziekenhuis had geschreven had geüpload en een halve aardappel ophad, lag ik al duizelig, misselijk, trillerig en doodsbang in bed. Ik had geen idee wat er met mijn lichaam aan de hand was, en mijn lichaam zelf wist dat ook niet meer. Zelfs voor ik het allerergste dieptepunt bereikte waarover ik in die blog aan het begin van dit hoofdstuk schreef (de post die bij mij nog steeds de chloorstank van het ziekenhuis en een misselijkmakend gevoel in mijn maag oproept), was het overweldigende gevoel in mijn lichaam dat alles wat erin was gestopt er nu ook uit moest, en wel zo snel mogelijk. Vandaar het Lisa-vormige gat in de muur van mijn slaapkamer naar de badkamer.

'Van wie is die?' vroeg ik, wijzend naar een zilverkleurige afwasbak die ik op mijn slaapkamervloer zag staan toen ik weer terug in bed kroop.

'Die heb ik meegenomen,' zei mijn moeder. 'Voor het geval je die nodig hebt. Zodat je niet naar de wc hoeft te rennen.'

En toen, alsof het daarop had gewacht, zelfs nog voor mijn hoofd het kussen had geraakt, schoot ik recht overeind en greep de bak om de couscous van die middag eruit te gooien. Laat ik hier volstaan te zeggen dat ik sindsdien nooit meer een hap couscous door mijn keel heb gekregen.

Als je misselijk bent als je een kater hebt, is overgeven meestal een opluchting. Maar als je misselijk bent na de chemo kun je net als bij voedselvergiftiging gewoon niet ophouden met kotsen. Zodra mijn moeder de plastic bak had geleegd, had ik hem alweer nodig, en dankzij een strategisch geplaatste spiegel tegenover het bed kon ik ook zien dat ik na elke kotssessie weer een tikkeltje grauwer was geworden. Het ene moment zweette ik, het volgende lag ik te rillen. Mijn hart ging zo hard tekeer dat ik ervan in paniek raakte, van de paniek viel ik flauw en na het flauwvallen begon ik vervolgens te ijlen. Ik kon me niet meer concentreren, ik voelde dat mijn gewrichten opzwollen en was er heilig van overtuigd dat mijn neus te groot geworden was voor mijn gezicht. Het voelde alsof ik vergiftigd was. Dat was denk ik niet eens zo ver bezijden de waarheid.

Ik wist best hoe ziek ik was, maar áls ik daar al aan had getwijfeld, dan was één blik op het gezicht van mijn ouders en P. genoeg: ze waren als verlamd. Ze kwamen om de beurt bij me zitten. Mijn vader kwam naast me op bed liggen en hield mijn trillende hand vast, mijn moeder bracht me ijsklontjes om op te sabbelen als ik geen water kon binnenhouden, en P. depte mijn voorhoofd met een vochtig flanellen doekje. 'Zal ik de tv aanzetten?' vroegen ze. 'Wil je naar wat muziek luisteren?', 'Zal ik het raam opendoen?', 'Wil je dat we hier blijven, of wil je liever even alleen zijn?' Alleen wist ik niet wat ik wilde. Ik wilde helemaal niets. Ik wilde in slaap vallen, de rest van de acute chemo-ellende aan me voorbij laten gaan en pas weer wakker worden als er een einde was gekomen aan deze kwelling.

Wat na die eerste chemokuur al wel meteen duidelijk was, was dat ik in de nabije toekomst geen enkele notie van tijd zou hebben. Ik sliep slechts sporadisch, en op rare tijden. Ik at af en toe wat, maar alleen als de maaltijdgeuren van alle anderen waren weggetrokken. Zelfs de belofte van een dubbele aflevering van *Coronation Street* kon me niet op het gebruikelijke tijdstip tot televisiekijken verleiden. Het was één doffe ellende, en des te ellendiger doordat het allerergste op vrijdagavond begon en het hele kloteweekend aanhield. Ik kon dus niet eens verlekkerd denken: 'Ach, iedereen zit toch op zijn werk.'

Op maandag begon alles er wat rooskleuriger uit te zien. Piepkleine stapjes zettend liep ik aan de arm van mijn moeder naar de dichtstbijzijnde straathoek en, wat nog belangrijker was, ik kon eindelijk weer een kop thee binnenhouden. Ik was nog gesloopt, was na een gesprek van een minuut al misselijk en alles smaakte nog steeds naar karton. Toch voelde ik me iets meer de oude, en wat was ik daar waanzinnig blij mee. Niet dat de bijwerkingen van de eerste chemokuur nu over waren... Nee, er zaten nog een paar verrassingen aan te komen. Niet in het minst de aambeien.

'Gaat het, lieverd?' vroeg P. van de andere kant van de badkamerdeur die op slot zat. 'Je zit daar al uren.'

'Die klotekanker,' jammerde ik vanaf de toiletpot. 'Deze teringziekte wordt met de dag glamoureuzer, hè?'

Haaruitval, ja, dat vertellen ze je wel. En over de misselijkheid, de pijn en de deprimerende uitwerking op je smaakpapillen. Maar niemand had me verteld over de tol die de kankerbehandeling van mijn kont zou eisen. Eerst de verstopping, vervolgens de pijnlijke 'opluchting', en dan de racekak... en dan weer overnieuw beginnen met die hele strontvervelende cyclus. Daar zat ik dan op het toilet, met mijn borstkas op mijn knieën. Ik begreep nu pas waarom iedereen die ik sprak en die ook maar enige ervaring met kanker had, zelfs direct na mijn diagnose al, me had aangeraden om te zorgen dat ik altijd een voorraadje Sudocrem in huis had. Verdomd goed advies trouwens, dat is dus echt het geweldigste cadeau dat je voor een kankerpatiënt kunt kopen. (Nou ja, dat en een paar Louboutins.)

'P.! Help!' gilde ik vanaf de wc-bril, en hoorde meteen daarna het geluid van toesnellende voetstappen door de gang.

'Ik ben er, schatje. Wat is er? Zal ik binnenkomen?'

'O jezus nee, niet doen,' riep ik onmiddellijk terug. (In dit stadium maakte ik mezelf nog wijs dat ik mezelf nooit kaal aan P. zou tonen, dus ik had daar op de wc nog liever zoals Elvis de pijp uit willen gaan dan me in deze toestand aan mijn man te vertonen.) 'Alleen, eh... Wil je me even iets uit de keuken brengen?'

P.'s stilte was oorverdovend gênant.

'De olijfolie, oké? Breng me wat olijfolie.'

'Okééééééé,' antwoordde hij, al op weg naar het keukenkastje.

'Niet kijken, goed?' mompelde ik half in mijn ochtendjas terwijl ik de badkamerdeur op een kier hield nadat Sainsbury's beste smeerolie zijn werk had gedaan. 'Het is godvergeten vernederend.'

'Dat is niet erg, lekker stuk van me,' zei P., de gevoeligheid zelve, hoewel ik me nog nooit zo afzichtelijk had gevoeld. 'Ik laat je wel even alleen.'

Gezeten op een opblaasbaar nekkussen omdat ik geen enkele druk op mijn kapotte derrière kon hebben, dacht ik dat het niet veel erger kon worden dan dit. Toen ik echter stuurs in de spiegel keek die tegenover ons bed hangt, merkte ik dat dat zojuist was gebeurd.

'Fuckerdefuckerdefuck,' zei ik terwijl ik me naar voren boog om mijn puistenkop van dichtbij te kunnen zien. Net zo ontstellend als de maar liefst negentien puistjes die ik telde, was ook de snelheid waarmee die daar gekomen waren. 'Te gek,' zei ik terwijl ik een pukkel op het puntje van mijn neus uitkneep. 'Helemaal te gek. Kotsen en schijten was natuurlijk nog niet genoeg, hè. Nu word ik met de dag ook nog lelijker.'

'Doe iets, wetenschappers, los het op,' schreef ik op mijn blog. 'Wat let jullie, verdomme? Jullie kunnen toeristen naar de maan sturen, schapen klonen... Shit hé, als je dát kunt wat je met de tieten van Posh Spice hebt gedaan (bedankt, Isaac Newton, uw werk hier zit erop)... Dus zeg op, knappe koppen, wiens idee was het om de module "Maak chemo draaglijk" over te slaan en in plaats daarvan een beetje te gaan geinen met die oren op de rug van een muis? Of is dit een of ander omgekeerd *Weird Science*-experiment om een afzichtelijke trol van een vrouw te creëren die het ook nog in haar hoofd zal halen om met een van jullie sukkels uit te gaan? Nou, goed gedaan, hoor. Zo te zien is dat gelukt. Pak je witte jas maar, je bent binnen.'

11

'Als je haar maar goed zit'

Augustus 2008

Ik denk dat ik qua kankerervaringen niet nog zo'n gedenkwaardig moment zal meemaken als mijn eerste pruikenpas-
sessie. En ergens is het wel grappig dat ik over 'passen' blijf
hebben. Dan klinkt het namelijk alsof je het over de aanschaf van een trouwjurk hebt, terwijl die twee ervaringen
hemelsbreed van elkaar verschillen. In het ene geval huilt je
moeder terwijl je een uur doet over het passen van een jurk
die je twaalf uur zult dragen. In het andere geval huil je van
het lachen terwijl je een kwartier doet over het passen van
een pruik die je misschien wel twaalf maanden zult dragen.
De enige overeenkomst is misschien het pronken voor de
spiegel, hoewel ook daar weer enig verschil in zit, want in
het ene geval zie je er op je allermooist uit, en in het andere geval sta je Rod Stewart aan te gapen.

Van het Britse ziekenfonds, de NHS, krijg je met bijbetaling
van een eigen bijdrage van zestig pond een synthetische
pruik vergoed (pruiken van echt mensenhaar kunnen oplo-
pen tot wel duizend pond). Ik was niet echt van plan geweest het synthetische pad te bewandelen, maar ach, waarom zou ik niet profiteren van iets waar ik sowieso recht op
heb en dan eerst eens kijken of dat goed bevalt? Bovendien

zei een klein, nogal dom optimistisch stemmetje in mijn hoofd dat aangezien ik nog geen last had van haaruitval, mijn haar misschien wel vasthoudender zou zijn dan verwacht en dat ik dan helemaal geen pruik nodig had. Waarschijnlijk is dat hetzelfde deel van mijn hersens dat meende dat de diagnose borstkanker een vergissing was. Maar als de nood aan de man komt, ben ik echt wel bereid om er wat geld tegenaan te gooien hoor (die Louboutins kunnen best wachten), om een pruik van echt haar te kopen in een speciaalzaak. Maar voorlopig wil ik er gewoon liever niet aan denken.

Het ziekenfonds blijft natuurlijk wel het ziekenfonds en dus kwam er bij het hele proces nul komma nul stijl aan te pas. Nee, P. en ik werden in het ziekenhuis een achterkamertje zo groot als een bezemkast in geloodst door een nukkig, klein mannetje met verbazingwekkend grote voeten. De ruimte stond vol opmerkelijk hoge stellingkasten met daarop allerlei pruikenhoofden met echt afgrijselijke haarwerken, waar Pruikenman alleen bij kon als hij eerst op een stoel ging staan. (Pruikenman is trouwens zo kaal als een knikker – zou hij die pruiken als niemand kijkt zelf passen?) Op de onderste plank stond een ogenschijnlijk antieke radio tussen allerlei dozen met pruiken die door andere patiënten waren besteld. Ik heb stiekem even in een paar ervan gegluurd en het viel me op dat ze bijna allemaal grijs waren – de zoveelste herinnering aan het feit dat de kans dat je op mijn leeftijd de Klotezooi krijgt net zo groot is als dat je de loterij wint.

Pruikenman overhandigde me een catalogus en vroeg me aan te geven welke stijlen me het meest aanspraken. Ik kwam even in de verleiding om te wijzen naar een zwarte kroespruik die me aan The Scousers deed denken, maar hij zag er niet uit alsof hij de humor daarvan zou inzien. (Wat het voor P. en mij natuurlijk nog moeilijker maakte om ons lachen in te houden toen net op dat moment het liedje 'Als je haar maar goed zit' op de radio kwam.) Ik koos een paar boblijnen en een paar wat langere exemplaren uit om hem een idee te geven van wat ik in gedachten had, waarna hij een handjevol pruiken van de bovenste plank pakte, me voor een spiegel zette en mijn haar zo kamde dat je dat onder de pruiken die ik moest passen niet meer zou zien.

Raar genoeg deed Pruikenman net alsof die pruiken ook echt personen waren. ('Zij is te hoekig voor jou, probeer deze eens, haar stijl past veel beter bij de vorm van je gezicht.') Maar ach, een beetje vreemd mag ook wel als je je hele leven in een bezemkast in het ziekenhuis doorbrengt, luisterend naar Radio Hopeloos, met etalagehoofden als je enige gezelschap. Hoe dan ook, nadat ik er al snel achter was gekomen dat ik met de langere pruiken een beetje op de leadzanger van The Darkness leek, koos ik dus toch maar een boblijn met pony en een scheiding uit, die ergens in de verte wel iets weg had van mijn eigen haar, alleen dan wat voller. En ik moet eerlijk zeggen dat ik blij verrast was over hoe natuurlijk het (sorry: zij) voor een acrylpruik aanvoelde. Alleen, laten we er maar niet omheen draaien, in de spiegel zag ik er nog steeds wel uit als een meisje met een pruik.

Als je eenmaal een model hebt uitgekozen, ben je een poosje aan het klooien met stalen tot je de kleur hebt gevonden die het meest op die van jezelf lijkt en pas als je bestelling binnen is, kom je hier weer terug. Als het (sorry, ik bedoel natuurlijk: 'zij') je aanstaat, overhandig je die zestig pond en neem je je pruik mee naar de kapper die haar hopelijk in een wat modieuzer model kan knippen. Ik hoop dat als ik eindelijk een pruik heb uitgekozen die ik mooi vind (en laten we

wel wezen, die ga ik niet bij de NHS vinden), ik een trendy
kapper in de buurt van Covent Garden kan vinden om haar
te stylen, zodat ik zo'n sneue winkel kan vermijden waar ze
pruiken voor dames van boven de vijftig bijknippen, die dan
'Gekapt en gemazeld', 'De puike pruik' of 'Op verven na dood'
heet.

Het begon bij mijn schaamhaar.

Geheel in stijl met het alles verklotende karakter van kanker gebeurde dat op een verder prachtige dag. Eindelijk weer
in staat om alleen thuis te zijn na de eerste chemokuur, genoot ik van een heerlijk dagje waarop ik me weer enigszins
beter voelde na zo hondsberoerd te zijn geweest. (Even ter ver-
duidelijking, je goed voelen terwijl je voor kanker wordt behandeld, is anders dan je normaal gesproken goed voelen. Je
hebt dus geen zin om 's avonds naar de kroeg te gaan, je ziet
er niet al te jofel uit en je loopt na... nou ja, al na het minste
geringste op je tandvlees. Maar dat maakt het geenszins minder heerlijk.)

En zo liep ik dus gekleed in mijn Mickey Mouse-hoody opgewekt naar het buurtcafeetje voor een frappuccino. Zelfs gewoon zo buiten zijn voelde opeens helemaal geweldig. Daar
liep ik dan over straat zoals ieder ander, met chemokuur één
achter de rug en al uitkijkend naar de volgende omdat ik precies wist wat me te wachten stond. Nu ik erover nadenk, zag
ik er waarschijnlijk uit als de plaatselijke dorpsgek. De gemid-
delde Londenaar voelt zich niet helemaal op zijn gemak bij
de aanblik van een idioot met een brede grijns en ongelijke
tieten die huppelend over straat gaat en dat werd dan ook
meteen duidelijk toen een vrouw me vol afgrijzen van top tot
teen opnam toen ik langs haar liep. 'Wat je niet beseft, schat-

tebout,' zei ik tegen mezelf, 'is dat die zot die je net gepasseerd bent in feite een geweldige vrouw is.' Ik tikte mezelf echter meteen op de vingers dat ik het waagde om me zo verwaand en superzelfverzekerd te voelen. Blijkbaar werd ik door de kanker een soort Germaine Greer.

Wat er zo kut is aan kanker (dat is natuurlijk niet het enige, maar het is desalniettemin behoorlijk kut), is dat het je ongemerkt besluipt en als spelbreker optreedt nét als je denkt dat je het eindelijk onder controle hebt. Zo lag ik dus later die dag weer in bed met een gênant muzikaal achterste en zeurende obstipatie (wat ik oploste door het wereldrecord 'pruimen eten' te verbreken). Ondertussen vroeg ik me af hoe lang het nog zou duren voor ik me weer sexy zou voelen. En hup maar weer naar de wc (let op: spelbreker in aantocht) en toen ik omlaagkeek zag ik een paar plukjes schaamhaar aan het toiletpapier kleven.

'Shit,' riep ik uit, volkomen geschokt door deze ontdekking. 'Het is dus begonnen.'

Ik had wel gelezen dat je schaamhaar er vaak als eerste aan moet geloven en eerlijk gezegd was het uitvallen van die haren niet direct een ongewenste bijwerking. Het ging me meer om waar die schaamrui voor stond: nu zou mijn hoofdhaar in ijltempo volgen. Ik sleepte me terug naar bed en vertelde P. het nieuws. 'Waarom moet dit soort dingen nou gebeuren?' jammerde ik, waarna ik in huilen uitbarstte. En tot mijn verrassing deed hij hetzelfde.

Weliswaar zat míjn haar nu op dat stukje Page, maar dat betekende nog niet dat de ongewenste gevolgen van kanker slechts zijn weerslag hadden op één iemand. Zo werd ik er wederom aan herinnerd dat dit niet alleen mij overkwam, het overkwam óns. P. had dan misschien geen infuus met medicijnen gehad, hoefde de bijwerkingen niet zelf te ervaren of te zien hoe zijn schaamhaar met plukken tegelijk losliet, maar het was overduidelijk dat alles ook hem raakte. Misschien zelfs wel meer, vanwege de extra frustratie dat hij alleen maar kon toekijken en geen ene moer kon doen om me te helpen. Het moet een vreselijk, hulpeloos gevoel zijn om aan te moeten zien wat degene van wie je houdt allemaal doormaakt. Maar getrouwd zijn met een man die de Klotezooi niet alleen begrijpt maar het ook allemaal meevoelde, en beter nog, ook niet anders tegen me ging doen, was behoorlijk bijzonder.

Het was al met al een vrij ongewone situatie om heen en weer geslingerd te worden tussen gewichtige kankermomenten en doffe ellende. Het is alsof je op je rug in een weiland ligt en een vallende ster zoekt, wat dus urenlang ontstellend saai is, maar dan opeens schiet er een lichtflits langs de horizon, en dan lig je daar weer, zonder enige besef van tijd te wachten tot je een ons weegt. Dat is ook nog zoiets wat ontzettend kut is aan kanker (die zin zul je nog wel vaker tegenkomen): hoe dood- en doodsaai het soms is. Je gaat echt de kleine zegeningen in het leven tellen, en mijn tumor was in ieder geval zo verstandig om rekening te houden met Wimbledon, het zomercricketseizoen, de Olympische Spelen en het begin van de voetbalcompetitie.

Op een doodgewone, saaie doordeweekse dag, terwijl P. en mijn vader op tv naar een golfwedstrijd keken, stond ik uit het keukenraam te staren terwijl ik een pot citroenkwark leeglepelde te tobben dat als er zó weinig interessants gebeurde, ik straks niets te bloggen zou hebben. Ik merkte dat ik met pure wilskracht probeerde iets te laten gebeuren – en dat moet je dus nooit doen. Toen ik even later naar de badkamer liep om mijn sweater uit te trekken en de capuchon over mijn hoofd trok, kwam er een pluk haar mee.

Ondanks mijn optimisme dat mijn haar misschien vasthoudender was dan ik dacht, denk ik dat ik diep vanbinnen altijd had geweten dat deze dag zou komen. Dat betekent alleen niet dat het daarom minder schokkend was. Tijd voor weer een hysterische huilbui. P. en mijn vader kwamen halsoverkop naar de badkamer om te zien wat er aan de hand was, en het was fijn dat ik twee van mijn favoriete kerels in de buurt had om me te kunnen knuffelen (mijn vader) en instinctief de pluk haar uit mijn vuist te peuteren en die door de wc te spoelen (P.). De tranen bleven stromen en toen ik eenmaal van de schok was bekomen, besefte ik pas dat ik niet zozeer huilde vanwege de haaruitval, maar eerder dat ik zo'n oetlul was geweest om te denken dat er een kans bestond, hoe klein ook, dat ik de dans zou ontspringen, dat dit mij niet zou overkomen. Ik vind het altijd al verschrikkelijk om ongelijk te hebben, maar deze onnozele ontkenning was echt het toppunt.

Oké dan. De haaruitval was dus begonnen. En hoewel het geen afschuwelijke enorme, zelfs niet opvallende pluk haar was die had losgelaten, was het wel genoeg om te weten dat dit het begin was van wat ik het meest vreesde. De rest van de week verklaarde ik mijn hoofd tot verboden terrein voor iedereen in mijn buurt en liep ik op eieren in een wanhopige poging om zo veel mogelijk veilig te stellen voor de volgende chemokuur. Ik wreef mijn haar dus niet meer droog met een handdoek en kamde de conditioner er onder de douche ook niet meer door. Terwijl ik mijn haar eerder bijna elke dag waste, moest het het nu maar zonder de gebruikelijke shampoo zien te doen. In mijn ogen waren vettige pieken oneindig veel beter dan zo'n overbruggingskapsel in de stijl van ex-voetballer Bobby Charlton.

Maar zelfs dan moet je haar zo af en toe toch wel gewassen worden en dus waagde ik het er drie dagen voor mijn tweede chemokuur op. Ik liet het bad vollopen, stak een paar kaarsen aan, zette een vrolijk deuntje op en begon. Ik hield me aan alle 'eerste hulp' bij haaruitval: zachtjes inmasseren, shampoo met de juiste pH-balans, lauwwarm water. Ik stond mezelf zelfs heel even toe te denken dat het me nog zou lukken ook, maar toen het tijd was om het te drogen met een niet te warme föhn, langzaam en met een kam met wijd uitstaande tanden... blablabla... viel alles uiteen. Letterlijk.

Zelfs zonder het noodzakelijke kammen (als ik mijn haar gewoon aan de lucht laat drogen, zie ik eruit als Gene Wilder en dat is nog erger dan kaal zijn), vlogen mijn haren zowat vanzelf van mijn hoofd af. Als ik er een kam doorhaalde, lieten ze nog sneller los. Hoe dom het nu misschien ook klinkt, ik bleef echter gewoon föhnen en zo min mogelijk kammen, denkend dat zolang ik haar had, dat er wel zo mooi mogelijk uit moest zien. Het werd echter dunner en dunner en mijn rug, schouders, de vloer, de beddensprei en de hobbezakkerige linkercup van mijn beha zaten al snel onder de haren. Het lag echt o-v-e-r-a-l.

Terwijl ik bedacht hoe P. zou reageren op de nieuwe vloerbedekking in onze slaapkamer, begon ik het op te rapen en hoewel ik net had gezien hoeveel er was uitgevallen, kon ik de hoeveelheid haar die ik verzamelde amper geloven. Ik was er zelfs zo verbaasd over dat ik de haarbal ter grootte van een kloot zelfs op de vensterbank legde om hem later aan P. te laten zien. Nog geen paar dagen geleden was er niets aan de hand geweest wanneer ik mijn haar kamde. Nu was het al riskant om op de tocht te gaan staan.

Het verbaasde me eigenlijk dat ik niet eens hoefde te huilen. Ik zat daar minstens een kwartier een beetje glazig naar de spiegel te staren en haarbanden uit te proberen om mijn uitgedunde haar te verdoezelen. Maar later die middag belde ik mijn vader op weg naar mijn werk. Hij zei op een zeker

moment iets volkomen onbeduidends, gewoon een losse opmerking over mijn handsfree set waarna hij zich hardop afvroeg of ik de andere auto's wel kon horen. En toen ging ik
dus door het lint.

Ken je dat stomme zeurende stemmetje in je hoofd dat je
een tijdje probeert te negeren maar wat je er dan op een zeker moment toch vanzelf in ijltempo uitgooit met de snelheid
van Vicky Pollard uit *Little Britain*? Meestal begint het met de
woorden: 'O ja, en dan nog wat...' (of: 'Ja, maar, nee, maar...').
Nou, dat is dus precies wat er gebeurde. Wat ik mijn vader
had moeten zeggen, was dat hij en mijn moeder vanaf dag
één geweldig waren geweest en zo ontstellend veel voor me
hadden gedaan, en dat ik me niet kon voorstellen hoe moeilijk het wel niet moest zijn om te moeten zien wat je dochter
allemaal doormaakte... maar dat ze misschien ook konden bedenken dat hoewel deze Klotezooi een heleboel bijwerkingen
had, het dus geen effect had op mijn rijvermogen, mijn be-
sluitvormingsvermogen of mijn vermogen om voor mezelf te
zorgen op de manier waarop mijn artsen dat hadden geadvi-
seerd.

Alleen kwam het er natuurlijk niet op die manier uit. Nee,
het leek eerder op het volgende: 'Allejezus, pap, alleen maar
omdat ik kanker heb, wil dat nog niet zeggen dat ik niet meer
kan autorijden, hoor! En vergeet niet dat ik [snuf] geen klein
meisje meer ben en [snif] ik doe alles precies zoals het hoort
en [hakkeldehakkel] de symptomen zijn [een zacht jankje]
NIET MIJN SCHULD. Die puistjes komen niet door de priklimo en de aambeien zijn niet het gevolg van dat klotedieet
[snik] – het komt door die VERROTTE GIFTIGE KUTMEDICIJ-
NEN [snotter] en het wordt tijd dat jullie er nu verdomme eens
op gaan vertrouwen dat ik best voor mezelf kan zorgen!'

Mijn vader antwoordde dat ik volkomen gelijk had, dat het

hem speet, dat hij me ook vertrouwde, maar dat hun ouderlijke instinct er soms voor zorgde dat mijn moeder en hij het verkeerde zeiden. En natuurlijk voelde ik me toen een nog groter kreng. Die dingen moesten gezegd worden (alleen misschien niet op die manier), maar ik voelde me geen haar beter toen ik dat eenmaal had gedaan. Als íémand het namelijk niet verdiende om de wind van voren te krijgen, dan was het mijn vader wel. Mijn vader en moeder zijn niet zomaar ouders. Ze zijn mijn beste vrienden. Hoe graag ik ze soms ook wil zeggen dat ze iets op een andere manier moeten aanpakken, ik had ditmaal mijn grote bek moeten houden en mijn dankbaarheid moeten tonen voor de duizenden dingen die ze zo geweldig hadden aangepakt.

Niemand van ons wist hoe we met deze Klotezooi dienden om te gaan, want je krijgt helaas geen bijbehorende gebruiksaanwijzing als de diagnose kanker wordt gesteld. Elk symptoom en elke emotie is voor elke zielenpiet die met deze kloteziekte wordt geconfronteerd weer anders, dus wie weet hoe je het het best kunt benaderen? Als ik voor mezelf spreek: die operatie, de chemo, me ziek voelen en de haaruitval, die kon ik wel hebben. Maar moeilijke gesprekken met mijn familie? Dat ging me echt te ver. Laten we dat maar gewoon de laatste haar noemen die de kam van de kankerpatiënt even te veel werd.

12

Weer in therapie

Ik vergeet steeds hoe gevaarlijk deze ziekte is. Dat overkomt me wel vaker, zelfs vlak nadat ik de woorden 'tekenen die wijzen op borstkanker' hoorde. Mijn onmiddellijke reactie luidde niet: 'Shit hé, daar kun je aan doodgaan', maar: 'Kut, mijn haar'. Zelfs vorige week bij de chemo, toen een paar artsen me waarschuwden dat ik mijn arm stil moest houden omdat ze bang waren dat de cytostatica naast mijn bloedvaten in mijn huid zouden terechtkomen –wat dus écht niet goed is – kon ik nog niet ophouden met wild te blijven gebaren en stak ik toch telkens mijn hand in mijn handtas om de verpleegkundigen mijn iPhone, tijdschrift, foto's en/of lipgloss te laten zien.

Ik denk zelfs dat het een verdomd goeie strategie is om al dat enge gedoe gewoon straal te negeren. Het zorgt ervoor dat je jezelf geen enge dingen aanpraat door te ver vooruit te denken en dwingt je je te richten op dringender kwesties, zoals de ene voet voor de andere zetten. Die toenmalige oorlogsleus van 'blijf kalm en ga gewoon door' is best een goede leefregel. (Maar als je dat morgen na chemokuur 2 tegen me zegt, als ik kotsend en al zeven kleuren schijt, bijt ik je kop eraf.)

Ik logeer sinds een paar dagen bij mijn ouders in Derby (P.

heeft een teambuildinguitje van zijn werk, een woord waar ik overigens net zozeer de kriebels van krijg als van 'borstkanker'). Ik heb dus eindelijk weer eens bij kunnen praten met een heleboel mensen die ik sinds mijn diagnose niet meer had gezien. Hoewel hun reacties heel fijn zijn, bewijzen die des te meer dat andere mensen deze Klotezooi veel enger lijken te vinden dan ikzelf. Niet dat ze té aardig, huilerig of medelijdend zijn – nee, goddank eerder het tegendeel.

Er zijn veel dingen die ik graag zou willen (gratis iTunes downloaden en in een afgesloten kamer een uur lang alleen zijn met Dave Grohl, om maar iets te noemen), maar medelijden hoort daar dus niet bij. Dus in plaats van met medelevende blikken begroet iedereen me met een brede, stralende glimlach waarmee ze overduidelijk aangeven hoe blij ze zijn me te zien.

Het is geweldig om daar het lijdend voorwerp van te zijn (en het voelt ook een beetje alsof je beroemd bent). Ik ben geknuffeld en gezoend, opgetild en platgedrukt en heb oprechte en betekenisvolle klopjes op mijn arm en rug gekregen. Toen ik mijn 86-jarige oom weer zag, welden er tranen van blijdschap op in zijn (en mijn) ogen en hij omhelsde me teder terwijl hij zei: 'Ik heb me het hoofd gebroken over hoe je eruit zou zien, maar je bent het echt! Je bent gewoon nog jij!' Terwijl hij meer dan genoeg aan zijn hoofd heeft, heeft hij zich nota bene af zitten vragen hoe ik eruitzie. Zijn vrouw, mijn geweldige tante dus, zit ook midden in een kankerbehandeling, maar ze is nog even meesterlijk en moederend als altijd. Ze zette thee voor me, liet me haar nieuwe haarstukje zien en gaf me wat tips voor de aanschaf van een pruik. Op dat moment boog mijn oom zich naar me toe en zei: 'Weet je? Ik vind haar nog aantrekkelijker dan vroeger.' Nu hoop ik dus maar dat P. dat ook zal zeggen als mijn lokken er morgen na Chemo 2 definitief aan gaan.

'Is het een cadeautje?' vroeg het meisje bij de kassa van de Accessorize nadat ik haar een stapel hoofddoekjes en buffs had overhandigd waar ik normaal gesproken nog geen stuiver voor had gegeven, maar nu minstens honderd pond voor neertelde.

'Nee, die zijn allemaal voor mezelf.' Ik verkoos mijn kankerverhaal achterwege te laten en haar in de waan te laten dat ik een of andere haaraccessoirefetisjist was.

'Ze zouden dit echt moeten vergoeden,' zanikte ik even later tegen P., van de winkel op weg naar het ziekenhuis, waar de chemomedicijnen op me lagen te wachten.

We waren wezen shoppen voor noodhoofdbedekking, want die ochtend was er nog een pluk in de toiletpot beland, waardoor er nu dus precies bij mijn scheiding een prachtige, zeer in het oog springende kale plek zat. Ik was verre van blij met deze uitgave omdat ik over een week toch al een bedrag à raison van twee weken hypotheek aan pruiken moest uitgeven. Toegegeven, ik had achtentwintig jaar lang geld verspild aan spullen die amper het einde van het seizoen haalden, maar dat was uit eigen keus. Deze noodzakelijke geldverkwisting vanwege kanker was gewoon niet eerlijk. (Dat is trouwens ook waarom ik bezwaar heb tegen Predictor. Honderden ponden voor zwangerschapstesten, ovulatiesticks en digitale thermometers, en nog geen baby? Ik had gewoon Madonna's voorbeeld moeten volgen en me al die moeite kunnen besparen door er gewoon eentje op eBay te kopen.)

Ik was al bijna de hele dag in een soort sarcastische sodemieter-op-bui, die nog eens verergerde toen ze me naast de Heilige Maagd zetten bij het prikken van mijn infuus. Chemotherapie houdt in dat je eindeloos moet rondhangen en anderen wat aanstaart, zodat ik na de vorige keren iedereen nu wel zo'n beetje ken. Afgezien van de Heilige Maagd heb je Wiebelpruik, Glamazone (roze *slingbacks* en blingblingsieraden), Frans Stokje (een magere Parisienne), Capokop (geweldige hoofddoeken) en Sprekende Klok, die ik ondanks dat ze amper omhoogkwam om adem te halen, helemaal geweldig vond. (Ik denk dat ik bekendstond als Boek een Kamer, vanwege de echtgenoot die geen millimeter van mijn zijde week.)

Op de dagbehandeling van de chemo hing heel erg een sfeer van jezelf flink voordoen. Iedereen wachtte met een beleefde glimlach rustig op zijn beurt zonder er een drama van te maken of een serieus gesprek te voeren. Althans, tot de Heilige Maagd haar entree deed. Ze gaf de verpleegkundige meteen al de wind van voren omdat die haar kinderen niet had laten dopen. 'Als ze doodgaan, komen ze in het vagevuur terecht,' krijste ze op een toon die niet helemaal passend was voor een ruimte waarin de dagen van sommige patiënten overduidelijk geteld waren.

Doordat ik aanvoelde dat het arme schaap niet direct een passend antwoord kon verzinnen, besloot ik me ermee te bemoeien. 'Goh, vrolijk onderwerp voor de dagbehandeling zeg,' blaatte ik, terwijl de brede Ierse verpleegkundige die naast me met de infuuscanule zat te hannesen precies op dat moment uitriep (als het cabaret was geweest, zou je het perfecte timing hebben genoemd): 'Ik krijg dit kloteding er niet in!'

Zelfs Sprekende Klok stond met haar mond vol tanden en gaf me stiekem een knipoog terwijl we toekeken hoe de Heilige Maagd in de Heilige Geest veranderde doordat haar geschokte gezicht helemaal wit wegtrok.

Door een beetje te geinen met de verpleegkundigen van onder mijn minkukelhoed (waar ik me dom genoeg aan vastklampte, in de hoop dat ik het haar wat me nog restte kon behouden), ging de chemo net wat sneller en leverde me bovendien wat extraatjes op, zoals een stoel bij het raam, extra kopjes thee en Fox's Glacier-pepermuntjes. Ik kreeg dus de indruk dat ik wat extra punten bij ze had gescoord. Alleen was het natuurlijk vroeg of laat toch afgelopen met de lol en nog geen halfuur nadat ik weer thuis was, zelfs nog voor ik van mijn moeders troosteten had kunnen genieten, was ik alweer 'in de grote, witte telefoon aan het zingen', zoals mijn vader dat zegt.

Toen ik later in de zilverkleurige plastic bak kotste, waarvan alleen al de aanblik ervan me nog doet kokhalzen, besefte ik dat ik niets van het eerdere couscousincident had geleerd. Ditmaal had ik 's middags een stokbroodje kaas naar binnen gewerkt, en het resultaat was niet veel beter. De geur (om nog maar te zwijgen over de smaak) van mijn kazige oprisping stonk zo ontstellend dat ik mijn moeder nog voor ik klaar was de bak liet weghalen. Jammer van die smetteloze witte pyjama die ze zo liefdevol had gewassen en gestreken.

Je moet ontzettend uitkijken met wat je voor de chemo eet. Als ik zo door was gegaan met mezelf trakteren op lekker eten op een anderszins sombere dag, bleef er straks weinig over op mijn lievelingskostlijstje. Zelfs dat wisselde echter per dag en maakte plaats voor de enige dingen die ik op dat moment wist binnen te houden, toen zelfs thee en geroosterd brood even appetijtelijk leken als een broodje hondendrol.

Ik begon al heel snel andere lievelingshapjes te krijgen, zeg maar mijn chemo-overlevingsset. Bovenaan stond Marmite (en even voor alle Marmite-haters: je mag me pas tegenspreken als je zelf chemo hebt gehad): dat was het enige wat ik op dag 1 t/m 3 kon binnenhouden. En ijsklontjes. Het zalige genot van een smeltend ijsklontje op je tong als je de godganse nacht hebt moeten kotsen en de binnenkant van je mond aanvoelt als een hamsterhok, is onbeschrijfelijk. En gember niet te vergeten. Ooohh, die verrukkelijke gember. Gemberkoekjes, gemberthee, gembersnoepjes, gekonfijte gember... ik had zelfs gemberbadzout.

Niet dat de wetenschap hoe ik Chemo 2 kon overleven het makkelijker maakte dan de eerste keer. Hoewel ik het lichamelijke gedoe de tweede keer zeker weten beter aankon. Tijdens de eerste kuur kon ik me echt niet voorstellen dat het mogelijk was om je zo hondsberoerd te voelen, maar het toch wist te doorstaan. Natuurlijk kon je dat. Wat dus betekende dat ik de tweede keer minder in paniek raakte. (Niet dat ik minder vloekte, hoor. Sommige dingen veranderen gewoon niet.) Het betekende echter niet minder kopzorgen, of je minder depressief voelen, want Chemo 2 ging niet alleen gepaard met dezelfde bijwerkingen als de vorige keer. Nee, ditmaal ging mijn haar er ook aan.

Opeens, met haar dat geheel vanzelf uitviel, leek die haarbal op mijn vensterbank eigenlijk een beetje zielig. Het viel niet eens gelijkmatig uit. Nee, vooral mijn kruin werd steeds kaler, zodat ik boven op mijn hoofd een kaal plekje had met wat lange slierten die zich vastklampten aan de zijkanten, een beetje zoals Andy uit *Little Britain* of Keith van The Prodigy. Ik was nu niet meer gewoon een kankerpatiënte, nee, ik zag er nu ook uit als een kankerpatiënte. Nu was de aanschaf van een pruik dus geen spelletje meer, maar ook echt noodzakelijk.

Hoezeer ik ook mijn best deed om erom te blijven lachen, onder die humor ging een vreselijke waarheid schuil. Als ik me wilde houden aan mijn devies dat ik zo eerlijk mogelijk wilde zijn over hoe ik die borstkanker ervoer, zowel naar mijn familie als naar de mensen die mijn blog volgden, moest ik dus wel met de billen bloot over hoe moeilijk het langzamerhand werd. 'Deze blog is geen optreden of boek,' schreef ik. 'Dit is mijn leven. Mijn echte leven. Dus dit zal ongetwijfeld soms erg frustrerend leesmateriaal vormen, het ene moment vrolijk, het volgende neerslachtig. Maar dat moet dan maar, want zo is mijn leven op dit moment nu eenmaal.'

Ik vond het vreselijk te moeten toegeven hoe diep ik gezonken was, maar het was belangrijk dat ik dat wel deed. En dus schreef ik op mijn blog over de keer dat ik om vijf uur 's ochtends in tranen wakker werd.

'Wat is er, lieverd? Een nare droom?' vroeg P., die naar me toe rolde om me in zijn armen te nemen.

'Nee. Ik ben net wakker geworden,' antwoordde ik. 'En dat wilde ik helemaal niet.' Ik was woedend op de wereld die me had laten ontwaken, dat ik nu nog zo'n rotdag met allemaal kankerellende moest doorstaan. Hoezeer ik er ook van walg om het te moeten bekennen, ik had toen om vijf uur 's ochtends het bijltje er net zo lief bij neergegooid.

Ik schaam me dat ik zo wakker werd; zo ben ik normaal gesproken helemaal niet. Zo ga ik niet met dingen om, dat past gewoon niet bij me. P. kuste me op mijn kale plekje en hield mijn betraande gezicht in zijn handen. 'Dat wil ik dus nooit meer uit jouw mond horen, oké?' zei hij. 'Want als er geen jij is, is er ook geen ik.'

'Sorry, lieverd. Maar...' begon ik.

'Maar niks.' P. huilde nu zelf ook. 'Niemand heeft gezegd dat het gemakkelijk zou zijn. Maar je moet het doen. Je móét. Voor mij.'

We wisten allebei dat sommige dagen zo zouden zijn. Sommige dagen zou ik gewoonweg niet de fut hebben om te voelen dat ik het kon volhouden. Hoe moeilijk dat destijds ook voor mij en iedereen om me heen was, soms kon dat nu eenmaal niet anders. Het woord 'moeilijk' doet er trouwens geen recht aan. Dit was niet moeilijk. Het was bijna fucking onmogelijk. Als de schok van de diagnose is vervaagd en alle aandacht die je in het begin allemaal krijgt begint af te nemen, wat heb jij dan? Een grote, lelijke, duistere, morbide klotezooi waar je je doorheen moet zien te slepen en waar niemand behalve jij tegen kunt strijden.

Maar het ging me lukken. Verdomme, natuurlijk ging het me lukken. En ondanks het feit dat ik me down voelde, meende ik dat nog steeds. Niet dat ik een keus had. Dit afschuwelijke, afschuwelijke ding was er nu eenmaal en had de loop van mijn heerlijke leventje veranderd, van óns heerlijk leventje. We hadden er niet om gevraagd, we hadden er niet op gerekend, we hadden niets gedaan waaraan we dit verdienen. We vonden het VRESELIJK. Maar mijn liefde voor het leven was groter dan mijn haat voor de kanker. En ik zou ervoor zorgen dat ik mijn leven terugkreeg!

13

Krijg ik hier een dikke kont in?

Terwijl ik dit typ vanuit mijn bed zie ik een vreemd harig, blond knaagdier. Ofwel mijn nieuwe pruik. Die is zorgvuldig over een standaard op de grond gedrapeerd en ondanks het halfduister in de kamer ziet hij er nog steeds glanzend, gezond en heilzaam uit. Alles wat ik niet ben.

Ik ben volgende week jarig en het enige wat ik eigenlijk wil is dat ik op die dag mijn weelderige haardos nog heb. (Ja, goed, ik wil ook best Dave Grohl in cadeauverpakking, maar je krijgt niet altijd wat je wilt, hè.) Oké, en als dat dan niet kan, dan maar een prachtige pruik die niet van het ziekenfonds is. Tadaa! Nou, vandaag heb ik precies gekregen wat ik wilde. En ik haat dat ding.

Niet dat er iets mis is met de pruik die ik vandaag heb gekocht. Het is een verrekt goede pruik. Een betere valt er niet te krijgen, dat is een ding dat zeker is. Alleen was het hele gedoe van het aanschaffen van die pruik zo... o, ik weet het niet... Begrijp me niet verkeerd, het was een stuk beter dan de ziekenfondservaring in die bezemkast. Pruikenman maakte plaats voor Pruikenmeisje, dat veel beter aanvoelde wat me zou staan en wat voor model ik wilde. Bovendien had ik ditmaal niet alleen de morele steun van P., maar ook die van mijn vriendin Tills. Tegen de tijd dat P. en ik arriveerden, was zij al geheel en al op de hoogte van welke modellen Pruikenmeisje in de aanbieding had. Ze had zelfs al een paar matjes uitgekozen die me het best zouden staan. Alles ging goed en liep op rolletjes. Alleen was het deze keer voor het echie en niet een kwestie van een beetje staan klooien voor de spiegel met Radio Hopeloos op de achtergrond. (Nee, dat lieg ik, want ik weet inmiddels dat kutmuziek bij pruikenplekken hoort.)

Ik probeerde heel erg de koele klant zelve te zijn, alsof ik me hier prima bij voelde. Ik zette mijn allerflinkste gezicht op en deed zelfs even mee met een paar van de gebruikelijke kwinkslagen over haaruitval. 'Bedenk hoeveel geld ik kan besparen op highlights!' en: 'Godsamme P., wat zal ik nu snel klaar zijn als we ergens naartoe gaan!' Hahaha! Nou, nee dus. Niks haha. Ik besefte donders goed dat dit volkomen kut was. Daar stond ik dan op mijn achtentwintigste pruiken te passen. Niet voor de grap, maar vanwege mijn ziekte. Dan is het opeens niet meer zo grappig, hè? Dat was ook zo ongeveer het moment dat ik elk gevoel voor humor kwijtraakte, verrekte kwaad werd en in huilen uitbarstte.

Ik vroeg Tills snel of ze nog een leuk verhaaltje kon opdissen. Ze kwam met een anekdote over het dochtertje van een vriendin dat kortgeleden een driftbui had gekregen toen haar moeder haar een koekje gaf, alleen begreep niemand waarom. Na een heleboel over en weer gevraag bleek dat het koekje niet helemaal heel was en die werd dus stante pede vervangen door een gaaf koekje uit het pakje. Dat leverde echter een nog ergere driftbui op, want wat bleek? Dat (ik moet zeggen: geniale) wicht wilde namelijk het allereerste koekje dat ze had gekregen, alleen dan wel zonder dat gebarsten stukje. Ze wilde de perfecte versie van haar oorspronkelijke koekje. Ook ik wilde de perfecte versie van mijn oorspronkelijke haar en ook ik schoot uit mijn slof.

Ik snikte het uit van woede en reageerde het af op mijn twee favoriete mensen, omdat ze me zeiden hoe goed ik er wel niet uitzag, terwijl we in werkelijkheid keken naar een kankerpatiënte met een pruik. 'De reden dat jullie twee hier zijn,' snikte ik, 'is niet zodat jullie me naar de mond kunnen praten. Hou nou verdomme eens op met zeggen dat ik er mooi uitzie, want ik zie eruit alsof ik een pruik op-heb.'

Tijdens dit soort momenten van razernij waarin ik tekeerga tegen de mensen van wie ik hou, wil ik eigenlijk iemand de grond in kunnen trappen, maar omdat ik het zeldzame ge-luk heb dat ik altijd omringd ben door lieve, aardige men-sen, kan ik nooit iemand de wind van voren geven. En dus krijgt mijn ongelofelijke, geweldige, superondersteunende vriendin het voor haar kiezen, terwijl zij een vrije ochtend heeft genomen om me te vergezellen bij dit belachelijke ge-doe dat hoort bij de aanschaf van een pruik. Dat ik iemand met de grond wil gelijkmaken komt trouwens niet zozeer doordat ik borstkanker heb, of vanwege het feit dat ik me doodziek voel of mijn haar uitvalt. Nee, het is een wraakac-tie omdat ik in plaats van lekker met Tills aan de cava en wat tapas te zitten, we onze kostbare tijd nu aan kutkankerer-varingen als deze moeten spenderen.

Ik weet dat die tijden echt wel terug zullen komen. En hoe. Maar verdorie, ik mis mijn vrienden echt. Ik heb er schoon genoeg van om de kankerpatiënte op de bank te moeten zijn, over mezelf te praten en niet het achterste van mijn tong te kunnen laten zien over hoe verdomd vreselijk dit al-lemaal is. Misschien willen mensen dat wel helemaal niet horen. Ik wil dat mijn vrienden me onder normale omstan-digheden meemaken, onder het genot van een kopje thee,

een flinke dosis roddel en een verduveld weelderige haardos. Ik wil dat ze zeggen: 'Wauw Lisa, dat is toch geen pruik?!
Het lijkt precies op je oude haar!' En dan moeten ze het ook
wel echt menen. Maar helaas is dat nog zoiets wat ik dus
niet krijg, want als iemand dat zou zeggen, liegt-ie dat hij
barst.

'Ja, ja, ik weet het, je verwachtte een pruik,' was het eerste wat
ik bij de voordeur tegen mijn baas Kath zei.

'Waar is-ie dan?' vroeg ze, terwijl ze een achterdochtige blik
wierp op mijn LA Dodgers-petje waardoor ik er in mijn White
Company-pyjama alleen maar als een nog grotere mafkees
uitzag.

'Op de vensterbank in de badkamer. En daar blijft hij ook.
Ik haat dat ding.'

'Mag ik dat zelf uitmaken?' Ze deponeerde haar tas vol lekkers op de dichtstbijzijnde stoel en beende door de hal naar
de badkamer. 'Is dat 'm? Maar die is mooi!'

'Vind je? Zet jij 'm dan maar op.'

'En die haarband...?' vroeg Kath, toen ze het geval van iets
dichterbij had bekeken en zag dat ik het matje met een haarband had opgedirkt.

'Dat ding? Dat is gewoon een probeersel. Om te kijken hoe
ik het er meer als echt haar kan laten uitzien.'

'Maar het ziet eruit als echt haar.'

'Hm... Ja, tot je het op je hoofd zet,' zei ik.

Na alle steun die Kath me had gegeven had ik haar op zijn
minst deelgenoot kunnen maken van het debuutoptreden van
mijn pruik. Dat zat me niet lekker. Ik had haar ter compen-
satie op zijn minst een glimp van mijn kale harses moeten laten zien. Mensen zijn toch dol op dit soort drama's? Dat was

meteen ook het rare aan mijn weerzin tegen dat haarstukje. Mensen wisten dat ik een borstamputatie had ondergaan en ik schrok er niet voor terug om ze de littekens te laten zien. Ze wisten dat ik chemo had en ik schrok er niet voor terug om ze mijn kaalheid te laten zien. Toch wilde ik niet dat ze me met die pruik zouden zien, en dus had ik tweehonderd pond uitgegeven voor het voorrecht om een haarstuk op een standaard te kunnen showen. Dit begon nu echt een beetje belachelijk te worden.

Niet dat er iets echt mis wat met die pruik. Als je hem niet te lang ophad, voelde hij niet eens zo raar. En toegegeven, op mijn hoofd zag hij er beter uit dan op die standaard. Alleen leek het nog steeds niet op mijn eigen haar, en dat zou ook nooit gebeuren. Of ik het nu leuk vond of niet, ik zou er toch aan moeten wennen. Tijd dus voor een nieuwe stelregel: als ik mijn eigen haar niet meer kon hebben, eiste ik toch verdomme gewoon het haar van andere mensen op. Dit was dus gewoon Pruik 1 van een geheel nieuw pruikenleger. Net zoals ik een hele trits schoenen had, wilde ik ook een rij pruiken. Een bruiloftpruik, een werkpruik, een winkelpruik, een cafépruik. Ik zou een pruikensloerie worden. Blijkbaar was ik gewoon niet zo'n meisje dat tevreden is met de pruik die ze heeft.

Ik weet niet waarom ik dacht dat ik meteen weg zou zijn van dat ding, want ik sta van nature wantrouwend tegenover alles – en iedereen eigenlijk – van wie ik onder de indruk ben. Ik ben een groot voorstander van de kat uit de boom kijken. De eerste keer dat ik P. zag vond ik hem zelfs vreselijk. Ik vatte zijn aanvankelijke schuchterheid op als arrogantie (ik geloof dat ik zelfs tegen een collega heb gezegd dat hij 'voor sukkel aan het oefenen was') en ik deed mijn uiterste best om hem op kantoor te ontlopen. Dat bewijst dus maar weer eens dat eerste indrukken geen ene moer waard zijn. En ja hoor, nu leek hetzelfde ook voor pruiken op te gaan.

Mijn voornemen om een pruikensloerie te worden leek te werken. Zo vond ik Pruik 1 op het eerste gezicht afgrijselijk, maar na een paar dagen vond ik haar – en haar nieuwe zusje Pruik 2 – eigenlijk wel iets hebben. De pruiken hebben trouwens namen. Niet dat ik ze die geef, hoor. (Een voormalige baas heeft me eens verteld over een geweldige geheime code die zijn vrouw en hij hadden bedacht om ervoor te zorgen dat haar pruik in een restaurant altijd goed zat. 'Heb je Sharon onlangs nog gezien?' vroeg zij dan. 'Gaat het goed met haar?' En dan antwoordde hij: 'O ja, het gaat prima met haar,' of: 'Ik denk dat ze wel wat steun zou kunnen gebruiken.' Geniaal, hè?) Maar nee, pruiken hebben dus al namen, zodat je ze in de catalogus uit elkaar kunt houden en mijn god, wat zijn die geweldig. Zo heette Pruik 1 Codi en Pruik 2 Erika. (Zouden mensen die namen verzinnen voor kleuren verf van baan veranderen en overstappen op pruiken?)

Ik heb Pruik 2 (sorry, Erika) op een andere plek gekocht dan Codi. Ditmaal niet van Pruikenman of Pruikenmeisje maar van Überkitscherige Pruikengozer, de leukste van alle pruikenmensen tot dan toe. Hij was helemaal de bom: de perfecte mix van verrekte grappig, uiterst deskundig en begripvol voor de reden dat ik daar überhaupt was. Hij bood zelfs aan om wat er nog op mijn hoofd zat af te scheren zodat de pruiken beter zouden zitten, wat ik beleefd afsloeg omdat ik die GI Jane-look ooit zelf wilde creëren. (Toevallig viel er de volgende ochtend tijdens het douchen zo veel haar uit dat P. en ik nonchalant de schaar in het resterende deel zetten, zodat ik niet meer leek op Andy uit *Little Britain*, maar eerder op een arische legerrekruut. Zeg maar, de Hitlerjugend-chiclook dus.)

Überkitscherige Pruikengozer hield zich tijdens onze afspraak strikt aan de catalogusnamen van alle pruiken. 'Samantha is prachtig. Zie je hoe ze golvend om je gezicht heen valt? Laten we haar 's proberen, en Miranda dan ook meteen maar.' (Helaas geen Carrie of Charlotte.) En terwijl ik van tevoren had bedacht dat ik het pand met een pruik met lange haren zou verlaten, merkte ik nu dat ik er bij elke pruik die ik uitprobeerde, uitzag als een lid van het Engelse voetbalteam dat in 1986 aan de wereldkampioenschappen in Mexico had meegedaan. Pruik nummer 2 werd dus weer een pagekopje. Alleen wel een langere, met een iets piekeriger pony. De kleur was ditmaal 'lentehoning', dus niet 'crèmetoffee', zoals Pruik 1 (Snap je nu wat ik bedoelde met die opmerking over verfnamen?).

Mijn onverzadigbare, sletterige honger naar haarstukjes leidde zelfs tot de zoektocht naar Pruik nummer 3. Ter voorbereiding op mijn bezoek aan nog een andere pruikenplek besloot ik wat voorwerk te doen op internet en ik raakte zo opgewonden van de belachelijke namen dat ik die blijdschap met mijn vrienden wilde delen via een groepsmailtje. Hier hadden de pruiken namelijk niet alleen vrouwennamen, maar zelfs geweldig lullige omschrijvingen als Emotie, Extase en Rendez-vous. Er stond er zelfs eentje bij die Onheilspellend heette. Maar veruit mijn favoriete was een exemplaar dat rechtstreeks afkomstig leek van de '*Del Boy* annex Derek Trotter-school van pruikennamen': Très Bien. Très Bien! Dat leek me perfect voor een geheime pruikcontrole in een restaurant: 'C'est bon?'

'Très Bien, Rodney. Très Bien.'

Ondertussen moest ik maar eens ophouden met de draak te steken met de pruikenbranche en me richten op een wat dringender kwestie en daadwerkelijk met een van die etters een voet buiten de deur zetten. Ik had jarenlang aan mijn haar gefrunnikt en geklooid en er onmogelijke hoge eisen aan gesteld. (Dat moet ik misschien even toelichten, want ik heb het over de tijd na de middelbare school: 1990-1995 was namelijk een haarramp die een half decennium duurde. Voeg daar nog een beugel aan toe en het is een wonder dat er überhaupt nog sprake was van flikflooien.) Ik had het geföhnd, gestraight, bespoten, gehaarlakt, gehighlight, gelowlight... allemaal in de eindeloze zoektocht naar het perfecte kapsel. Nieuwslezershaar zo je wilt. Dat smetteloze, glanzende, goed verzorgde, weerbestendige haar dat er altijd goed uitziet, maar dus gewoon niet bestaat. Of wel? Het perfecte kapsel bleek immers wel degelijk binnen handbereik: alleen niet zonder een keerzijde.

Ik koos een vrije dag in augustus uit tot 'Pak jezelf bij de kladden en laat mensen je pruik zien'-weekend. En ik denk dat ik wel mag zeggen dat het een indrukwekkend debuut was. Sorry, zíj maakten hun indrukwekkende debuut. Allereerst Pruik 2 bij een picknick in het park (een keuze die ik nog steeds niet helemaal snap, aangezien Pruik 1 mijn lievelingspruik was). Het vrijgezellenfeestje van mijn toekomstige schoonzus Leanne zou dat weekend plaatsvinden en aangezien ik niet in staat was om de grote avond zelf te doorstaan, koos ik ervoor mijn gezicht te laten zien tijdens de picknick voor de borrel. Ik wist donders goed dat zo'n twintig kakelende meiden een lastig publiek kunnen zijn en voelde me dus waanzinnig onzeker. Een gevoel dat overigens niet verdween toen ik me met mijn zonnebril boven op mijn hoofd (daarmee straal je toch helemaal uit dat het je eigen haar is?) behoedzaam een weg zocht naar het groepje meiden met tiara's op het hoofd. Alleen raakte mijn pilotenbril prompt verstrikt in mijn pruik en moest ik die er midden in een loeidruk Kensington Park uit zien te peuteren. Laat ik gewoon maar zeggen dat ik de voor mij bestemde tiara nooit heb opgezet.

Dat bedoel ik dus met keerzijdes: als je niet omkijkt naar je pruik, zit-ie perfect, maar zodra je eraan begint te frunniken, ben je het haasje. Pruiken kriebelen namelijk. Het eerste kwartier zitten ze verbazingwekkend lekker. Daarna zijn ze domweg irritant. En als ik last heb van kriebel, dan krab ik, wat al snel betekende dat mijn pony in een paar seconden opeens tot over mijn wenkbrauwen kon groeien en dat mijn scheiding zonder behulp van een kam op raadselachtige wijze opeens twee centimeter naar rechts was verschoven. Ik had net zo goed het merkje eruit kunnen laten hangen.

Iedereen was echter scheutig met loftuitingen, zelfs iemand die slechts in uitzonderlijke gevallen pluimen uitdeelt, te weten mijn vriend Jon. Hoewel hij een van de attentste mannen is die er bestaat, is hij verre van gul met complimentjes, zelfs als je daar heel erg behoefte aan hebt. (Ik weet nog die keer dat ik met hem had afgesproken in de stad, toen we nog iets met elkaar hadden, en dat ik erg mijn best had gedaan om er ondanks een verlammende kater toch zo goed mogelijk uit te zien. Ik dacht zelf dat ik daar ook redelijk in was geslaagd, tot ik op hem af schuifelde en hij zei: 'Jeetje, jij ziet er niet uit, zeg.') Een paar dagen nadat hij bij me op bezoek was geweest, belde hij me met zijn oordeel. 'Ik moet je echt even iets zeggen,' was zijn onheilspellende openingszin. 'Toen ik laatst bij je was, wist ik natuurlijk heel goed dat je een pruik droeg. Want daar had je me over verteld en ik had er op je blog over gelezen Maar toen ik dus in de woonkamer met je zat te praten, dacht ik helemaal niet: "En daar zit ik dan een kopje thee te drinken met Lisa die een pruik draagt." Nee, ik dacht eerder: "En daar zit ik dan een kopje thee te drinken met Lisa." Natuurlijk heb ik die pruik in het begin echt wel opgemerkt,

maar daarna heb ik er dus gewoon helemaal niet meer bij stilgestaan.'

Ik stelde Jons mening over het matje op prijs. Maar ja, hij
zou ook moeilijk iets kunnen zeggen als: 'Tjeezus Liz, dat is
me toch een lijp matje dat je daar ophebt.' Of hij me alleen
maar naar de mond praatte, deed er niet toe. Voorlopig, nu
kaal zijn de enige optie was, was het dragen van een pruik immers de op een na beste keus die ik had.

14

Mijn *Super Sweet* negenentwintigste verjaardag

September 2008

Er mankeert iets aan mijn traanbuisjes. Ik heb alle chemo-folders en lijsten met bijwerkingen nageplozen, maar het ziet ernaar uit dat ik dit dus niet aan de medicijnen kan wij-ten. Nee, het ligt echt aan mij. Ik ben namelijk een huilebalk aan het worden. Ik ben de afgelopen week sinds het begin van deze hele Klotezooi niet meer zo blij geweest, en mis-schien ben ik zelfs wel gelukkiger dan in de periode daar-voor. Gisteravond voelde ik me bijna schuldig dat ik zo in mijn nopjes was, want kanker hoort toch helemaal niet fijn te zijn? Maar waarom begin ik dan bij het minste geringste te janken?

Vrijdag heb ik in twee verschillende taxi's zitten huilen (let wel: Londense taxichauffeurs, zeg niet dat ik jullie niet ge-waarschuwd heb). De eerste was op weg naar West End, toen ik voor het eerst sinds mijn diagnose weer eens naar mijn werk ging. Wauw, zeg. Ik was bijna vergeten dat ik in Londen woonde! Tegenwoordig zie ik bijna alleen nog maar het stuk van mijn huis naar het ziekenhuis, maar vrijdag keek ik uit het raampje van de taxi en zag dat we op West-minster Bridge reden met het parlementsgebouw aan de ene kant en de London Eye aan de andere. Het leek net alsof ik dat allemaal voor het eerst aanschouwde en ik zat zo te stralen dat ik tranen in mijn ogen kreeg. De hoofdstad had er nog nooit zo mooi uitgezien.

Vervolgens huilde ik op weg naar huis, ditmaal door een mengeling van emoties, waarvan de meeste heel fijn en andere iets minder. Maar eerst even de fijne gevoelens. Het beurde me vreemd genoeg op om weer op kantoor te zijn. Alles was op de een of andere manier spannend: de gammele lift, mijn draaibureaustoel, het geklets, de thee in een gebarsten mok, het complimentje over mijn blouse van de dame bij de receptie, mijn brievenstandaard (waar ik heel dol op ben), mijn agenda doorbladeren, over iets anders dan kanker kunnen praten... Het was slopend, maar fantastisch. Maar het allerfijnst was het om weer onder de mensen te zijn. Niet dat ik de afgelopen paar maanden in een kooi opgesloten heb gezeten, maar ik bedoel op een doodgewone dag in een doodgewone situatie onder de mensen zijn. Toen merkte ik pas hoezeer ik dat had gemist.

En dan de minder leuke dingen. Tegenover iedereen op kantoor die naar me glimlachte, knipoogde en me begroette, was er ook iemand die me straal negeerde. Eén iemand deed zelfs alsof ik lucht was toen ik hem aankeek en gedag zei. Ik snap best dat sommige mensen door wat ze van me weten, niet goed weten wat ze moeten zeggen en ik verwacht echt niet dat onbekenden opeens poeslief gaan doen omdat ze denken dat dat hoort. Maar genegeerd worden door iemand met wie je normaal gesproken elke dag zou praten is behoorlijk klote en gaf me het gevoel alsof ik een melaatse was.

Na mijn taxirit terug naar huis gebeurde er bovendien iets soortgelijks. Ik kwam op hetzelfde moment thuis als mijn normaal gesproken babbelzieke bovenbuurvrouw die, zodra ze me zag, niet wist hoe snel ze zich uit de voeten moest maken na een slecht geïmproviseerd smoesje over een verkoudheid (die haar er later niet van weerhield om te gaan joggen).

Gelukkig behandelen de mensen die er echt toe doen me nog steeds hetzelfde, of zelfs beter dan vroeger, als ik zo kijk naar wat ik dit weekend voor mijn verjaardag aan liefde heb mogen ontvangen. En dat leidt natuurlijk weer tot huilbuien – meerdere zelfs. Toen ik de kaartjes las, de cadeautjes openmaakte (zelfs bij de typisch Liverpoolse afropruik die ik had gekregen, maar dat had misschien een andere reden), later in de schouwburg, toen mijn familie en vrienden weggingen na een heerlijk taartfestijn bij ons thuis... je kunt het zo gek niet bedenken of ik moest erom huilen. Al die praatjes over alcoholloze, tamme feestelijkheden mogen wel waar zijn geweest, maar het heeft mijn negenentwintigste verjaardag geen moment minder fantastisch gemaakt dan welke andere verjaardag ook. Ik durf zelfs te zeggen dat die beter was dan de afgelopen paar verjaardagen bij elkaar.

Waarom dan al die tranen? Nadat ik er vandaag bijna de hele dag over heb nagedacht (echt mijn hersens heb gepijnigd), denk ik dat daar drie redenen voor zijn. (1) Ik ben overweldigd. Sinds de komst van die Klotezooi doe ik alles wat rustiger aan. Dus misschien was die emotionele achtbaan van de afgelopen paar dagen iets te veel van het goede. (2) Vermoeidheid. Ik lijk momenteel wel een soort baby: zolang ik maar voldoende slaap en voedsel krijg, ben ik een engeltje. Maar zodra ik moe ben of honger heb, zou je willen dat ik nooit geboren was. (3) Angst. Al die geweldige dingen en al die geweldige mensen... geloof me, dat is echt even andere koek. Mijn leven bestaat uit die dingen waar dromen uit bestaan en hoewel ik echt helemaal niets zou willen ver-

anderen (afgezien van dat ene voor de hand liggende), herinnert het me er zo nu en dan wel aan hoe volkomen doodsbang ik ben, echt in de zin van totaal maar dan ook echt midden in de nacht in doodsangst wakker schrikken dat de
Klotezooi daar nu allemaal een einde aan gaat maken. Het
gore lef alleen al.

Alleen als je kanker hebt en jarig bent mag de echtgenoot van
je vriendin je ondergoed geven. Dat is een onbekende, niet
wijdverbreide maas in de wet van cadeaus geven waar Tills
echtgenoot Si dat jaar gebruik van maakte. En het was ook
niet zomaar een onderbroek. O nee, het was de mooiste onderbroek die er bestaat: een witte string met 'Mrs David
Grohl' op de voorkant. (P. vindt 'm natuurlijk prachtig.)

De speciale behandeling die ik direct na de diagnose kreeg
en die nu een beetje dreigde te vervlakken, was op mijn verjaardag dan ook ineens weer helemaal terug van weggeweest
en na een ochtend waarin ik vertroeteld was met telefoontjes,
cadeautjes en boeketten, kon je me echt opvegen. Tills opperde dat ik om de borstkanker een koekje van eigen deeg te geven, alle aardige, lieve gebaren zo veel mogelijk moest uitmelken en dan een blog moest schrijven over hoe schoenen van
Miu Miu en handtassen van Chloé mijn herstel zouden be-
vorderen. Ze had uiteraard volkomen gelijk. Niet over dat uitmelken, maar wel dat uit recent onderzoek onomstotelijk is
gebleken dat het krijgen van designerspullen de snelste manier is om kankercellen van het lijf te houden, en dat lijkt me
wel duidelijk, hè.

Hoe erg het ook is om dit te moeten toegeven, ik begon een
beetje gewend te raken aan alle blijken van attentie die me te
beurt vielen. Niet dat de mensen in mijn omgeving normaal

gesproken niet aardig voor me zijn (volgens mij heb ik al vast-gesteld hoeveel mazzel ik heb met mijn vrienden en familie), maar ik vreesde dat het me in een vreselijk verwend, ikke-ik-ke-ikke-kreng zou veranderen, zoals die afschuwelijke lui van MTV's *My Super Sweet 16*.

Eerder in die verjaardagsweek had ik tijdens een verrukke-lijke middag giechelend op de bank met mijn geweldige vrien-din Busby naar dat progamma gekeken. Het bleek enorm in-spirerend te zijn, want we verzonnen ter plekke een plan om mijn verjaardag het jaar erop, zeg maar, mierzoet te maken. Qua festiviteiten moest mijn negenentwintigste verjaardag noodgedwongen aan de tamme kant zijn (schouwburg, uit eten, thee en taart), maar ach, negenentwintig jaar is ook niet direct een mijlpaal, hè. Nee dus. Dertig wel. En in de hoop dat ik tegen de tijd dat ik die grote drie-nul had bereikt, ik heel veel meer dan alleen de komst van een nieuw decennium te vieren had, besloten Busby en ik geheel in lijn met onze Maag-delijke sterrenbeelden die fuif RUIM van te voren te plannen. Met een beetje hulp van die verwende prinsesjes van MTV.

'Oké dan,' zei Busby. 'Als je een *Super Sweet*-verjaardagsfeest wilt, moet je wel een paar regels in acht nemen.'

'Vertel,' antwoordde ik, terwijl ik nog een gemberkoekje in mijn zesde kop thee van de dag doopte.

'Allereerst moet je er zó uitzien,' zei ze en ze wees naar een tiener ter grootte van een klein woonhuis, die een afschuwe-lijk roze jurkje aanhad dat op knappen stond, terwijl ze maar doorzanikte dat ze bang was dat haar ouders haar niet de juis-te auto zouden geven.

'Mijn ouders moeten denk ik een tweede hypotheek afslui-ten als ze me ook een nieuwe Audi willen geven.'

'Maar alleen als die met een giga roze strik voor de deur wordt afgeleverd,' zei Busby. 'En ik bedenk net dat je op een zeker moment ook flink moet gaan zitten pruilen bij je moeder.'

'En dan trekt zij mijn creditcard in en noem ik haar ten overstaan van een winkel vol mensen een trut,' vulde ik aan.

'O ja, en je vader...'

'Je bedoelt "pappie",' verbeterde ik haar.

'O ja! Pappie! Nou, die is dus verantwoordelijk voor het regelen van een artiest en het spreekt voor zich dat niemand minder dan P Diddy gewoon, zeg maar, vet sneu is,' vervolgde Busby, nu met een Amerikaans accent. 'En je moet je eerste vriendje van de middelbare school uitnodigen en hem toegang geven tot de vipruimte! Alleen doet hij het dan met een ander meisje en laat jij haar er door de beveiliging uit gooien.'

'En dan komt hij met hangende pootjes bij me terug zodra hij mijn flexe Audi heeft gezien,' voegde ik eraan toe.

Ik miste dit oeverloze gewauwel dat bij vrijdagmiddagen op kantoor of bij luie zaterdagmiddagen met je vrienden op de bank hoort. Niet dat ik me door de Klotezooi niet meer misdroeg met mensen als Busby, maar het zou zo oneindig veel leuker zijn geweest als dat niet in een pyjama en met een pruik had gehoeven. Alles draaide de afgelopen paar maanden om kanker en daardoor was ik vergeten hoe leuk dit soort gedoe kon zijn.

Niet dat ik als het goed met me gaat dingen níét vergeet. Ik sta bij mijn familie en vrienden om twee dingen bekend: dat ik altijd te laat kom en een verdomd slecht geheugen heb. Ik vergeet namen en data (een aandoening die ik onder controle probeer te houden door een agenda te hebben die belachelijk goed georganiseerd is, en ik heb de neiging om van van alles en nog wat lijstjes op te stellen), belangrijke klussen, hele gesprekken, avondjes uit, jeugdherinneringen... je kunt het zo gek niet bedenken of ik ben het vergeten. Ik kan me amper nog iets herinneren van wat ik op school of de universiteit heb geleerd. (Alleen dat je soms wel en soms niet een hoofdletter mag gebruiken na een dubbele punt. En nooit een zin met 'en' beginnen. Oeps.)

Raar genoeg was ditzelfde geheugenverlies ook van toepassing op de chemo. Hoewel ik het al twee keer had doorstaan, wist ik nooit precies hoe het zou worden. Wat dus inhield dat ik peentjes zweette bij het vooruitzicht van kuur 3, die zich als een apocalyptische wolk aan de horizon aftekende.

15

De terugkeer van '*old red eyes*'

Vrijdag merkte een van de verpleegkundigen tijdens de chemo op dat ik er elegant uitzag. Dan zou ze me nu moeten
zien – het lijkt alsof ik stijf sta van de coke. De eerste paar
dagen na de chemo verliepen min of meer zoals ik had verwacht. Misschien sloegen mijn ouders de spijker wel op de
kop toen ze die eerste nacht omschreven als moeten toekijken hoe iemand gemarteld wordt. Ze zijn er inmiddels van
overtuigd dat cytostatica ook daarvoor worden gebruikt en
ik ga ze niet tegenspreken. Je kunt me tijdens die paar uur
echt alles vragen wat je wilt en ik zou je alles maar dan ook
alles vertellen, zolang het daardoor maar ophield.

Hoe dan ook, ik heb het ergste alweer achter de rug. Niet
dat ik me nu opgewekter voel. Ik heb er drie kuren op zitten
en er dus nog drie te gaan. Iedereen blijft maar zeggen hoe
geweldig het wel niet is dat ik halverwege ben, maar ik kan
verdomme niet geloven dat ik PAS halverwege ben. Bovendien bedoel ik met 'het ergste achter de rug' dat ik me een
ietsiepietsie beter voel dan een paar dagen geleden. Ik ben
niet meer zo misselijk, hallucineer niet meer (ditmaal was
ik er, behalve het inmiddels standaard geworden gevoel dat
mijn handen en voeten steeds groter worden, vast van overtuigd dat er een knobbeltje onder mijn linkerneusvleugel

groeide), en als ik al kan bewegen, sta ik zeker weten iets rechterop. (Niet dat ik al zonder begeleiding naar de wc kan. Nee, dat is het cadeautje waar ik morgen hopelijk naar kan uitkijken. Dat en een fijne privégroteboodschap als mijn pillenkuur die verstopping veroorzaakt eenmaal achter de rug is.)

Maar sodeju zeg, ze hebben wel gelijk als ze zeggen dat de vermoeidheid alleen maar erger wordt. Ik voel me net een frêle oud vrouwtje. P. heeft gisteren een heerlijk bad voor me laten vollopen, met chic badschuim van Molton Brown en kaarsen op de rand van het bad, maar het enige waarnaar ik snakte was zo'n badkuip voor oude mensen, met een deur aan de zijkant zodat het water langzaam om je heen stijgt en het dus niet nodig is om in de armen van je man te bezwijken zodra je eruit stapt. Kolere, het is maar goed dat we op de begane grond wonen want anders zou ik alle huis-aan-huisfolders ook nog gaan uitpluizen voor zo'n traplift.

Maar het allerfijnste van het feit dat ik die eerste vier dagen heb doorstaan, is dat ik niet meer om de paar uur een hap pillen hoefde te slikken. De steroïden doen hun werk (voor zover 'werk doen' inhoudt dat ze me niet alleen minder misselijk maken, terwijl de pondjes er bovendien aanvliegen met een snelheid waarvan Mr Creosote van Monty Python nog onder de indruk zou zijn), maar ze zorgen er ook voor dat je geen oog dichtdoet, terwijl je dat juist nu meer dan ooit nodig hebt. In mijn geval betekent dat dus dat ik lig te malen over dingen waar ik normaal gesproken niet eens over zou nadenken. Zoals over de vraag of ik een tatoeage zal laten zetten.

Ik kreeg een paar dagen geleden een doorverwijsbriefje voor de afdeling Radiologie in verband met die kutzonnebankkuur die in december zal beginnen zodra ik klaar ben met de chemo. Nou, daar mag ik mijn borst wel voor natmaken (en trouwens ook mijn arm en mijn tiet). Er zat een folder met informatie over bestraling bij het briefje, waarin ik kon lezen hoe het in zijn werk gaat. Het leek me allemaal betrekkelijk standaard: dagelijkse bezoekjes gedurende zo'n zes weken, op een computergestuurde behandeltafel liggen, een verbrande huid krijgen, moe zijn, blablabla, maar er was één ding waar ik niet op had gerekend: de tatoeages. Goh, ik wist niet dat het ziekenfonds dát vergoedde.

Blijkbaar geven ze je drie kleine tatoeagepuntjes (donkerblauwe stipjes) om er zeker van te zijn dat ze de straal elke keer op exact de juiste plaats richten en ervoor te zorgen dat ze, mocht de Klotezooi terugkomen, diezelfde plek in de toekomst niet nog een keer bestralen. Toegegeven, ik ga zeker niet de Amy Winehouse van de borstkanker worden, maar ik voel me desondanks op mijn teentjes getrapt. Als ik namelijk een tatoeage laat zetten, vind je dan niet dat ik dat uit eigener beweging moet doen in plaats van dat ik daar door die klotekanker toe genoodzaakt word?

Dus ondanks het feit dat ik nooit serieus heb overwogen er eentje te laten zetten, ben ik nu aan het tobben of ik dat straks toch zal doen om te vieren dat ik mijn behandeling heb doorstaan. Nu is dit waarschijnlijk niet het juiste moment om dat soort besluiten te nemen, maar wie weet, misschien sla ik nadat ik deze Klotezooi allemaal achter de rug heb, wel helemaal door en laat ik een topless meisje op mijn bovenarm tatoeëren. Of verbind ik alle blauwe stipjes met elkaar tot een minitatoeage à la Winehouse. Want als de Klotezooi het lef heeft om in de toekomst terug te keren, moeten die radiologen verdomme maar om mijn nieuwe lichaamsversiering heen werken. En dan wil ik dit ook meteen even zeggen: als het ooit terugkomt ga ik er helemaal voor en laat ik 'fuckerdefuck' op mijn voorhoofd tatoeëren. Eén keer is echt meer dan genoeg, hoor.

Behalve die verwennerij met al die heerlijke Jo Malone-spulletjes gaf P. me voor mijn verjaardag nog een klein pakje. 'Gewoon iets sufs,' lichtte hij toe. 'Maar ik wil dat dit je nieuwe mantra wordt.' Ik scheurde het papier eraf en haalde een koelkastmagneet met een citaat van Winston Churchill te voorschijn: *Never, never, never give up.*

'Beloofd?' vroeg P.

'Dat beloof ik, schat,' antwoordde ik. 'Natuurlijk beloof ik dat.'

Op de ochtend van mijn derde chemokuur herinnerde mijn vader me daaraan.

'Ik wil dat je iets voor me doet,' zei hij terwijl hij in zijn inmiddels bekende positie opgekruld tegen me aan op bed lag, waar ik als een rillend, terneergeslagen hoopje ellende lag vanwege de behandeling die me beter moest maken. 'Ik wil dat je het advies van de koelkastmagneet die je van P. hebt gekregen ter harte neemt. Ik weet dat dat nu heel moeilijk is...'

'Nee, dat weet je niet,' snerpte ik terug.

'Je hebt gelijk, oen, dat weet ik niet.' (Zelfs tijdens de allerallerergste ellende van de chemo spraken mijn vader en ik elkaar nog steeds aan met onze gebruikelijke, niet bepaald vleiende koosnaampjes.) 'Maar je hebt al zo veel weten te doorstaan, Liz, en we zijn ontzettend trots op je dat je dat gelukt is. Dus wil je me alsjeblieft – alsjeblíéft – beloven dat je blijft doorvechten.'

'Oké dan, oetlul,' mompelde ik met tegenzin.

Als de helft van de chemo erop zit, brengt dat zo zijn eigen problemen met zich mee. Enerzijds leidden al die felicitaties over hoeveel ik al had doorstaan bij mij tot de vraag wat er daarna zou gebeuren, en hoe ik het zou vieren als ik deze Klotezooi eenmaal achter de rug had (niet dat mijn tatoeageplan in mijn naaste omgeving echt goed viel). Anderzijds betekende het feit dat ik al drie chemo's achter de rug had, dat ik het klappen van de zweep intussen maar al te goed kende en die frequente ziekenhuisbezoeken hingen me inmiddels net zozeer de keel uit als de behandeling zelf.

Elke Chemo Vrijdagochtend begon puur uit frustratie met het uitlokken van een fikse ruzie met P. Mijn copingstrategie bestond uit tegen hem tekeergaan.

'Ga je echt dát shirt aandoen?'

'Hoe bedoel je dat je even een krant gaat kopen? Je hoort nu met mij te praten in plaats van te zorgen dat je helemaal up-to-date bent wat betreft de US Open.'

'Ik heb dat licht niet zómaar aan gelaten – en wil je je daar alsjeblieft niet mee bemoeien en er met je fikken van afblijven?'

'Hé, blijf je twee stappen achter me lopen, of kom je náást me lopen?'

Ditmaal ben ik zelfs het huis uit gestormd en heb ik geprobeerd een taxi aan te houden, terwijl de taxi die we al hadden besteld er over nog geen tien minuten zou zijn. Het was gemeen en onnadenkend van me, maar het was mijn reactie op het feit dat ik naar een afspraak moest waarvan ik wist dat ik me er later hondsberoerd door zou voelen en uitzien. Tegen de tijd dat we bij het ziekenhuis aankwamen, had ik mijn tranen echter gedroogd, nieuwe mascara opgedaan en mijn excuses aan P. aangeboden. Ik wilde dat hij me zou zien zoals de oncologisch verpleegkundigen me zagen: vrolijk, onverschrokken en mooi, in plaats van als een gepikeerd viswijf dat tegen haar man tekeergaat.

P. heeft me onlangs verteld dat hij zijn tong er op dat soort momenten moest afbijten en dat hij het net zo verschrikkelijk vond als ik dat hij me moest dwingen om in die eenrichtingstaxi naar de hel te stappen. Hij vond het vreselijk dat hij niet meer kon doen om me te helpen, en dat is denk ik de reden dat hij, zodra ik na elke chemokuur weer in staat was om uit bed te komen, in de behulpzame echtgenoot-stand schoot.

Nu het met mijn smaakpapillen even slecht gesteld was als met mijn haar, waren we er inmiddels achter dat het ongeveer vier dagen duurde voor ik weer iets proefde. Tussen Chemo Vrijdag en Chemo Dinsdag smaakte alles naar vloerbedekking. Kankerfoldertjes hebben het meestal over dat alles naar 'bordkarton smaakt', maar dat heb ik altijd wat slap gevonden, want de eerste dagen direct na de chemo smaken dingen helemaal nergens naar. Niet naar bordkarton. Zelfs niet naar vloerbedekking. Gewoon naar nada, noppes. Wat ik ook at, voor mijn part had het net zo goed naar voeten, was, beton of wasverzachter kunnen smaken.

Aangezien P. bij ons thuis de keukenprins is, had hij Fajita Dinsdag bedacht. Dat was zijn methode om iets constructiefs bij te kunnen dragen en het bleek tijdens de eerste twee chemo's ook een doorslaand succes. Ondanks het feit dat eerder die dag zelfs mijn favoriete lunchhapje (een boterham met kaas, wat chips en een mok thee, simpele ziel dat ik ben) de smaaktoets niet had weten te doorstaan, begon ik nu echt wat ongedurig te worden en hoopte ik mijn lievelingszintuig terug te krijgen met behulp van P.'s chiliremedie. Maar nee hoor, geen sprake van.

'Werkt het, lieverd?' vroeg hij met een hoopvolle glinstering in zijn ogen.

'Hmmm,' was mijn antwoord, omdat ik de chef-kok niet

tegen de haren in wilde strijken. (Zelfs als P. op een doodgewone dag niet minstens het vonnis 'verrukkelijk' te horen
krijgt in reactie op de maaltijd die hij heeft klaargemaakt, is
hij de rest van de avond niet te genieten.)

'Ik heb er ditmaal veel meer kruiden door gedaan, maar ik
wilde ook weer niet dat je helemaal in de fik zou staan.'

'Nee, nee, helemaal niet, lieverd, het is precies goed,' zei ik
terwijl ik met de pepertjes op mijn bord speelde en iets te nadrukkelijk knikte.

P. legde zijn vork neer. Hij had duidelijk geen zin om om
de hete brij heen te draaien. 'Het heeft geen zin, hè?'

Ik zweeg.

'Het werkt verdomme niet. Je kunt niet eens meer plezier
beleven aan dit klote-eten, hè? Kut. Kolere. Teringkanker.'

Dat de Klotezooi kutte met zijn kokkerellen was voor P. de
laatste druppel. Hij is bij ons thuis immers niet alleen de chef-
kok, maar ook nog een verrekt goeie. P. neemt koken echt héél
serieus en hij is net als elke andere succesvolle chef ook een
nogal competitieve eikel. Hij zou de handdoek niet in de keuken gooien en zich laten kennen door mijn medicijnen. En
dus pakte hij onze borden van tafel, stampte terug naar de
keuken, haalde alle groenten uit de koelkast en ging, als een
rechtgeaarde Crocodile Dundee bij een les messenwerpen,
met een enorme joekel in de weer.

'Nu is het echt menens,' riep hij me vanuit de keuken toe.
'En dit keer gaat het wel werken.' Zolang ik nog allerlei ge-
vloek en getier hoorde bleef ik maar uit de buurt en ik kui-
erde dan ook pas twee uur later met een schaapachtige grijns
de keuken in. Op het fornuis stond een enorme pan vol bloed-
hete chilisoep. 'Dat moet een avond staan,' zei hij toen ik in-
formeerde of ik geacht werd die hele pan meteen soldaat te
maken. 'En dan zullen we morgen nog wel 's zien.'

Sodeju, daar had hij geen ongelijk in.

Toen mijn tong de middag daarna weer naar behoren werkte, gingen we terug naar het ziekenhuis voor ons eerste bezoekje aan de afdeling Radiologie. 'De reden dat we voor bestraling kiezen,' zei Specialiste Poepchic (die met haar instappers van Tod en diamanten verlovingsring waar ze zo je oog mee kon uitsteken het summum van het chique West-Londen was), 'komt doordat we alleen de kankercellen uit het specifieke gebied waar de tumor zat om zeep willen helpen. Dat is anders dan bij chemotherapie, dat zich op alle cellen van je lichaam richt.' Nou oké, dat is niet onredelijk, dacht ik. Maar toen noemde ze het beestje pas echt bij zijn naam. 'We zullen de bestraling niet alleen richten op de wand van je borstkas, maar ook op je linkerarm en -schouder, en op de linkerkant van je nek. En de reden dat we zo'n groot gebied nemen, is om je overlevingskansen te vergroten.' Het was eruit. Nog zo'n wrede herinnering aan hoe doodernstig borstkanker is, waardoor je het wel op een schreeuwen zou willen zetten.

Nu ik er weer aan herinnerd werd dat ik door dit hele gedoe ook dood kon gaan, leken de misselijkheid, de haaruitval en het eten van fajita's opeens welkome afleidingen. Het was namelijk volkomen afschuwelijk om daarbij stil te moeten staan. Ik kan niet beschrijven hoeveel van mijn kwijnende energie ik heb gebruikt om daar niét aan te hoeven denken, naarstig op zoek naar andere dingen om me op te richten. (Waarom denk je dat ik met een blog ben begonnen?) Het was dan ook een afschuwelijke, ontnuchterende schok toen P. en ik het wél hoorden. Niet dat we vergeten waren dat ik borstkanker had (god, ik denk niet dat er óóit nog een moment zal zijn waarop ik vergeet dat ik borstkanker heb), maar eerder dat we er zo gewend aan waren geraakt dat het deel uitmaakte van ons leven, dat de ontnuchterende schok om nu weer geconfronteerd te worden met de volle ernst ervan, ons even te veel werd.

De getatoeëerde stipjes zouden klote zijn, maar het was de achterliggende reden ervoor die me echt doodsbang maakte. Ik besloot eens op internet te zoeken naar informatie over het hele proces van andere ervaringsdeskundigen. Ik had me tot dan toe verre gehouden van kankerfora en ervoor gekozen het op mijn manier te doen, zonder verstrikt te raken in eindeloze pagina's vol informatie die voor mij misschien helemaal niet relevant waren. Ik zou graag de eer voor dat besluit opstrijken, maar de eerlijkheid gebiedt me te zeggen dat Wijsneuzerige Mammacare-verpleegkundige op dat idee kwam. Ze zei dat het enige wat ertoe deed mijn eigen ervaring was, en dat zij of wie dan ook in het ziekenhuis alle eventuele medische vragen die ik had kon beantwoorden. En ja hoor, natuurlijk had ze het ook nu weer bij het juiste eind.

Ik vond al snel wat foto's van iemands bestralingstatoeages. (Ik was blij om te zien dat ze er eerder uitzagen als donkerblauwe sproeten dan als medische markeringen – niet dat dat trouwens van invloed was op mijn voornemen om een eigen ontwerp uit te kiezen), en ik ging al snel helemaal op in allerlei discussieonderwerpen. Alleen was het niet de medische info die ik op internet aantrof waarvan ik in de war raakte, maar juist bepaalde opmerkingen die ik in chatrooms las. Of ik er nu onbewust naar op zoek was of niet weet ik niet eens, maar ik bleef op de volgende zin stuiten: 'Kanker krijgen was het beste wat me had kunnen gebeuren.'

Nu ben ik niet de eerste die aankomt met de oubollige opmerking dat smaken verschillen, maar in mijn ogen is zoiets zeggen dus echt volkomen onverantwoordelijk. Toegegeven, ik had mijn kankerreis nog niet volbracht en wie weet hoe ik me aan het eind zou voelen, maar ik wist wel verrekte zeker dat ik God niet op mijn blote knietjes ging bedanken dat ik gezegend was met deze Klotezooi. Ik vroeg P. de woorden op mijn laptopscherm even te lezen, en hij bevestigde verbolgen dat ik niet degene was die gek was.

Ik snapte ergens ook wel waarom iemand zoiets zou zeggen. Als hun ervaring met kanker ook maar enigszins leek op wat ik tot nu toe had ervaren, zouden zij ook alle prachtige, Amélie-achtige momenten hebben gehad waarbij je zo veel liefde over je heen krijgt dat de wereld opeens een stuk rooskleuriger lijkt. En hoewel dat allemaal zeker hielp, betekende dat echt in de verste verte niet dat ik ook maar één seconde had gedacht dat borstkanker het beste was dat me ooit was overkomen. Want tegenover elk goudomrand moment stonden genoeg ellende en duisternis voor een heel leven, ogenblikken waarop je je eenzaam, bang en verward voelt. Momenten dat je in een verduisterde slaapkamer door je man wordt vastgehouden, terwijl je allebei huilt omdat de ziekte die jij hebt ook echt levensbedreigend is.

Witheet van woede nam ik mijn toevlucht tot mijn blog. Ik wilde niet dat iemand zou denken dat kanker het beste was wat mij ooit was overkomen, en evenmin het beste kon zijn wat wie dan ook kon gebeuren. Ja, het verandert je leven. Ja, het verandert je kijk op het leven. En ja, jíj verandert erdoor. Maar dat maakt het nog niet tot iets geweldigs. Kanker verandert je leven omdat dat erdoor bedreigd wordt. Kanker verandert je kijk omdat het je leven vertroebelt. Kanker verandert jóú op zo oneindig veel meer manieren dan alleen doordat je een borst kwijtraakt, of kaal wordt of stipjes op je borstkas krijgt getatoeëerd. Kanker IS NIET het beste wat je ooit kan overkomen. Ik vrees dat ik moet zeggen dat kanker gewoon klote is. En dat terwijl ik nog een heleboel voor de boeg heb.

16

Je kunt op me rekenen

Grote kans dat je het niet met me eens bent, maar ik vind het hele idee van 'beste vrienden' nogal gevaarlijk. Voor kinderen is er niets mis mee, maar als je ouder wordt is het veel gezonder om een stel vrienden te hebben zonder dat er iemand de belangrijkste is. Waarom trek ik nu dan ineens vrienden voor?

Niet dat ik een soort groot boek van Sinterklaas bijhoud van wie er stout of lief is geweest, en het is ook niet zo dat een van die vrienden zich ervan bewust is (althans, tot nu toe, maar ik hoop dat ze het vanwege dit hele kankergedoe door de vingers zien – ja ja, ik weet het, daar ga ik weer). Alleen is het nu ik zo veel aandacht, steun, aardige gebaren en liefde van zo veel mensen krijg geen wonder dat die een paar treden in mijn eredivisie van vrienden zijn gestegen. Na wat onderzoek (dat wil zeggen: na het met mijn moeder te hebben besproken) denk ik inmiddels te weten dat heel veel mensen hun vrienden zien als een tekening van de dwarsdoorsnede van de aarde, met hun beste vriend(in) in het midden, hun op een na beste maatjes daaromheen, iets minder goede vrienden in de volgende laag, gevolgd door mensen die je wat minder vaak ziet en in de buitenste ring uiteindelijk de kennissen. Alleen is mijn tekening eerder een soort hiërarchie geworden.

Vrienden BV kent een topzware structuur (het is eerder een ijscohoorntje dan een piramide), en als baas bof ik maar dat de bovenste laag van mijn hiërarchische structuur – zeg maar, het directeursniveau – tjokvol geweldige vrienden zit. Door hen hou ik het vol. Ze staan in voortdurend contact met me, zorgen ervoor dat ik altijd op de hoogte ben van wat er in de wereld buiten mijn kankerluchtbel speelt, behandelen me niet anders dan vroeger en ze vinden het evenmin erg als ik af en toe, als de nood hoog wordt, even tegen ze zanik en zeur. Kortom, ze zijn helemaal geweldig en ze krijgen allemaal een aanzienlijke salarisverhoging als deze Klotezooi eenmaal achter de rug is (ik bedoel dus dat ik dan een rondje geef).

Maar – let op: nog meer vriendjespolitiek in aantocht – op dit niveau zijn er drie vrienden komen bovendrijven (en degenen over wie ik het heb weten dat) die eigenlijk recht hebben op een heel eigen niveau. Dit stel heeft grootsheid naar een hoger plan getild en als we nog op de middelbare school hadden gezeten, zou ik een aparte club voor ze oprichten en lidmaatschapskaartjes en buttons laten maken en een geheime handdruk afspreken.

Daarnaast heb je het managementniveau van vrienden: ook zij onderhouden contact met me, alleen net wat minder intensief dan de directeuren. Ze sturen af en toe een sms'je, schrijven zo nu en dan wat op mijn Facebook-pagina, maar deze lieverds weten wel altijd precies hoe het met me gaat, ondanks het feit dat ze minder vragen stellen dan de directeuren (de blog speelt daar natuurlijk ook een belangrijke rol bij).

Vervolgens heb je de werkvloer. Die paar mensen daar hebben, tot nu toe, nog evenveel contact met me als vroeger en hebben nooit ook maar iets over de Klotezooi gezegd, ter-wijl ze heel wel van het bestaan ervan weten. En dat is pri-ma (hoewel het ook wel een beetje raar is, alsof ik opeens een felgroene hanenkam heb en zij me vragen in welke win-kel ik mijn schoenen heb gekocht). Maar ergens waardeer ik het stiekem wel. Bovendien onderhouden de paar op de werkvloer tenminste nog wel contact met me, iets wat je van de schoonmaakploeg bij Vrienden BV helaas niet kunt zeggen.

De schoonmaakploeg bestaat uit een véél kleiner groepje mensen dat opeens niet meer op hun werk komt opdagen en helemaal van de radar is verdwenen. Ik heb het hier niet over een handjevol 'kennissen', maar mensen die normaliter af en toe wel iets van zich lieten horen. Zeg maar 'Facebook-vrienden', je weet wel, de mensen die een gezelschap com-pleet maken en voor een mooi even aantal zorgen, dezelfde groep die, vermoed ik, drastisch zal slinken zodra ik op de knop 'reactie publiceren' heb gedrukt. (En even voor de vol-ledigheid: ik verwacht niet dat mensen alleen maar vanwe-ge die kanker met me bevriend willen zijn. Dan zou ik de menselijke versie van Timmy uit *South Park* zijn en volgens mij lijk ik dankzij de steroïden eerder op Cartman.)

Hoewel het stiekem misschien best leuk klinkt, heb ik geen zin om een soort Eurovisiesongfestivalachtige puntentel-ling aan te houden voor mijn vrienden en ik ben ook niet zo dom dat ik denk dat de wereld tot stilstand is gekomen al-leen maar doordat ik borstkanker heb. Iedereen is er nog en gaat gewoon door met zijn of haar leven: ze doen bood-schappen, maken ruzie over waar ze met Kerstmis naartoe zullen gaan, schreeuwen tegen scheidsrechters, strijken schroeiplekken in hun overhemden en prikken met hun el-lebogen in andere forenzen die te veel ruimte innemen in de metro. Dat is zelfs een geruststellende gedachte, dus ik ga iemand die voorrang geeft aan zijn eigen gewoontes en bezigheden in plaats van mij een mailtje te sturen, echt niet van mijn kerstkaartenlijstje schrappen. Maar dat betekent nog niet dat ik mijn Facebook-status niet stiekem zo zou willen updaten: 'Voor het geval je het je afvroeg: Ja, Lisa heeft nog steeds borstkanker.'

Dat blogbericht deed nogal wat stof opwaaien. ('Ik dacht: ik kan deze week maar beter even een mailtje sturen voor je me naar de schoonmaakploeg overplaatst,' schreef iemand. 'Hé dame, als ik niet bij de directie hoor zit, dien ik hierbij mijn ontslag in,' schreef een ander.) En eigenlijk vond ik dat helemaal niet erg, want het schrijven van dat stuk werkte voor mij louterend, en niet alleen dat, maar het maakte ook schoon schip met een paar andere kwesties die me al langer dwarszaten.

Dat ik nu opeens honderd mailtjes moest beantwoorden, gaf aan dat ik duidelijk een aantal juiste snaren had geraakt. Het viel niet te ontkennen: terwijl sommige vrienden (de overweldigende meerderheid zelfs) bewonderenswaardig snel in actie kwamen, werden anderen opeens vermist. De beste vrienden waren echter degenen die zelfs drie maanden na mijn diagnose nog gewoon iets van zich lieten horen, nu mijn kankernieuwtje allang tot inpakpapier voor de fish-and-chips was geworden. Het bleek dat ik ze nu zelfs meer dan ooit nodig had, het moment vlak voor de tweede fase van de chemo, toen ik een flink steuntje in de rug best kon gebruiken.

Drie maanden is helemaal niet lang. Stel bijvoorbeeld dat ik zwanger was geworden op het moment dat de tumor was ontdekt, dan zou ik dat ongeveer nu pas aan mensen vertellen. En toch had de kanker in die korte tijd al zijn vuile werk gedaan: ik was kaal, pafferig, tietloos en het behoorlijk beu. Alles was zo'n ontzettend gedoe geworden: denk aan elke dag opstaan en positief proberen te blijven denken, ondanks alle zorgen waar die ziekte me mee confronteerde, mezelf ervan blijven overtuigen dat elk pijntje en kwaaltje dat ik voelde niet betekende dat de kanker terug was, maar alleen maar bijwerkingen waren.

Op een avond wist ik me zelfs wijs te maken dat een uitbraak van mee-eters aangaf dat er een nieuwe tumor zat. Ze hadden me gewaarschuwd voor dit soort paranoia – en als ik je nu zou zeggen dat het sindsdien is verminderd, zou ik liegen – maar zelfs ik zag wel in dat bezorgd zijn dat mee-eters betekenen dat je kanker hebt, behoorlijk belachelijk was. Toch wist ik me compleet op te naaien, zodat P. me echt van de spiegel moest wegtrekken en me in bed moest leggen met de lakens zo strak om me heen dat ik wel een psychiatrische patiënt leek.

Zo was het voor mij ook een hele opgave om níét in de spiegel te kijken, zeker doordat ons huis ermee volhangt. Maar op een avond trok ik mijn pyjama aan en ving ik in de spiegel een blik op van mijn toegetakelde tiet en mijn kalende harses en het voelde alsof ik net door een sloperskogel was geraakt. Hoewel ik mezelf af en toe toestond om mijn ogen uit mijn kop te janken, deed ik mijn best om niet te zeer gebukt te gaan onder al dat getob over mijn uiterlijk, aangezien ik daar toch geen ene moer aan kon doen. Die avond liet ik me er alleen wel door van de wijs brengen en ging ik tekeer tegen P. dat ik me een onaantrekkelijke, onappetijtelijke freak voelde. Waar ik alleen niet op had gerekend, was hoezeer ik hem daarmee kwetste. Ik weigerde gewoon te snappen waarom hij dat zo persoonlijk opvatte. Kribbig en vermoeid als ik was, had ik het helemaal gehad en ik stormde dan ook de kamer uit om me onder het dekbed te verstoppen. Maar niet voor ik de slaapkamerdeur achter me had dichtgesmeten en mijn vaders advies in de wind had geslagen, dat hij ons in zijn toespraak op onze bruiloft had gegeven, namelijk dat je nooit met ruzie moet gaan slapen.

Uiteraard had mijn vader gelijk (ik noem hem niet voor niets Yoda). In plaats van te praten over waarom P. zo overstuur was toen ik hem vertelde hoe afstotelijk ik me voelde, werd ik terwijl ik daar zo lag juist kwader en kwader. Hoezo is hij verdomme nou overstuur? dacht ik. Ik ben degene die lijdt, terwijl hij nog even knap als altijd is en ik juist de klappen van de lelijke zweep krijg. Maar natuurlijk was hij overstuur, en niet alleen doordat ik er niet meer uitzag zoals vroeger. Laten we de rollen eens omdraaien: als ik had moeten aanzien dat P. dit doormaakte, zou ik het moeilijk hebben gevonden om hem te zien lijden onder de lichamelijke gevolgen ervan, net zozeer als dat het vreselijk zou zijn om hulpeloos te moeten toekijken terwijl zijn zelfvertrouwen en gevoel van eigenwaarde zo'n enorme deuk opliepen.

Kanker leidt soms tot een enorm gevoel van isolement en ik vergat op dat moment dat ik er niet alleen voor stond en dat dit ook zijn uitwerking op andere mensen had. Die ruzie met P. was een keiharde manier om eraan te worden herinnerd dat je maar beter samen kwaad kunt zijn terwijl je lekker tegen elkaar aan in bed ligt, dan je ieder voor zich in je eigen kamer te liggen opnaaien. Dat was dus ook wat we uiteindelijk midden in de nacht deden. P. vertelde me dat hij het niet kon hebben dat de Klotezooi zijn begrip te boven ging, en ik zei hem dat ik het niet kon hebben dat het juist kwam op een moment dat ik het meest te verliezen had, te weten: onze toekomstplannen, het plezier dat ik als twintiger eigenlijk allemaal nog wilde hebben, en mijn eigen uiterlijk dat ik nooit goed op waarde had weten te schatten.

Ik was laaiend (en ben dat trouwens nog steeds) dat deze afschuwelijke kloteziekte mijn lichaam had verpest, en ik maakte me er continu zorgen over hoe anderen daarop zouden reageren. Mijn schoonouders zouden binnenkort een paar dagen bij ons komen logeren (P. en ik hadden mijn ouders vrijaf gegeven voor chemokuur 4 omdat we het hoog tijd vonden dat ze maar liefst zes weken lang even geen kotsbakje voor hun dochter hoefden vast te houden), en ik was bang dat ik ze de stuipen op het lijf zou jagen doordat ik er zo anders uitzag dan de vorige keer. Toen ze hier in juli waren geweest, was ik net met chemo begonnen en had ik al mijn haar nog. Tjonge, wat zouden die zich het schompes schrikken.

Het is ontzettend klote als je je zorgen moet maken over de vraag of andere mensen misschien zullen schrikken als ze je zien. En dat wordt helemaal erg als je niet de fut hebt om daar al te veel aan te doen. Uit mijn gesprekken met dokter Lachebek wist ik dat het doodnormaal was dat mensen als ze hoorden dat je kanker had, meteen reageerden met de vraag: 'Wat doet dat met je uiterlijk?' Je wordt echter aangemoedigd daar niet al te veel bij stil te staan en je in plaats daarvan te concentreren op je behandelschema, te voorkomen dat je infecties oploopt en jezelf geestelijk te harden. Maar je zeker voelen over hoe je eruitziet maakt toch ook deel uit van die mentale kracht? Je kunt moeilijk om je eigen uiterlijk heen als je in de spiegel kijkt en daar verdomme elke dag weer mee geconfronteerd wordt.

Daarom, met alle hulp die allerhande folders en websites van diverse kankerorganisaties je kunnen bieden, had ik eigenlijk slechts oog voor één ding: de informatie die over je uiterlijk ging. Ik ging ervan uit dat ik al het andere zelf wel kon uitvogelen, maar dit? Hier kon ik wel wat hulp bij gebruiken. Zeker omdat Jamie en Leanne over drie weken zouden trouwen. Ik had iemand nodig die me kon laten zien hoe ik het maximale kon halen uit wat ik nog had, zodat ik weer zelfverzekerd de straat op kon en me mooi zou voelen. En dat is precies wat ik kreeg.

Goed Verzorgd, Beter Gevoel is een organisatie die vrouwen wil helpen met de zichtbare bijwerkingen van een kankerbehandeling. Wijsneuzerige Mammacare-verpleegkundige (tja, wie had je dan gedacht?) had me wat informatie over die club gegeven en ik had mijn tranen weggeslikt en me opgegeven voor een van hun workshops. Ik werd bij de deur welkom geheten door een vertegenwoordiger van die liefdadigheidsorganisatie (en ik zag haar echt even denken: maar je bent nog zo jong) en werd vervolgens een vergaderzaaltje in geleid waar zes andere vrouwen zaten die me allemaal met eenzelfde blik aankeken. Aangezien ik veruit de jongste was, was dat ook niet echt verrassend. (Ik voelde me zelfs bijna een beetje een bedriegster, zoals Marla Singer in *Fight Club*: net doen alsof je een kankerpatiënte bent voor wat gratis makeuptips. Gelukkig namen mijn pruik en een perfect getimede opvlieger die twijfel echter meteen weg.)

We gingen om de tafel zitten en kregen een behoorlijk grote tas vol make-upspulletjes en allerlei lekkers voor je huid – allemaal gedoneerd door de schoonheidsindustrie – met verschillende producten die bij onze huidskleur pasten. Daarna kregen we alle trucjes te horen waarmee we onbekenden in de waan konden laten dat we volkomen gezonde, normale vrouwen waren. Hoe je je huid, die op z'n allergevoeligst is, kunt verzorgen, wenkbrauwen kunt tekenen als die van jou met de noorderzon zijn vertrokken, je huidskleur egaal proberen te krijgen door alle rode vlekjes te camoufleren, je ogen benadrukken terwijl je geen wimpers hebt om op terug te vallen, je wallen verdoezelen... alle schijnbaar oppervlakkige dingen die vrouwen met kanker eigenlijk willen weten maar vaak niet durven te vragen, omdat je je immers op 'de veel ernstiger kwesties' dient te richten. Ja, onder die plamuur en die pruik zat nog steeds hetzelfde verlegen, onzekere meisje dat huilde als ze haar eigen lichaam in de spiegel zag. Nu ik echter wist dat het mogelijk was om met wat make-up wonderen te verrichten en om ervoor te zorgen dat ik me, al was het maar even, weer geweldig voelde, was dat het gewicht aan goudkleurige oogschaduw meer dan waard.

17

De verlossing is nabij

Oktober 2008

Dit is me toch raar. Mijn benen doen het niet zo goed meer, de signalen van mijn hersenen bereiken mijn lichaamsdelen veel trager dan normaal, mijn hart gaat tekeer, mijn botten doen pijn, mijn buik is niet te vertrouwen, ik slik het dubbele van de gebruikelijke dosis steroïden die me doen opzwellen (o jee, het ziet ernaar uit dat George Dawes dus toch een toespraakje gaat houden op Jamies bruiloft) en ik heb een rare smaak in mijn mond, waardoor het net lijkt alsof ik op een muntje sabbel. Toch kan ik me niet herinneren wanneer ik voor het laatst zo blij was.

En nu even tromgeroffel, graag: tatatadaa! Ik heb niet overgegeven! Ik voel me nog steeds hondsberoerd, maar dankzij een ander soort chemo is het tenminste wel een ander soort hondsberoerdheid. Blijkbaar doet verandering van spijs inderdaad eten. Zodra Chemo 4 via het infuus mijn aderen in drupte, voelde het al totaal anders. Ik werd sneller misselijk, maar in plaats dat het binnen een uur nadat ik op de bank lag alleen maar erger werd, nam het juist af en zakte het misselijke gevoel van mijn mond naar mijn maag. En daar mag het wat mij betreft nu wel even blijven. Er werd me zelfs een cracker-met-kaas-moment gegund. Ook de hallucinaties bleven zó lang weg dat ik zelfs een aflevering van *The Goonies* en *Sex and the City* kon kijken. 's Nachts had ik echter wel weer last van een raar waanbeeld, toen het voelde alsof mijn tanden en tong ineens te groot geworden waren voor mijn mond, maar dat was wel de enige keer en ditmaal ging het niet gepaard met dat kutstemmetje in mijn hoofd. (Ik hoorde altijd een oudere versie van mijn eigen stem, die me hoogst irritant door het dieptepunt probeerde heen te praten en me niet-onderbouwd advies gaf over wat ik moest doen, zoals een gênant aanwezige ouder aan de zijlijn bij een voetbalwedstrijd.)

De hele chemoprocedure van gisteren was zelfs beter dan ooit tevoren. Ik zou bijna 'leuk' durven zeggen. Toegegeven, Chemo Vrijdag begon zoals die meestal begint (en ditmaal trakteerde ik mijn schoonouders huilend en wel op een tirade), terwijl P. aan mijn gebruikelijke scheldkanonnade annex copingstrategie wist te ontsnappen doordat ik ditmaal mijn woede op de wc-rol afreageerde. Die ontstellende kutrol deed namelijk datgene wat bij een nieuwe rol wel vaker gebeurt, dat de laagjes van elkaar loslaten en je alleen wat flarden eraf kunt trekken. Verdomme! Geef mij maar keurig geperforeerd wc-papier. En dat maakte ik dus ook kenbaar door de rol door de badkamer te smijten, alleen belandde die in een plasje water vlak voor de douche. Daar werd ik dus nog laaiender van, want toen moest ik dus met mijn knieën tegen elkaar geperst naar de andere kant van de badkamer schuifel-hupsen om hem te gaan halen.

Maar zodra we het huis uit waren, ging alles prima. De rit naar het ziekenhuis verliep soepeler dan normaal doordat we met onze eigen auto waren in plaats van ons over te leveren aan de dubieuze rijstijl van 's werelds gevaarlijkste taxibedrijf. Dankzij het feit dat ik een vaste klant was, kregen we even later ook nog een Gouden Toegangskaart in de vorm van een gratis parkeerpas (zie je wel, kanker heeft ook zijn voordelen). Ik had tevens besloten me nu eens wel chic aan te kleden, om meteen maar mijn nieuwe levensstrategie in praktijk te brengen door het beste niet tot het laatst te bewaren, en ik had me goed voorbereid door seizoen twee van *Gavin & Stacey* op mijn iPod te zetten.

Op de dagbehandeling was het ook best gezellig. De allercoolste verpleegkundigen hadden dienst, onder wie mijn favoriete die net zo vaak vloekt als ik. Er hing heel erg zo'n vrijdagsfeertje: het was rustiger dan gebruikelijk en dat betekende dus dat de verpleegkundigen meer tijd hadden om te kletsen, dat er lekkere snoepjes op de balie stonden, dat er geflirt werd toen de mannelijke artsen hun ronde kwamen doen en dat er een vleugje roddel in de lucht hing. Hoewel ik nu misselijk ben, me oud voel, wat wankel op mijn benen sta en alleen maar superlangzaam kan typen, ben ik toch aardig opgewonden. Nee, opgewonden is niet het juiste woord, 'bevrijd' klinkt veel beter. Ik weet dat ik misschien voor mijn beurt praat (mijn favo verpleegkundige heeft me gewaarschuwd dat 'het kutdeel' van deze chemo zich soms pas tussen dag drie en dag negen aandient), maar zelfs de mogelijkheid dat ik misschien nooit meer een kotsvrijdag hoef mee te maken (althans niet als gevolg van de chemo) is het beste nieuws dat ik in tijden heb gehad. Wetende dat ik alle drie de kuren van die eerste f-u-c-k-i-n-g a-f-s-c-h-u-w-e-l-ij-k-e chemo achter de rug heb, komt denk ik op dit moment het dichtst bij het ongetwijfeld geweldige gevoel dat je hebt als je te horen krijgt dat je kankervrij bent. Voor het eerst sinds het begin van deze Klotezooi heb ik weer het gevoel dat ík de touwtjes in handen heb. Ik kan het hebben.

Ik heb het onder controle. Ik heb de achterstand ingelopen.
Zou het ergste achter de rug zijn?

Dom, dom kind. Ik was blijkbaar vergeten dat de Spelbreken-
de Kankergod die blog ook zou lezen. Binnen drie dagen nadat ik ervan uitging dat het gebrek aan misselijkheid bij Chemo 4 betekende dat het een duidelijke verbetering was ten
opzichte van de drie voorafgaande en huppakee, daar kwam
alweer een geheel nieuwe lijst van bijwerkingen om de hoek
kijken: hemeltergende pijn in mijn botten, hoofdpijn, oor-
pijn, evenwichtsklachten, spruw (als speciale toegift voor mij,
zowel vaginaal als oraal), een tintelend gevoel in je handen en
voeten en diezelfde inmiddels bekende depressiewaas.

Ik had er genoeg van. Alles zat me tot hier, van de gesteld-
heid van mijn tong tot de eekhoorntjes in de achtertuin, en
zelfs de beterschapswensen van anderen. Wat was ik dom dat
ik had gezegd dat de nasleep van Chemo 4 oneindig veel beter was dan de vorige: niet alleen die opmerking zelf, maar
ook de uitbundige reacties van vrienden en familie die dat
opleverde. Ze belden me en stuurden mailtjes om me te zeggen hoe blij ze waren dat de zaken aan de beterende hand waren – en dat allemaal net op tijd voor 'het kutdeel' waarvoor
de verpleegkundige me had gewaarschuwd. Ik had ze stuk
voor stuk wel de nek willen om draaien, maar ik had amper
nog de energie om dat te bedenken, laat staan om de daad bij
het woord te voegen.

Of het nu uit medeleven of intimidatie was, mensen vertelden me telkens weer dat ik juist omdat ik kanker had het
recht had om, als ik daar zin in had, eens lekker te kunnen
zeiken. Ik merkte dat ik gebruikmaakte van die welwillendheid en de klaagmeter bij elke gelegenheid liet doorslaan. Zo-

zeer dat ik mezelf al snel de keel uit kwam. Ik verveelde me zelfs stierlijk. Ik had het gehad met het gezeik, met de bijwerkingen, met steeds maar weer te moeten wachten... Ik had het echt helemaal gehad met die kanker. Het nieuwtje was er nu echt wel af.

Hoewel ik waarschijnlijk flink zou hebben uitgehaald naar iemand die daarvoor het lef zou hebben gehad, wilde ik eigenlijk stiekem dat iemand er tabak van zou hebben, me een schop onder mijn hol zou geven en zeggen: 'Sodeju, wil je nu alsjeblieft ophouden met dat gezeik?' Zo heeft mijn vriendin Leaks me eens heel netjes ge-cc'd bij een mailtje over een kroegafspraak, terwijl ze donders goed wist dat ik niet kon komen. 'Wie gaat er mee?' schreef ze, waarop ik het volgende antwoordde: 'Ik niet, ik ga mijn haar wassen.' Waarop zij, per omgaande, terugschreef: 'Je komt toch niet weer aan met dat oude kankersmoesje, hè?' En daar was ik me toch blij mee.

Het zat zo: ondanks het feit dat deze Klotezooi nu al maanden deel uitmaakte van mijn leven, kon ik nog altijd *niet geloven* dat ik kanker had. Je zou denken dat ik na mijn tiet en haren te zijn kwijtgeraakt de werkelijkheid verrekte goed onder ogen zag, maar nee dus. Het was gewoon zo'n verrotte belachelijk idee: ik had borstkanker. Ja, doei! Ik wilde eigenlijk in lachen uitbarsten, zo belachelijk klonk het. Ik verwachtte nog steeds half dat het een of andere groot *Truman Show*-achtig experiment van Channel 4 was dat ze in het geniep opnamen. Hoe vaak ik het woord 'kanker' ook daadwerkelijk in de mond nam, het bleef onwerkelijk. En het had verdorie wel heel wezenlijk moeten zijn, zeker omdat ik het de godganse tijd zei.

Ik vond het nóg best schokkend wanneer ik anderen 'kanker' hoorde zeggen als ze het over mij hadden. Kort nadat 'het kutdeel' begon, toen ik een van die buien had waarin ik me zwak, zielig en ongelukkig voelde en hunkerde naar wat medelijden, trok P. een deken over me heen toen ik op de bank lag. Ik keek hem vervolgens met zulke 'heb meelij-ogen' aan (zo erg dat zelfs ík het irritant vond) en jammerde: 'P., ik voel me echt niet lekkéééér...'

'Ja, nogal logisch dat je je niet zo lekker voelt,' antwoordde hij met het geduld van een heilige op de brandstapel. 'Dat komt doordat je kanker hebt.'

En toen gaf ik hem bijna een klap. Waar heeft-ie het over? dacht ik bij mezelf, voor ik besefte dat het inderdaad zo was.

Niet dat iedereen het woord 'kanker' makkelijk in de mond nam. Zelfs de verpleegkundigen bij chemo probeerden het k-woord te vermijden en hadden het over 'het'. Soms lieten ze het woord expres zelfs gewoon helemaal weg uit een zin. ('Ja, elke dag is hier weer anders. Vandaag hebben alle vrouwen borst. Maandag is het eierstok. En op donderdag heeft iedereen prostaat.') Ik heb mijn moeder er zelfs een keer op betrapt dat ze het woord kanker halverwege een zin alleen maar met haar lippen vormde, zoals je soms net iets te nadrukkelijk articuleert alsof je door een ruit heen spreekt, wat sommige mensen ook doen als ze het woord 'lesbisch' of 'zwart' zeggen.

Het hardop kunnen zeggen zoals Harry Potter dat met Voldemort kon, betekende nog niet dat ik er ook beter mee kon omgaan. Dit had een vrolijke, spannende tijd moeten zijn – Jamie ging over een paar dagen trouwen – maar ik was niet alleen niet in staat om enthousiast uit te kijken naar de gelukkigste dag van zijn leven, wat ik normaal gesproken met volle overgave zou hebben gedaan, maar voelde me ook steeds schuldiger dat ik alle opwinding die bij de feestelijkheden hoorde door die ellendige kloteziekte van me nu verpestte voor mijn familie.

De chemokuur was om de grote dag heen gepland, zodat ik me net op tijd voor de huwelijksvoltrekking iets beter zou voelen en klaar was voor een feestje. Alleen was het doordat het Chemo 4 was en omdat ik toch al zo graag snel weer wilde opkrabbelen, nog een hele opgave om die fase ook echt te bereiken. Het had vooral met beweging te maken: doordat mijn botten zo'n pijn deden dat ik ervan overtuigd was dat een paar ervan wel gebroken moesten zijn, schuifelde ik als een bejaarde quasimodo door het huis. Over een paar dagen al zou ik mijn grote hoed, strapless jurk en hoge hakken van tien centimeter uit de kast moeten halen, en ik was ervan overtuigd dat ik er op de dag zelf eerder als een neanderthaler dan als een homo sapiens uit zou zien.

Jamies bruiloft was het enige dat me uit die depressie wist te krijgen. En dat was het ook echt, een depressie. Ik dacht eerst nog dat al mijn gezeik gewoon betekende dat ik mijn kans schoon zag om eens lekker te kankeren en dat het woedende geborrel onder de oppervlakte alleen maar even zijn kans greep, maar naarmate mijn uitstelgedrag steeds pijnlijker werd, kon ik er niet omheen dat er iets meer aan de hand was. Alleen was ik ook kwaad op mezelf dat ik dat moest toegeven. Ik vond het vréselijk dat te moeten zeggen. Ik had een hekel aan het woord 'depressie'. Net als aan 'stress'. Als ik mensen vertelde dat ik depressief was, vond ik mezelf zwakker dan ik wilde zijn. Het voelde alsof ik de handdoek in de ring gooide. Maar het was helaas wel waar.

In werkelijkheid is een depressie iets hardnekkigs in je hoofd (of in je ziel, of je lichaam, weet ik veel), dat haar gezicht alleen laat zien op het moment dat jij dat toelaat. Niet dat je je bewust voorneemt dat te doen. Nee, het is eerder alsof de depressie als het ware zelf aanvoelt wanneer je op je kwetsbaarst bent en de wilskracht ontbeert om die te onderdrukken. Zo word je dan halverwege *Deal or No Deal* verrast met een minizenuwinzinking. En dan is het onmogelijk om al die dingetjes te doen waarmee je je omgeving kunt laten zien dat alles oké is: zoals om een grapje lachen, knipogen naar je man, met je voet meetikken op een deuntje, genieten van een kop thee, je neuriënd aankleden. Je wordt met je neus keihard op de feiten gedrukt die je zo verwoed probeert te negeren: dat de behandeling niet werkt en je dus misschien wel doodgaat, en zou je de ochtend nog wel halen, zou je familie wel een fatsoenlijk liedje weten uit te zoeken voor de begrafenis, heb je nog wel tijd genoeg om naar al je favoriete cd's te luisteren die je al eeuwen niet meer hebt gehoord... Die zorgen worden steeds belachelijker en het zijn vooral de onbeduidende waarvan je het meest in paniek raakt.

Als de paniek dan op zijn hoogtepunt is, implodeert dat allemaal in je hoofd en blijf je achter met een zwaarmoedige, grijze nietsheid en een oncontroleerbare huilbui en dan vertel je je vader – degene tegen wie je je juist het liefst flink wil voordoen – dat je geen vechtlust meer hebt en je niet meer de energie hebt om door te gaan. Daarna voel je je alleen maar nog beroerder doordat je hem dat hebt gezegd en je hebt niet alleen droge, rauwe, pijnlijke ogen van al dat gejank, maar ook een buik vol schuldgevoel doordat je de mensen van wie je het meest houdt juist die dingen hebt verteld die je zo verrekte graag voor je had willen houden. Zo verander je langzaam van een meisje dat sterk lijkt en haar moedigste beentje voorzet, in een wegkwijnende, duistere, getroebleerde puinhoop met een donkere kant waar Anakin Skywalker nog een puntje aan kan zuigen.

Alles... al dat bloggen, al die nietszeggende dingen waar ik het over had, elke stompzinnige opmerking waarmee ik al die onderhuidse gevoelens probeerde te verhullen, elke keer dat ik op *Coronation Street* afstemde, elke glimlach die ik eruit perste, elk grapje dat ik maakte, en elke keer dat ik 'het gaat prima' antwoordde, alles – ALLES was een reusachtige poging om die duistere dingen niet naar boven te laten komen. Dát die er zaten, was onmiskenbaar. Kanker dwingt je in actie te komen. En die actie wordt al snel de werkelijkheid zelf, omdat je je zo verrekte vast hebt voorgenomen om de juiste signalen af te geven, om op een bepaalde manier over te komen en al die dingen die het allemaal zouden kunnen verpesten de kop in te drukken. Dit was de rol van mijn leven, mijn Hannibal Lecter, mijn Don Corleone, mijn Scarlett O'Hara. Het was doodvermoeiend, maar omwille van mijn lieve broertje zou ik me nog één keer moeten vermannen. En ik denk niet dat me dat voor iemand anders zou zijn gelukt.

18

Trek de stop er maar uit

O jee, het is nu echt alle hens aan dek. Aan elke gordijnrail hangt wel een jacquet, de logeerkamer puilt uit van de hoge hoeden, aan de vloerbedekking kun je zien dat er heel wat nieuwe zolen moeten worden ingelopen en mijn moeder en ik zien er na onze *spray tan* uit alsof we in een bad jus zijn gedoopt. O ja, en een zeker broertje van me zit nu naast me met een grijns zo groot als een banaan. (Zou dat morgen nog steeds het geval zijn, als hij eenmaal beseft wie al die verhalen aan zijn getuige heeft verteld?)

Ik ben ook een en al glimlach. Moet je nagaan, ik heb opeens weer een sociaal leven. Ik was al bijna vergeten hoe het is om onder de mensen te zijn, een beetje suf te lullen en onder het genot van een gin-tonic de wereldproblematiek te bespreken. Ik heb er een paar avonden geleden langer over gedaan dan ik zou willen om te proberen me alle details van mijn favoriete kroeg in Londen te herinneren. Zouden ze de haard al hebben aangestoken, zou de stortbak van de linker-wc al zijn gerepareerd, en zouden mijn kroegmaatjes door het koude weer al gedwongen zijn om zich van de bankjes buiten naar de gammele krukken aan de bar te verplaatsen? Dat zijn vast klassieke ontwenningsverschijnselen. Toch kan ik me niet onttrekken aan het gevoel dat ik buitengesloten ben van allerlei geweldige sociale activiteiten, met bergen roddel en gezellige momenten, en dat ik die nooit meer kan inhalen.

Diezelfde drinkebroers hadden op een vrijdagvond dus in die kroeg afgesproken en mijn god, wat had ik daar de pest over in. Mijn vriendin Lil had dat al snel door en werkte haar Facebook-status dus zo gauw ze thuis was bij: 'Lil heeft het geweldig leuk gehad in de pub, maar miste Mac heel erg.' Hoezeer ik haar poging om me op te peppen ook waardeerde, ik had me toen al de hele avond op de bank tot vervelens toe zitten opvreten. Ik wist donders goed hoe belachelijk het was om zo op mezelf te vitten en probeerde me in plaats daarvan te troosten dat mijn vrienden zonder mij helemaal niet aan het lachen, gieren brullen waren, maar juist de koppen bij elkaar hadden gestoken en bedacht hoe ze T-shirts voor het goede doel zouden kunnen verkopen met daarop de tekst 'Red Mac' en een boom hadden opgezet over welke bands er op Mac Aid zouden optreden.

Maar shit hé, natuurlijk waren ze dat helemaal niet aan het doen. Ze waren hoofdpijnwijn aan het drinken, deelnemers van X-*Factor* aan het afzeiken omdat die zo overduidelijk nep-huilden (ik denk dat ik qua huilen volgend jaar inmiddels met gemak de finale zou kunnen halen) en dat stelletje zorgeloze etters joeg er ondertussen vast een giga hoeveelheid chips doorheen. Niet dat ik vind dat de wereld moet ophouden met draaien alleen maar vanwege mijn borstkanker, maar het minste wat mensen kunnen doen is hun sociale leven even op een laag pitje zetten en wachten tot ik weer beter ben. Toch? Nadat ik me zo had zitten opvreten en in een net iets te sarcastische bui was, sloeg ik terug met mijn eigen Facebook-update: 'Lisa vindt jullie een stelletje klootzakken omdat jullie zonder haar naar de kroeg zijn ge-

gaan. Kunnen jullie niet wachten tot ze de kanker heeft verslagen, ongeduldig stelletje eikels dat jullie zijn?'

'Dat is echt ongelofelijk, Lisa' zei mijn schoonheidsspecialiste
terwijl ze een *spray tanning*-pistool op mijn borsten richtte.
'Ik zei toch dat je onder de indruk zou zijn,' zei mijn moeder. 'En ik heb jóú gezegd dat je je nergens zorgen om hoefde te maken.' En dat laatste was tegen mij gericht.
'Echt niet? Denk je?' vroeg ik, nog steeds niet zeker of er
een rookgordijn of een wolk St.-Tropez-zelfbruiningscrème
om me heen hing.
'Echt waar, lieverd. Met die baan van mij heb ik denk ik
minstens honderd borstamputaties gezien – en dit is de mooiste die ik ooit heb gesprayd.'
'Dát ga ik aan mijn chirurg vertellen,' zei ik door getuite
lippen terwijl ik de oranje rookwalm ondertussen niet probeerde in te ademen.
Die spray tan vlak voor de bruiloft had me dagen dwarsgezeten. Tot nu toe waren de enigen die mijn door kanker ver-
woeste tiet hadden gezien dokter Lachebek, Wijsneuzerige
Mammacare-verpleegkundige, P. en degenen die me hadden
geholpen met het verband verschonen, en ik was er nog niet
helemaal aan toe om hem aan iemand anders te tonen. Een
paar dagen geleden was ik echter in het ziekenhuis geweest
waar dokter Lachebek mijn tot dan toe lege tissue-expander-
implantaat had opgeblazen, en de zaken begonnen er op het
tietenfront eindelijk wat gunstiger uit te zien. Ik had nu namelijk tieten, met de nadruk op dat meervoud.
Ik was behoorlijk nerveus voor mijn afspraak met dokter
Lachebek omdat ik bang was dat hij zou zeggen dat de huid
nog te opgezwollen was om het implantaat te kunnen vullen.

Afgezien van al het andere zou de strapless jurk die ik van plan was naar Jamies bruiloft aan te trekken er dan aan één kant raar en hobbezakkerig uitzien, en de visioenen die ik had dat mijn prothese er op de dansvloer zou uitschieten, hielpen ook niet direct. Gelukkig gaf hij echter toestemming en haalde de fietspomp tevoorschijn (helaas zag die er eerder uit als een soort enorme injectienaald gekoppeld aan een infuus met zoutoplossing) zodat ik eindelijk, EINDELIJK, die volkomen afzichtelijke prothesebeha en mijn carnavalstiet van schuim (*biep biep*) kon weggooien. Oké, het was inderdaad niet mijn oude tiet, maar als ik kleren aanhad zag het er minstens zo goed uit. Hij was rond, symmetrisch en veerde zelfs een beetje mee, en afgezien van het feit dat ik qua tepel nog in de enkelvoudige fase zat, was het dus bijna perfect. En zelfs dat zou over een paar maanden worden rechtgezet tijdens een fascinerende ingreep waarbij ze de bestaande tepelhof in een tuutje zouden draaien en een tatoeage zouden aanbrengen zodat hij perfect zou passen bij zijn twee-eiige tweelingzusje. Ondertussen had ik echter een geweldig decolleté om van te genieten en na wekenlang last te hebben gehad van een ernstige bokkenpruikaanval, ging ik daar nu verdomme ook eens lekker van genieten.

Ik probeerde mijn angst weg te slikken over hoe Jamies bruiloftsgasten (van wie ik sommigen op mijn eigen bruiloft voor het laatst had gezien, de dag waarop ik er op mijn allermooist had uitgezien) zouden reageren als ze de door de kanker samengestelde Nieuwe Ik zouden zien, en besloot me te storten op de rest van de noodzakelijke schoonheidswerkzaamheden voorafgaand aan de bruiloft. Dat betekende dus een lekker lang bad, mijn teennagels lakken, mijn pruik kammen, een gezichtsmasker opbrengen, een laagje dure gezichtscrème... Waar ik alleen niet op had gerekend, was dat toen ik met een watje over mijn ogen streek, mijn wimpers er de brui aan zouden geven en er met de feilloze timing van een cabaretier na één keer knipperen allemaal uitvielen. Ik hield mijn watje voor mijn mond en lachte. Ja hoor, tuurlijk vielen die nu uit. Wachten tot de ochtend na de bruiloft? Nee, dat zou niet in de stijl van de Klotezooi zijn.

Gelukkig had ik nog zo'n vier, vijf achterblijvers op elk ooglid, waar we de volgende ochtend een paar noodnepwimpers bij wisten te plakken. Maar 'wimpergate' was natuurlijk niet mijn enige kankercalamiteit nog voor de bruiloft was begonnen. Een paar minuten voor de ceremonie gebaarde mijn moeder opeens naar mijn hoofd. 'Jezus Liz, je oren,' wist ze nog net uit te brengen. 'Je moet iets aan je oren doen! Ze steken dwars door je pruik heen!'

'Godverde...' Ik wist met het oog op de plek waar ik was mijn vloek nog net in te slikken. 'Ik kan 'm nu alleen moeilijk af zetten,' zei ik terwijl ik afkeurend met mijn tong klakte en me als een gekwetste bakvis jengelend tot mijn vader wendde. 'We zitten op de eerste rijjj, en er zijn allemaal méé-éééénsen!'

'Oké, kom maar mee dan,' zei mijn vader, die me met één hand onder mijn elleboog naar een deur aan de zijkant leidde en die zo snel als het zware eikenhout toeliet achter ons dichttrok.

'Yes! Een spiegel,' piepte ik, terwijl ik mijn hoed en pruik van mijn hoofd rukte en de kaalheid opnieuw zo goed mogelijk probeerde te maskeren, en ditmaal zonder flaporen. 'Zit ie zo goed?'

'Perfect,' zei mijn vader.

'Maar stel dat het tijdens mijn toespraak gebeurt?'

'Dat gaat niet tijdens je toespraak gebeuren. Maak je nou niet zo druk.'

'Maar als het wel gebeurt, wijs dan maar gewoon naar je oor of zo, oké?'

'Oké, oentje,' stemde hij in en ik zat nog maar net op mijn stoel of Leanne verscheen al vooraan het gangpad, helemaal stralend en schitterend, als een piepkleine ballerina in een muziekdoosje.

Ik maakte me voor de bruiloft over wel meer dingen zorgen dan alleen het fysieke aspect van hoe ik me zou voelen en eruit zou zien als de bruiloft eenmaal was begonnen. Ze trouwden namelijk op dezelfde plek als waar P. en ik ons boterbriefje hadden gehaald en ik was bang dat ik overstuur zou raken als ik daar weer zou zijn, net als dat wanneer we nu naar onze trouwfoto's keken, pas beseffen hoe weinig we over onze toekomst hadden geweten (goddank eigenlijk). Maar op de dag zelf heb ik aan geen van die dingen gedacht omdat de bruiloft echt geweldig was, een waarachtige hoogtijdag, van de bruiloftsmars tot aan de eerste dans. De dag was zo spectaculair dat ik zo nu en dan zelfs vergat dat ik kanker had – en dat is me verdomme toch wat.

Afgezien van mijn ontbrekende wimpers en wiebelpruik was het allerbelangrijkste dat alles voor het eerst in maanden niet om mij draaide. Ja, tuurlijk vroegen mensen wel hoe het met me ging, zeiden ze dat ze het fijn vonden me te zien en logen over hoe goed ik eruitzag, maar dit was niet mijn dag. Ik beperkte de kankerpraatjes dus bruusk tot een minimum en wijdde me in plaats daarvan aan mijn rol als zus van de bruidegom.

En wat een bruidegom! Pal voor mijn neus was mijn kleine broertje veranderd in een man. Een zelfverzekerde man, een indrukwekkende man, een charmante man, een ik-wou-dat-ik-zo'n-broer-had-man. En gelukkig ook het soort man dat met zijn zus over de dansvloer zwiert en niet beledigd is

zodra hij doorheeft van wie zijn getuige al die belastende fo-
tokopietjes heeft gekregen.

Te kunnen zien dat Jamie en Leanne in het huwelijksboot-
jes stapten, was de prijs waar ik me vanaf dag één op had gericht. Tot nu toe had elke stap van de Klotezooi er niet alleen
om gedraaid dat ik hier nu zou kunnen staan, maar dat ik er
ook een verdomd geweldige dag van kon maken. (Missie volbracht.) En zo voelde het in zekere zin dus als het slagen van
Fase Eén: nu Jamie en Leanne man en vrouw waren, betekende dat niet alleen een nieuw hoofdstuk voor hen, maar ook
voor mij.

Hoe emotioneel het allemaal ook was (zeker na een paar
gin-tonics), ik deed mijn best om mijn nepwimpers er niet af
te huilen, en tot Jamies toespraak slaagde ik daar ook won-
derwel in. Op een bruiloft zijn het altijd de toespraken die me
de das om doen, maar deze was natuurlijk helemaal bijzonder. En omdat Jamie nu eenmaal een ontstellende klootzak is,
haalde hij vanzelfsprekend alle emoties uit de kast en wist als
de beiaardier van St Paul's Cathedral alle hartensnaren te raken. Hij zei hoe dankbaar hij was voor zo'n fijne schoonfami-
lie, hoe schitterend de bruidsmeisjes eruitzagen en vertelde
hoe zijn eigen familieleden al heel snel grote fans van Leanne waren geworden, niet in het minst onze grootouders die,
zoals iedereen wist, graag getuige zouden zijn geweest van deze verbintenis. Hij vertelde zijn nieuwe vrouw dat hij al heel
vroeg in hun relatie had geweten dat hij gewoon met haar
móést trouwen en beloofde haar moeder dat hij altijd voor
haar kleine meid zou zorgen.

En toen richtte hij zich tot mijn verrassing tot mij. 'Zus, dank
je wel dat je bent wie je bent. De belangstelling die je voor onze bruiloft hebt getoond terwijl je zo veel andere dingen aan
je hoofd hebt, betekent voor ons allebei zo ontzettend veel.' Le-

anne knikte en toen ze me aankeek met van die gelukkige, prachtige, met tranen gevulde ogen, reageerden mijn traan-klieren daar onmiddellijk op. 'En we willen dat je weet,' ver-volgde hij, terwijl de dijken bij hem ook doorbraken, 'dat hoe gelukkig we vandaag ook zijn, we weten dat we nog gelukki-ger zullen zijn op de dag dat jij het sein veilig krijgt.'

Tja, dat was genoeg. Ik was verloren. Zodra ik mijn ogen van mijn ongelofelijk geweldige broertje kon lostrekken – wat, toegegeven, wel eventjes duurde – zag ik dat alle anderen in de zaal ook kapot waren. Uit elk handtasje werden zakdoekjes ge-haald, elk jacquet had natte mouwen. Toch denk ik niet dat het uit medeleven of verdriet over mijn situatie was. Voor mij althans was het puur een kwestie van trots zijn op Jamie, op de geweldige, onzelfzuchtige Jamie die op de gelukkigste dag van zijn leven weigerde zijn bruiloft te laten verpesten door die verrotte klotetiming van mijn kankernachtmerrie, maar op zo'n attente manier en vol mededogen het feit dat ik ziek was ook niet verzweeg. Niet dat die klotekanker zo'n speciale be-handeling verdiende. Zelfs zijn grote zus die midden in een chemokuur zat verdiende niet zo'n speciale behandeling. Niets wat ook maar een flintertje van iets negatiefs bevatte, had het recht om de aandacht op te eisen op hun bruiloft. Niemand zou zelfs ook maar met een valse wimper hebben geknipperd als hij het onderwerp had vermeden, en toch daar zaten we daar nu allemaal onze zorgvuldig opgebrachte make-up eraf te huilen en niemand die het ene moer kon schelen.

Jamie en ik staken trots onze borst vooruit en besloten stil-zwijgend dat het nu wel welletjes was. Terwijl ik met een zak-doekje mijn uitgelopen eyeliner en een plastic wimper weg-veegde, schudde ik mijn hoofd in zijn richting. 'Klootzak,' zei ik geluidloos als reactie op de middelvinger die mijn gewel-dige superbroertje tegen mij opstak.

19

Er is iets veranderd

Een hele week zonder te hebben geblogd. Dat spreekt boekdelen over wat de laatste chemokuur me heeft aangedaan. Alleen dat dat dus niet zo is. Nee, zelfs Shakespeare zou niet kunnen uitleggen hoe het is geweest, dus ik zal het je zelf maar op een veel minder welbespraakte manier vertellen. Het was fucking afschuwelijk.

Mijn hersens zijn zo aardig geweest om me het vermogen te ontnemen me te herinneren hoe afschuwelijk ik me precies de afgelopen paar dagen heb gevoeld, maar weet dat (en dan bedoel ik dus écht weten) het volkomen afschuwelijk was. Hoewel ik je misschien niet meer exact over elk pijntje en elke bijwerking kan vertellen, ik weet nog wel voldoende om je te kunnen zeggen dat ik denk dat ik dit niet nog een keer aankan.

Ja, ja, ik weet wat je nu denkt. Ik heb het bijna gehad... Het zit er bijna op... Nog maar één chemo te gaan. Alleen kun jij dat niet alleen makkelijk zeggen, maar het helpt bovendien ook geen zier. Dat herinnert me er alleen maar aan dat ik deze hel nog een keer moet doorstaan. 'Je hebt het bijna gehad' is inderdaad best een aardige opmerking, maar ook een heel erg foute. Ik weet dat ik nu ontzettend bitchy klink, vooral voor al die mensen die de afgelopen tijd juist dat tegen me hebben gezegd. (Ik weet dat ik het risico loop dat ik nu als een nog grotere zeikerd klink, maar als je zoals ik een dwangmatige neiging hebt om aardig gevonden te worden, is het redelijk moeilijk om te zeggen waar het op staat. Gisteravond heb ik toen ik niet kon slapen in gedachten allemaal brieven opgesteld aan mensen die ik aardig vind, maar bij wie dat, vermoed ik, niet wederzijds is. Ik stelde ze in gedachten de vraag waarom ze me eigenlijk liever ontweken. Zou iedereen die aan een levensbedreigende ziekte lijdt trouwens ten prooi vallen aan zulk sentimenteel gewetensonderzoek?)

Maar nu weer even verder met dat gezeik van me. Ik heb namelijk een soortgelijk probleem met alle berichtjes die ik heb ontvangen terwijl ik de afgelopen week uit de roulatie was. Het is maar goed dat ik tot gisteravond te beroerd was om de telefoon te beantwoorden, want in de staat waarin ik de afgelopen dagen verkeerde, denk ik niet dat iemand mijn sarcastische antwoorden op prijs zou hebben gesteld. ('Je bent de laatste tijd een beetje stil. Hoe gaat het?' 'Hoe het gaat? Nou, ik heb nog steeds kanker, ik verrek zo ontzettend van de pijn dat ik me amper kan bewegen, door de voortdurende opvliegers stik ik af en toe bijna, door de bulten op mijn tong kan ik amper nog slikken en hoewel ik negenentwintig ben, moet mijn moeder me naar de wc brengen, wat dankzij het feit dat ik aan de racekak ben ook nogal vaak het geval is. Dus ach ja, alles gaat best lekker, hoor.')

Ik vind het niet leuk om zo te reageren, ik vind het niet leuk dat P. en mijn ouders meemaken dat ik zo reageer en ik vind het niet leuk dat jij nu leest dat ik zo reageer. Ik wil zo veel mogelijk mensen zo goed mogelijk voor dit soort gedoe afschermen, net als ik me aan niemand behalve mijn directe familie vertoon tijdens die weken dat ik op mijn allerziekst ben. Nu ik eruitzie als een kruising tussen Voldemort en Silas, de albinomonnik, vrees ik dat dat een negatieve uitwerking kan hebben op het beeld dat mensen in de toekomst van me zullen hebben, ondanks het feit dat ik er na deze Klotezooi best in zal slagen om mezelf weer op te kalefateren. Mijn ouders hebben geen keus of ik ze wel of niet op die manier onder ogen kom, want tja, zij hebben mij nu eenmaal gemaakt, hè. En P. heeft ervoor getekend met die belofte van 'in goede en slechte tijden'. (Hoe dom kun je zijn?!) Maar verder vind ik eigenlijk niet dat er iemand in mijn buurt zou moeten hoeven zijn wanneer ik in deze staat verkeer. Niet alleen vanwege mijn bitchy houding, maar ook door mijn sarcasme, doordat ik niet alleen naar de wc kan en er belabberd uitzie. In tijden zoals de afgelopen week heb ik dus de neiging me te verstoppen en gezien mijn opmerking van daarnet over mijn reactie op onschuldige vragen als 'hoe gaat het?' en op van die bemoedigende opmerkingen als 'je hebt het bijna gehad', zou ik daar als ik jou was maar verrekte blij om zijn.

Ik had op heel wat kankerbijwerkingen gerekend, maar niet dat ik er ook een afschuwelijk mens door zou worden. Tegen de tijd dat ik Chemo 5 achter de rug had, was het meer dan alleen al de aanblik van mezelf waar ik niet meer tegen kon. Normaal gesproken zou ik mezelf denk ik een behoorlijk opgeruimd iemand noemen. Ik lach veel en vaak, ben beleefd, doe aardig tegen anderen en vermijd onenigheid koste wat kost. Maar net als de chemo de haarlokken uit mijn follikels heeft gerukt, heeft die blijkbaar hetzelfde effect op mijn opgewekte levenshouding. Mijn kussen was trouwens niet het enige dat de groeiende frustratie met deze Klotezooi aan den lijve moest ondervinden, want ook andere mensen kregen het zwaar te verduren.

Misschien had ik gewoon even geen kankerspitsvondighe-

den meer in de aanbieding en was ik wat gladde praatjes betreft aan het einde van mijn Latijn. Misschien had ik die wel
opgesoupeerd tijdens de bruiloft. Maar wat het ook was, ik
kon geen flintertje tolerantie meer opbrengen voor iets wat
ook maar in de verste verte riekte naar 'het komt wel goed'.
Misschien kwam het inderdaad allemaal wel goed, maar verdomme, het was nu verre van goed. Ik wilde niet horen dat
ik nog maar één chemokuur te gaan had. Ik wilde niet horen
hoeveel ik al achter de rug had, of hoe goed ik me erdoorheen
had geslagen. Het enige wat ik wilde, was de wereld laten weten hoe klote het allemaal was geweest en dat het verdomme
echt niet eerlijk was.

Daar kwam nog eens bij dat ik nu pas begon te beseffen dat
een heleboel mensen die ik kende niet echt een idee hadden
van wat het voor mij betekende om borstkanker te hebben.
Na een paar verwarrende sms'jes met de vraag of ik zin had
om dat weekend te gaan stappen, begon dat langzaam tot me
door te dringen, maar uiteindelijk bevestigde een gesprekje
met Lil mijn ergste vermoedens.

'Hoe was het op de presentatie?' vroeg ik haar naar aanleiding van een bedrijfsfeestje waar de drank natuurlijk rijkelijk
had gevloeid en waar ik zelf ook voor was uitgenodigd. 'Heb
je nog bekenden gezien?'

'Ja, een paar,' antwoordde ze. 'Voor een doordeweekse
avond was het eigenlijk best druk.'

'Ooo, vertel! Wie dan?' Ze somde een lijst op van allemaal
ex-collega's. 'Jeetje, die heb ik allemaal al in geen eeuwen gezien. Waar hebben jullie het over gehad?'

Lil kent me door en door en ze wist dus donders goed dat
ik eigenlijk bedoelde: 'Hebben jullie het over mij gehad?' Ze
vertrok dan ook geen spier toen ze antwoordde: 'Nou, dat is
eigenlijk wel een beetje raar,' begon ze. 'Iedereen vroeg natuur-

lijk naar je, maar ik stond er echt versteld van hoeveel mensen verbaasd waren toen ik ze vertelde dat je niet zou komen.'

'Wat?!' zei ik met opeengeklemde kaken.

'Ja, niet te geloven, hè?'

'Maar ik ben doodziek! Doodziek en kaal!' krijste ik, terwijl ik aan mijn pruik trok om mijn woorden kracht bij te zetten en onder de dekens heftig trappelde. 'Natuurlijk ga ik niet naar dat rotfeest, ik heb vorige week nog chemo gehad! Snappen ze dat dan niet?'

Ik ben achteraf pas gaan beseffen: nee, natuurlijk snapten mensen dat niet. Waarom zouden ze? Er zijn immers mensen die met deze Klotezooi toch een bijna normaal leven kunnen leiden, alleen dankzij de uitermate agressieve aard van mijn tumor ter grootte van een biscuitje ging dat voor mij dus niet op. Die tumor was ook nog eens bijna verder dan mijn lymfeklieren uitgezaaid en dus moest ik dé kankerbehandeling der kankerbehandelingen ondergaan om alle sporen ervan een gigantische oplawaai te verkopen. (Ik kan er trouwens nog steeds niet helemaal bij dat dat kaakje onder mijn linkertepel zijn verwoestingen zo lang heeft kunnen aanrichten. Als mijn bescheiden boezem dát kon verbergen, wat verbergt mijn lijf dan verdomme nog meer zonder dat ik dat weet? Wisselgeld? Een oude laars? Een heel vluchtelingengezin?) Tijdens dat verhitte gesprek met die collega werd ik dus gewoon pislink. Pislink dat ik niet naar dat feest had gekund en – nogal onredelijk – pislink dat niet iedereen begreep wat de week na een chemokuur precies inhoudt.

'Ach, bedenk maar gewoon dat ze op een andere planeet wonen of zo,' zei Lil, die me mijn woede gunde en natuurlijk op mijn hand was. 'Ik had nog willen zeggen: "Snap je dat dan echt niet?", maar die moeite heb ik mezelf maar bespaard. Ik bedoel, waar had ik dan in hemelsnaam moeten beginnen?'

Daar had ze gelijk in. Inderdaad, waar begin je dan? Ondanks mijn bereidheid om de hele rataplan van mijn kankerrelaas online uit de doeken te doen (wat natuurlijk niet direct verplichte leeskost is voor mensen die ooit zijdelings met me te maken hebben gehad), besprak ik die details, afgezien van mijn blog, uiteindelijk met verrassend weinig mensen. Ik denk dat het een combinatie was van niet willen dat ze zouden denken 'Lisa = kanker', en dat ik me afvroeg of ze die dingen eigenlijk überhaupt wel wilden horen. Je weet wel, net als mensen eigenlijk helemaal niet geïnteresseerd zijn in het antwoord op onschuldige, vluchtige vragen als: 'Hoe gaat het?' of: 'Hoe was je weekend?'

Het bleek dat P. met precies dezelfde kwesties worstelde met mensen in zijn omgeving. Op een maandagavond smeet hij na zijn werk zijn tas gefrustreerd op de bank en moest hij echt even zijn hart luchten. 'Ik heb er schoon genoeg van om maandag op mijn werk te komen en dan te moeten liegen over mijn weekend,' zei hij. 'Ik kan het echt niet meer opbrengen. Ik moet altijd maar zeggen "o, leuk hoor", omdat niemand zit te wachten op een antwoord als: "Nou, ik heb het hele weekend voor mijn vrouw moeten zorgen."' Het gros van P.'s weekenden (en doordeweeks trouwens ook) was sinds die Klotezooi deel was gaan uitmaken van ons heerlijke leventje, natuurlijk even kut geweest als de mijne. (Met als gedenkwaardige uitzondering Jamie en Leannes bruiloft, want daar kon ik denk ik nog wel honderd weekenden op teren.) P. loog evenmin uit gemeenheid tegen zijn collega's. Nee, eerder het tegendeel. Hij wist net als ik namelijk donders goed dat je mensen niet de waarheid moet vertellen over je weekend. Daar zit niemand op te wachten.

Onze agenda was vroeger altijd bomvol en het was dan ook behoorlijk deprimerend om zo lange tijd zo weinig leuks te hebben. P. en ik hadden altijd geleefd voor de etentjes met vrienden, avondjes in de kroeg met collega's en weekendjes eropuit met familie, en hoe goed we ons ook zonder hen konden vermaken, leverde dat met de extra last van deze hele Klotezooi niet direct gedenkwaardige maanden op. Toen ik op een vrijdagavond een mailtje kreeg met de vraag wanneer ik weer eens zou gaan stappen en ik antwoordde: 'Waarschijnlijk april', werd het me dan ook allemaal even te veel.

'Wat is er met mijn normale leven gebeurd?' jammerde ik tegen P. 'Het is een soort vage herinnering geworden. Ik weet niet eens meer hoe het voelt om gezond te zijn.'

'Ik weet het, lieverd.' Hij vlijde mijn kale hoofd tegen zijn borstkas. 'We hadden altijd van die te gekke weekenden, hè.'

'En nu moet jij straks naar je werk en dan weer liegen.'

'Dat valt nog te bezien,' antwoordde P. 'Het is tenslotte pas vrijdagavond.' Ik draaide mijn hoofd zodat ik hem kon aankijken. 'We zouden dit weekend op onze eigen manier kunnen doorbrengen,' opperde hij. 'Je weet wel, met de krant, tv en ontbijt op bed. Een heerlijk rustig, normaal weekend.'

'Afgesproken.' Ik schudde zijn hand om het te bezegelen. 'Misschien kunnen we dan ook even langs Tills en Si gaan.'

'Goed idee,' zei P.

'En dan op zondag een filmpje en wat van de afhaalchinees.'

'Klinkt goed,' stemde hij in.

'En ik ga een taart bakken.'

'Hoho, wacht even, schatje,' zei P., geschokt dat ik blijkbaar vrijwillig aanbood om voet in de keuken te zetten. 'Nu niet te hard van stapel lopen, hè?'

'Hé!' Ik gaf hem speels een tik op zijn arm. 'Ik ga dit weekend een taart bakken, en weet je? Die ga jij nog lekker vinden ook.'

Ik liep al een paar dagen rond met het idee om iets te bakken, vooral omdat ik stond te trappelen om iets nieuws onder handen te nemen om me af te leiden van het o zo voor de hand liggende. Mijn oma had altijd wel iets in de oven staan, net als mijn moeder, maar ik had me altijd gedrukt met 'waarom zou je zelf iets maken als je het ook bij de supermarkt kunt kopen?' en de specifiek voor Londen opgaande smoes dat ik altijd te laat thuis was. Nu had ik echter zeeën van tijd en dankzij de steroïden bovendien een gezonde eetlust, dus waarom zou ik dan geen taart bakken?

Dat ik een huishoudelijke kant bleek te hebben verraste iedereen, niet in het minst P. Vroeger vertelde ik mensen altijd maar wat graag dat de keuken P.'s domein was, maar de Nieuwe Ik mailde vrienden om een recept voor glazuur en stuurde haar man elke ochtend op pad met telkens een nieuw Tupperwarebakje (een Tupperwarebakje!) vol lekkers. Als je echter geconfronteerd wordt met een ingrijpende ziekte die je leven verandert, is een plotselinge verandering in je tijdsbesteding volgens mij niet eens zo gek. Een vriendin van mijn moeder heeft me eens verteld dat toen zij na haar chemo met tuinieren begon, terwijl ze zich daar haar hele leven zo ver mogelijk van had gehouden, iedereen volkomen onthutst was. Ze zei echter dat het voor haar toen heel natuurlijk aanvoelde, net als dat bakken nu dus voor mij.

Er was echter één ding waarvan ik nooit had gedacht dat dat natuurlijk zou aanvoelen, en dat was het besluit dat P. en ik later dat weekend namen. Ik weet zeker dat ik dat op enig ander moment wel op mijn buik had kunnen schrijven, maar toen hij die maandag weer naar zijn werk ging, pleegde ik een telefoontje dat een plan in actie zette voor iets wat zo totaal maar dan ook helemaal níét bij mij paste, dat ik zeker wist dat mijn vrienden daar nog geschokter van zouden zijn dan van mijn borstkanker. Ja ja, ik ging een kitten nemen.

20

De *Lonely Hearts Club*

Nou, een kitten heb ik dus nog niet, maar wel een grotere tiet. Een Cat Woman van de dierenbescherming (gelukkig zonder latexpakje) is bij ons thuis langsgekomen en gaf me toestemming om mijn asielkatje op te komen halen. Alleen heeft die dreumes een verkoudheid opgelopen en moet zij dus voorlopig bij de dierenarts blijven tot ze beter is en ik klaar ben met de chemo. (En ja, je hoeft me echt niet op de ironie te wijzen dat ik nu juist een ziek katje heb uitgekozen.)

Na het ziekenhuisbezoekje van vorige week om mijn implantaat voor het laatst bij te vullen, is het misschien niet eens zo dom dat ik nu geen kitten heb die op mij en mijn pijnlijke linkertiet wil klimmen. En als je dat gelooft, dan volg je mijn blog duidelijk nog niet lang genoeg. Het katje is net als het bakken en het bloggen eigenlijk bedoeld ter afleiding van het paniekerige, zorgelijke getob waardoor ik me razendsnel uit de voeten zou willen maken als ik alleen al dénk aan de volgende chemokuur. Nu het katje dus nog niet mee naar huis mocht, ben ik weer terug bij af, compleet met knagend angstgevoel en oncontroleerbare huilbuien. Dus die opmerking van 'dat is misschien niet eens zo dom' is natuurlijk volslagen lulkoek. Ik zou veel liever zitten janken vanwege een kitten die boven op mijn beurse tiet is gesprongen dan het vooruitzicht van nog een afschuwelijke chemo, en onder ogen te moeten zien welke schade ik daardoor nu al heb opgelopen, zowel lichamelijk als geestelijk.

Oké, maar nu ter zake. Die nepperd is eigenlijk eerder gevoelig dan pijnlijk en na alles wat die heeft moeten doorstaan is dat ook geen wonder. Om het krimpende effect dat de bestraling op het implantaat heeft te compenseren, heeft dokter Lachebek 'm net iets voller gemaakt dan mijn rechtertiet. Niet dat iemand anders behalve ikzelf, P. en dokter Lachebek (de enige andere vent die zich met mijn tieten mag bemoeien) dat zou zien, maar toch voelt het alsof ze een bowlingbal onder de linkerkant van mijn blouse hebben gepropt.

Dit implantaat is echter geen lang leven beschoren en eerlijk gezegd ben ik daar ook blij om. Hoe geweldig het ook is om een prachtige ronde tiet te hebben en een decolleté waar je een moord voor zou doen, het zit verre van lekker. Je voelt de plastic rand van het implantaat onder je huid, en het ventiel dat eraan vastzit en dat dokter Lachebek gebruikt om hem op te blazen veroorzaakt niet alleen een soort drukkend gevoel, maar is vanwege de enge blauwe plek ook behoorlijk zichtbaar. Dat zal in april gelukkig allemaal verleden tijd zijn omdat ik dan weer onder het mes ga. Dan gaat dokter Lachebek niet alleen een nieuwe tepel maken, maar mijn plastic tiet ook vervangen door de gouden standaard onder de nepperds: een siliconenimplantaat.

Ik had gehoopt dat het allemaal wat eerder zou kunnen dan pas in april, maar blijkbaar onderschat ik de bijwerkingen van de bestraling en het feit dat het wel even zal duren voor ik daarvan ben hersteld. Dokter Lachebek heeft me dat de afgelopen drie, vier consulten aan mijn verstand proberen te peuteren, maar ik heb in mijn hoofd gewoon even geen ruimte om dat te kunnen verwerken. De laatste chemo is dus morgen en de bestraling begint al snel daarna en dus begon alles wat hij zei over hoe moe, misselijk en gemangeld ik me zou voelen langzaam maar zeker tot me door te dringen. En het zou zeker een paar weken duren voor ik daarvan hersteld was en weer 'operatieklaar' zou zijn.

Ik adoreer dokter Lachebek. Ik wil hem zo graag paaien dat ik mijn allerflinkste gezicht speciaal voor afspraken met hem opspaar. Ik verafgood hem alsof hij een popster is en ik hang bij alles wat hij zegt aan zijn lippen. Ik hou van hem. Nee, zo bedoel ik het niet. Het is geen verliefdheid. Ik gedraag me in zijn nabijheid eerder als een flapdrol dan als een flirt. Ik denk dat je me zelfs gewoon een gênante hielenlikker zou moeten noemen. Bovendien is die liefde niet alleen gericht op dokter Lachebek, maar ook op zijn sidekick: Wijsneuzerige Mammacare-verpleegkundige. Batman en Robin zouden jaloers zijn op die twee, want wat is dat duo toch geweldig. Meestal zijn medisch deskundigen wel op de hoogte van alle medische feiten van een kwaal, maar ontberen ze het emotionele begrip dat je nodig hebt bij de omgang met patiënten. Maar deze twee niet, hoor. Nee, zij weten nuchterheid en zorgzaamheid perfect op elkaar af te stemmen en ze weten altijd, echt altijd, de juiste toon aan te slaan.

Wat P. en ik vooral zo heerlijk aan hen vinden, is dat ze ons tweeën vanaf het begin al doorhadden. P. en ik zijn een team en dokter Lachebek en Wijsneuzerige Mammacare-verpleegkundige hadden dat meteen in de smiezen. Ze vragen altijd hoe het met óns gaat en als ze vragen hoe 'de afgelopen chemo ging' slaat dat op ons beiden. Als er iets moet

worden besloten, vragen ze ons dus ook allebei wat we ervan vinden. Hoe kun je nou niet verliefd worden op zulke
mensen?

Er is echter een belangrijker reden dat ik ze zo ophemel. Deze mensen hebben immers mijn leven gered. Elke keer dat
dokter Lachebek me de hand schudt, zou ik hem eigenlijk tegen me aan willen drukken en omhelzen. Na elk advies dat
hij me geeft, zou ik hem het liefst een welbespraakt antwoord geven, zodat hij weet hoe hoog ik hem acht. Ik wil
eten voor hem koken, taarten voor hem bakken, gedichten
voor hem schrijven, hem voordragen voor een onderscheiding, een beeld van hem laten maken en van de Londense
daken schreeuwen hoe verrekte geniaal die man is. Maar
zelfs ik weet dat je dat niet hoort te doen (nou ja, afgezien
van die taart misschien). Dus tot ik een betere manier heb
verzonnen om mijn dankbaarheid te uiten, blijf ik me maar
gewoon als een idioot gedragen, hem stroop om de mond
smeren en sullig zitten grijnzen tijdens elk consult. Misschien dat hij me dan zelfs Patiënt Lachebek zal gaan noemen. Ik hoop maar dat ik net zo dol op mijn katje ga worden als ik op mijn chirurg ben.

'Deze kan goed spinnen,' zei Busby, die het comateuze pluizi-
ge bolletje dat ik vasthad inruilde voor een beduidend actie-
vere lapjeskat die ze had opgepakt.

'Aha, oké. Ik hoor het, ja. Dat is dus spinnen?' vroeg ik, een
beetje van slag door het vibrerende beestje in mijn armen.

'Jezusmina, mens. Je weet echt niks van katten, hè?'

'Maar dat ga ik nu allemaal leren,' antwoordde ik. 'Want deze wordt het.'

'Goeie keus, moppie, goeie keus,' bevestigde Busby.

'En huppakee, toffeepootje,' zei ik tegen het piepkleine katje dat ik optilde zodat ik het in de ogen kon kijken. 'Heb je zin om met mij naar huis te gaan? Ik heb eerlijk gezegd geen flauw benul hoe dit allemaal moet, maar daar komen we samen wel uit, hè?'

Het beestje staarde niet-begrijpend terug, maar bleef wel lekker spinnen.

'Zal ik dat maar opvatten als een "ja"?'

'Ik kan nog steeds niet geloven dat je dit echt gaat doen,' zei Busby, die de andere katten bekeek die nog niet waren gered. 'Je bent niet meer de oude Mac!'

'Dat klopt als een bus,' beaamde ik. 'Ik had alleen nooit gedacht dat het zou betekenen dat ik een huisdier zou nemen. Ik ben net zo verbaasd als jij, hoor.'

Volgens mij kan ik je nu maar beter eerst wat achtergrondinformatie geven. Bij mijn vrienden heb ik altijd bekendgestaan als 'Mac Anti-Dier'. Als iemand me een foto van zijn kat, hond, konijn of wat dan ook liet zien, was ik gewoon fysiek niet in staat om 'ah' te zeggen en maakte in plaats daarvan meestal een grapje in de trant van 'leuk beest, maar ik zou hem liever tussen twee boterhammen zien'. Tegen iedereen die het wilde horen zei ik altijd dat ik GEEN DIERENLIEFHEBBER WAS. Ik en een huisdier was zo'n beetje even onwaarschijnlijk als ik die borstkanker kreeg. Maar waarom stond ik dan nu opeens in een asiel?

Eerlijk gezegd is dat Tills' schuld. En dat is, niet altijd terecht, het antwoord dat ik helaas meestal op dat soort vragen geef. ('Je bent dronken terwijl het twee uur 's middags is op een doordeweekse dag?' 'Hóéveel heeft die handtas gekost?' Enzovoort, enzovoort.) Maar ditmaal klopt het wel een beetje. Een tijdje geleden gingen we namelijk met Polly en Martin bij Tills en Si eten en we werden daar begroet door een piepklein katje uit het asiel dat ze net hadden geadopteerd. En dat ellendige beest wist me om zijn pootje te winden. Het was het eerste dier ooit dat op een positieve manier belangstelling voor me toonde (wat overigens wederzijds was) en het zette me aan het denken over hoe fijn het zou zijn om wat gezelschap te hebben aangezien ik nu zo vaak alleen thuiszat. (En daarna natuurlijk ook, want een kat is niet alleen bedoeld om de kerstdagen door te komen, hè. Of kanker.)

'Tuurlijk moet je er eentje nemen,' zei Tills toen haar perfecte minikatje zich in mijn handpalm opkrulde. 'Moet je zien hoe dol Clarry op je is.' Ze gaf P. een por zodat hij haar zou bijvallen.

'Ik moet eerlijk zeggen dat ik niet had gedacht jou ooit nog met een kat in je armen te zien,' zei hij. 'Ik wou dat je oma je nu kon zien.' (Mijn oma stond bekend om de antikatapparatuur in haar tuin, zoals prikkeldraad op het hek, druppels menthololie op het tuinpad en oude melkflessen vol water die klaarstonden om eventuele overtreders in een nanoseconde nat te kunnen plenzen. Mijn vader heeft na haar dood bij het opruimen zichzelf bijna op een houten staak gespietst waar mijn oma spijkers in had geslagen, een duchtig wapen dat ze ongetwijfeld in de schuur van mijn opa in elkaar had gezet terwijl ze wachtte tot de taart in de oven gaar was.)

Ik keek P. smekend aan terwijl ik een paar keer snel met mijn ogen knipperde. 'Wat vind je?'

'Ja! Doen! Doen! Doen!' kraaide Tills. 'Dan kunnen onze katten vriendjes worden!'

'Meen je dit echt serieus?' vroeg Si.

'Kweenie. Volgens mij wel.'

'Haha! Polly! Kom 's! Mac gaat een kat nemen!' krijste Tills.

'Wat?' vroeg Polly, die stomverbaasd uit de keuken kwam snellen. 'Hoezo?!'

'Nou, weet je, ik begin gewoon een beetje eenzaam te worden nu ik de hele dag zo alleen thuiszit,' zei ik verontschuldi-
gend. 'En het is toch gezelschap, hè.'

'Gelijk heb je,' stemde ze in. 'Ze zijn gewéldig gezelschap.
En rustgevend.'

'En de timing is helemaal perfect,' voegde Tills eraan toe,
die nog steeds door het dolle heen was. 'Tegen de tijd dat hij
of zij naar buiten kan, kun jij dat namelijk ook weer.'

'Leuk, leuk, en dan kan ik langskomen en een kattenluik
voor je maken,' zei Si, altijd blij als er iets te doe-het-zelven
viel.

'Shit hé, gaan we dit echt doen?' vroeg P. 'Ik bedoel, ik vind
het prima, hoor, maar ik kan gewoon niet geloven dat je dit
echt wilt.'

'Ik ook niet,' mompelde ik hoofdschuddend. 'Wat bezielt
me in godsnaam?'

'Kan jou het schelen?!' zei Martin. 'Hoe ga je hem noemen?'

'Oei, daar vraag je me wat.'

Later die avond, nadat mijn vrienden dolenthousiast alle
voors en tegens van een poes op een rijtje hadden gezet, was
ik bijna een beetje teleurgesteld dat er nog niemand op me
zat te wachten toen we thuiskwamen. Toen we in bed lagen
maakte P. de fatale vergissing om te zeggen dat 'hij geen nee
zou zeggen' als ik in mijn eentje een kat wilde adopteren. En
dus was het ook een beetje zijn schuld. Maar het was natuurlijk vooral te wijten aan deze Klotezooi: dat eindeloze gedoe
van ziek thuis moeten zitten was zo eenzaam en saai geworden dat zelfs ik, de grootste dierenhater ter wereld, nu een
huisdier nam.

Mijn familie was net zo verbluft door mijn besluit als mijn
vrienden. Zij wisten immers dat het laatste dier waar ik voor
had gezorgd een goudvis was, Miss Ellie, en dat ik toen ik twee

was altijd met een houten lepel door haar kom roerde. Maar ondanks hun verbazing steunden ze me allemaal om één belangrijke reden: omdat die kitten me nu al, nog voor ik haar had kunnen ophalen, blij had gemaakt. Het plannen van haar komst was iets waar ik me gretig op stortte. Al na een paar dagen stond alles klaar: etensbakjes, een mandje, een kattenbak en een krabpaal (en die pasten ook nog eens perfect bij ons interieur – tjeezus, zó erg was ik nu ook weer niet veranderd) en de wekelijkse online bestelling bij de supermarkt was aangevuld met allerlei spullen die een weldra verwende poes goed zou kunnen gebruiken. Het was mijn aanvulling op het taarten bakken: een gloednieuwe tactiek om me af te leiden van de Klotezooi in een week waarin ik anders tegen de muren op zou zijn gevlogen uit angst voor de laatste chemokuur die eraan zat te komen.

'Je vindt het dus echt oké?' vroeg ik P., terwijl ik vrolijk genoeg blikjes Whiskas uitpakte om alle katten van heel zuidwestelijk Londen te kunnen voeden.

'Iets wat zo'n grote glimlach op jouw gezicht tovert, kan niet fout zijn,' zei hij.

De volgende paar dagen vlak voor de chemo was ik vooral bezig mijn besluit dat ik een katje wilde uit te leggen aan de rest van mijn vriendenkring. Voor hen was het feit dat ik een huisdier ging nemen zo'n ontzettende ommekeer dat ik bijna vreesde dat ze misschien wel dachten dat er over een paar maanden als het lente was een totaal ander iemand ons stamcafé in zou lopen. Ik zag het al helemaal voor me: ze zouden me vragen over popmuziek stellen om mijn identiteit vast te stellen en mijn handtas doorzoeken om te controleren of ik nog steeds een pen bij me droeg om elke interpunctie-, spelling- of grammaticafout die ik tegenkwam te kunnen corrigeren. Om ervoor te zorgen dat ik nog een beetje trouw bleef aan mijn oude zelf, koos ik bij het uitkiezen van een naam voor mijn kitten voorspelbaar genoeg dus ook voor een verwijzing naar de Beatles, zodat ze zouden weten dat ik afgezien van dat huisdier niet veranderd was. Bovendien is Sgt. Pepper toch een veel betere naam dan Apostrof?

21

Wat nu weer...

November 2008

Ik hou wel van een smoesje om een feestje te kunnen bouwen en hier komt de knaller: IK BEN KLAAR MET DE CHEMO. En ja, je mag nu best even applaudisseren.

De feestelijkheden duurden echter niet veel langer dan vrijdagavond, toen P. en ik de laatste millimeters cytostatica in mijn infuus aftelden, emotioneel afscheid namen van de verpleegkundigen (na ze met eigengemaakte cupcakes te hebben gepaaid) en een laatste, welgemeende middelvinger naar de dagbehandeling opstaken. Op de parkeerplaats stonden we onszelf toe om vijf minuten lang wat vermoeide tranen te plengen (in tegenstelling tot bezorgde tranen, ontmoedigde tranen of bange tranen; zoals Eskimo's allerlei soorten sneeuw hebben, hebben kankerpatiënten verschillende soorten tranen) voordat we via een omweg naar huis reden. We gingen namelijk eerst nog Sgt. Pepper ophalen, wat een mooie punt achter mijn chemonachtmerrie zou zetten. (Had ik haar misschien toch naar een leesteken moeten vernoemen?)

Maar dat was het wel zo'n beetje qua feestelijkheden. Ik kan me niet aan het idee onttrekken dat er iets miste. Toegegeven, ik kan mijn armen sinds afgelopen vrijdag amper nog optillen en ik voel me uiteraard niet al te jofel (om het buitengewoon zacht uit te drukken) en polonaises door het huis doen is verre van gemakkelijk als je hondsberoerd bent en het aanvoelt alsof je bij een afrekening tussen twee bendes in je knieën bent geschoten. Zo zie ik er trouwens ook uit. Tijdens de chemo ben je net zo snel beurs als een perzik en dankzij de aanwezigheid van een katje dat o zo graag omhoog wil klimmen om me te knuffelen, lijkt het door alle blauwe plekken en krassen alsof ik de afgelopen week aan zelfmutilatie heb gedaan.

Tills, Busby, Weeza, de jongens en ik hebben op de vooravond van Chemo 6 in onze tuin vuurwerk afgestoken, wat ik een bijzonder passende ceremonie vond. Dat leek het althans, tot een buurvrouw die normaal gesproken geen boe of bah zegt (maar die er geen been in zag om de hele zomer in haar tuin iedereen te fêteren op verhalen over haar tepelkloven als gevolg van de borstvoeding) een vroegtijdig einde maakte aan onze festiviteiten door zich te beroepen op het smoesje 'de baby slaapt'. Was ik maar zo ad rem geweest om een grote bek op te zetten, want ik ben er vrij zeker van dat kanker iets meer gewicht in de schaal legt dan een baby.

Het was erg moeilijk om te weten hoe we het einde van de chemo het best konden inluiden. Door een boom te planten? Een plaquette te onthullen? Een feest te geven? In mijn blootje over Oxford Street te rennen? Ik had natuurlijk altijd die Louboutins nog, maar ik vreesde dat mijn enkels dat vanwege mijn pafferige postuur nu niet zouden aankunnen. Doordat de bestraling er ook aan zat te komen, vroeg ik me af of het sowieso wel slim was om het einde van een paar ontstellende klotemaanden te markeren als ik nog een heel andere strijd voor de boeg had. En dus besloten P. en ik toch maar niet het hek in de fik te steken met een voetzoeker of een draaizon, of een caravan te huren voor het Glastonbury-festival van volgend jaar, legden ons erbij neer dat er even geen feestje in zat en richtten al onze aandacht in plaats daarvan op ons nieuwe gezinslid.

Achteraf gezien was het misschien niet zo'n erg slimme actie om Sgt. Pepper direct na mijn laatste chemo op te halen. Zie je het voor je? Een doodsbange poes, een halflijpe kankerpatiënte en een echtgenoot die niet weet wie het dringendst moet worden verzorgd – neem maar van mij aan dat dat nogal een bizarre avond oplevert. Zodra we thuis waren sloten we Sgt. Pepper in de keuken op, omdat we ervan uitgingen dat ze beter aan haar nieuwe thuis zou wennen als ze dat kamer voor kamer kon verkennen in plaats van alles in één keer. Wij beperkten ons die paar uur ook tot de keuken en zaten op de vloer met open mond toe te kijken hoe het zwart met gouden pluisballetje van de ene plint naar de andere stuiterde.

'Hoe is het met Liz?' vroeg mijn moeder P. toen ze later die avond belde.

'Die zit op de keukenvloer.'

'O mijn god, is ze flauwgevallen? Moeten we komen?'

'O, nee, nee, nee. Ze zit met de kitten op de vloer. Het is vreselijk.'

'Eh... Zou ze niet beter in bed kunnen gaan liggen in plaats van op de keukenvloer te zitten?' vroeg mijn moeder voorzichtig.

'Nee, echt, het gaat prima met haar. Lopen is alleen wat moeilijk. Maar ze wil zeker weten dat Sgt. Pepper zich hier een beetje thuis voelt.'

'En hoe gaat dat?'

'Nou, zodra we binnenkwamen piste ze meteen tegen een plint aan en sindsdien is ze behoorlijk door het dolle.'

'Ahaaaa.'

'We hebben geen flauw benul wat we aan het doen zijn, Jane. Volgens mij hebben we een grote vergissing begaan.'

P. en ik vroegen ons af of je het adopteren van een katje kon vergelijken met van het ziekenhuis thuiskomen met een pasgeboren baby. De opwinding over haar komst sloeg namelijk al snel om in blinde paniek toen we allebei beseften dat we geen van beiden enig idee hadden wat we met onze nieuwe huisgenoot aan moesten. Met de kennis in ons achterhoofd dat 'het kutdeel' van Chemo 6 ergens de komende vierentwintig uur zou toeslaan, wilden we dolgraag dat Sgt. Pepper zich op haar gemak zou voelen voor het tegenovergestelde voor mij zou gaan gelden. Uiteindelijk sloegen we het advies om haar slechts in één kamer te houden in de wind en dat was maar goed ook, want zodra ze een blik opving van de woonkamer met het mandje vol zachte wolletjes dat we voor haar hadden klaargezet, kalmeerde ze op slag en werd ze één met de roze deken, als een marshmallow in de chocoladefondue. Dat was voor mij het teken dat ik nu ook naar bed kon om hetzelfde te doen.

Terwijl het laatste beetje gif langzaam een weg door mijn aderen vond, was dat in een notendop ook wel het enige hoeramoment dat me gegund was. Ik had eerder die dag bij het verlaten van het ziekenhuis eigenlijk verwacht dat ik een soort bevrijd Nicole Kidman-achtig moment zou ervaren. Dat ik mijn armen in de lucht zou steken en me uit zou strekken, eindelijk bevrijd van deze beproeving (hoewel chemo denk ik toch net een iets grotere marteling is dan getrouwd zijn met Tom Cruise). Aangezien me echter slechts een paar gelukzalige uurtjes restten voor mijn lichaam voor de allerlaatste keer in een zompig vergiet en mijn gedachten in prut veranderden, wilden P. en ik het niet te lang oprekken.

Eerlijk gezegd kwam het niet alleen door de nasleep van de chemo dat ik weinig enthousiasme kon opbrengen voor wat er nu zou komen. Tijdens mijn laatste afspraak met Assistente Glamourpoes vóór de chemo die dag, had ik me verlaagd tot de vraag of ze me naar een therapeut kon doorverwijzen, het zoveelste streepje door mijn lijst van 'Dingen die ik nooit zou doen'.

'Ik vind het vervelend dat ik dit moet vragen,' zei ik tegen haar. 'Maar ik denk dat het niet anders kan.'

'Vertel.' Ze sloeg haar handen ineen en draaide haar stoel iets naar me toe.

'Nou, je had het een tijdje geleden over een therapeut die hier aan het ziekenhuis verbonden is en nou dacht ik...'

'Geen probleem,' onderbrak ze me en bespaarde me daarmee de vernedering dat ik moest bekennen dat mijn mentale kracht zijn grenzen had. 'Ik zal je vandaag nog doorverwijzen. Dan nemen ze volgende week denk ik wel contact met je op.'

'Dank je wel. Het is niet dat ik depressief ben of zo. Ik denk alleen dat ik wel wat hulp kan gebruiken om dit allemaal op een rijtje te zetten.'

'Dat is volslagen normaal, Lisa,' drukte ze me op het hart. 'Je bent echt niet de enige patiënt die dat doet. Er is ook zo veel te verwerken.'

'Je meent het,' antwoordde ik.

'Echt, maak je nou maar geen zorgen. Je zult blij zijn dat je deze stap hebt gezet.'

En dus, geheel in lijn met de paniek die bij mij altijd vlak voor een chemo de kop opstak, veegde ik elke hoop dat ik het einde van mijn chemo straks zou kunnen vieren van tafel en stierf ik juist duizend doden bij de gedachte alleen al dat ik therapie zou gaan, zelfs nog voor ik überhaupt een afspraak had gemaakt.

'Waarom kan ik niet gewoon van dit moment genieten?' vroeg ik P. die avond. 'Ik dacht dat we vanavond aan de champagne zouden zitten, maar nee hoor, madame maakt zich alweer zorgen over de volgende beren op de weg.'

'Maar dat ligt ook wel een beetje in je aard, hè lieverd?' stelde P. terecht vast.

'Het lijkt wel alsof ik een masochist ben of zo. Alsof ik erop gebrand ben mijn eigen plezier te versjteren.'

'Wil je nou alsjeblieft 's een keertje niet zo streng zijn voor jezelf?' smeekte P. 'Ik bedoel, je weet zelf ook dat de komende dagen klote zullen zijn, maar daarna kan het toch alleen maar beter worden?'

'Hmff,' zuchtte ik.

'Hou nou 's op! Dat ís zo. In therapie gaan is juist een stap in de goede richting. Dat is iets goeds. Dat hoort bij het genezingsproces.'

'En jij hebt verdomme altijd de wijsheid in pacht, hè?' bleef ik doorzaniken, al hard op weg met mijn afdaling naar de zogenaamde bitchmodus die hoorde bij het je zo deprimerend belabberd voelen.

'Ja, dat klopt,' zei hij. 'Dus luister dan verdomme ook eens naar me.'

De dagen erna waren zoals verwacht godskolere gruwelijk. De opeenhoping van medicijnen in mijn lichaam garandeerde dat zelfs de geringste lichaamsbeweging een hel was, zodat ik tot de slaapkamer was veroordeeld en me meer dan ooit een kankerpatiënte voelde. Ondertussen keken P. en mijn ouders met meelevende blikken op me neer en moest mijn moeder me elke keer naar de wc begeleiden. Ik kon amper praten en had nul komma nul energie en klopte dus op het hoofdeinde van het bed als ik iets nodig had, waarna er meteen iemand binnenkwam.

'We hadden zo'n belletje voor je moeten kopen,' zei mijn moeder.

'Dan zouden jullie gek worden van het geklingel,' jammerde ik.

Mijn vader krulde zich naast me op voor onze inmiddels standaardprivévader-dochtergesprekjes en om me zo veel te knuffelen als ik aankon. Zo kletsten we de hele avond over ons gezin, voetbal en alles wat we ook maar konden bedenken dat niets maar dan ook helemaal niets te maken had met deze Klotezooi. 'Kunnen we dit blijven doen, ook als je niet meer ziek bent, oentje van me?' vroeg hij.

'Dat is je geraden. Zelfs als ik vijftig ben wil ik nog op je knie zitten,' beloofde ik hem.

Lichamelijk gezien was Chemo 6 ongetwijfeld erger dan Chemo 5. De zich opstapelende giftige vloeistoffen die zich een weg door mijn nutteloze ledematen zochten, maakten dat zelfs een eenvoudige beweging, zoals je in je bed omdraaien of een kop thee pakken, aanvoelde als een slopende test van je uithoudingsvermogen. Maar deze keer maakte de wetenschap dat ik dit over drie weken niet allemaal wéér zou hoeven te doorstaan het geestelijk gezien oneindig veel gemakkelijker. Dus ondanks het feit dat het voelde alsof mijn benen elk moment konden bezwijken en ik steeds meer op Fester van de Addams Family begon te lijken, was het opvallend genoeg echt een stuk minder erg. Zoals ik in een triomfantelijk sms'je aan mijn ouders en Jamie op weg van het ziekenhuis naar huis ook schreef: 'DE CHEMO IS VOORBIJ'.

22

Ik heb mijn hoofd laten nakijken

Nou, ik heb het gedaan, hoor. Ik heb de grens overschreden. Ik ben overgegaan naar de donkere kant. Ik ben nu een vrouw die in therapie zit. Ze noemen het in het ziekenhuis trouwens geen therapie, maar 'counseling'. Aangezien ik beide woorden maar zozo vind, ga ik het gewoon Hersentraining noemen. Zeg maar net als wat je op een Nintendo DS doet, alleen gaat het bij deze versie niet om rekenen, het tellen van lettergrepen of het tekenen van kangoeroes.

Het spreekt voor zich dat ik hier met bar weinig kennis over therapie aan ben begonnen. Het beetje dat ik weet, heb ik van Tony Soprano en ik weet nog zo net niet of hij wel zo'n goed voorbeeld is van hoe je je dient op te stellen. Zelfs na de sessie van afgelopen week weet ik nog niet helemaal zeker hoeveel ik nu precies van therapie af weet. Alleen denk ik inmiddels wel dat het er niet echt toe doet. Wat moet je nou helemaal weten, behalve of je het wel of niet fijn vindt, en of je denkt dat je er iets aan hebt? Wat dat betreft ben ik al verkocht. Hoewel ik moet bekennen dat toen ik daar in de wachtkamer zat, ik elk excuus zou hebben aangegrepen om de benen te nemen. Ik had namelijk een slechte pruikdag, ik was mijn zakdoekjes vergeten en vreesde dat mijn afgekloven nagels de verkeerde indruk zouden wekken. Ik heb mezelf uiteindelijk maar afgeleid door de posters in de wacht-kamer allemaal te lezen en net toen ik er bij eentje was waarin patiënten werden opgeroepen om als jury op te treden voor een gedichtenwedstrijd en ik verre van stiekem op het puntje van mijn stoel ging zitten om een foto te maken van de contactgegevens (dat wil zeggen, net toen ik een nieuw nerd-dieptepunt had bereikt), kwam mijn therapeut binnen. Laat ik hem maar gewoon meneer Halvezool noemen, aangezien het zijn taak is om die te diagnosticeren.

Meneer Halvezool negeerde mijn beleefde vraag over hoe zijn week was geweest, terwijl we door een gang die me vreemd genoeg bekend voorkwam naar zijn kantoor liepen. Dat déjà-vugevoel werd al snel opgehelderd toen ik uit een bezemkast een paar deuren verderop het inmiddels vertrouwde geluid van Radio Hopeloos hoorde. Ik keek stiekem even opzij toen we erlangs liepen en zag tot mijn verbazing dat de figuur binnen, omringd door dozen met grijze haarstukjes en die met een voet op de maat van Destiny's Child meetikte, niet Pruikenman bleek te zijn maar een al even verveeld kijkende Pruikenvrouw die duidelijk weinig plezier had in haar werk. Ik giechelde terwijl ik doorliep naar de Hersentrainingkamer, maar hield abrupt op toen ik besefte dat ik nu misschien een iets te jolige indruk maakte als ik aanspraak wilde kunnen maken op gratis therapie.

Voordat ik het wist was het echter vijftig minuten later en zat ik daar met een handvol verkreukelde zakdoekjes en rodere oogjes dan waarmee ik naar binnen was gegaan naar meneer Halvezool te luisteren die de aantekeningen voorlas die hij tijdens de ogenschijnlijk op lichtsnelheid verlopen sessie had gemaakt. Jeetje, als iemand me de kans biedt om over mezelf te praten, is daar schijnbaar weinig voor nodig. Die arme kerel kon er amper een woord tussen krijgen. Toen ik hem uiteindelijk dan toch de gelegenheid gaf om iets te zeggen, was elk woord van zijn kant voor mij voldoende bewijs dat ik er goed aan had gedaan om met deze Hersentraining te beginnen.

Net als alle andere mensen die ik in het ziekenhuis heb ontmoet, is meneer Halvezool helemaal geweldig. Ook hij verenigde die inmiddels heerlijk vertrouwde, superprofessionele mix van een en al begrip, met een vastberaden behulpzaamheid om niet om de hete brij heen te draaien. Hij is een verstandige, ernstige man, maar niet zo erg dat er geen lachje af kan. Hij zorgt dat je je meteen op je gemak voelt, velt geen oordeel en door zijn onpeilbare blik weet je nooit wat hij denkt. En hij draagt een ribbroek. Natuurlijk draagt hij ribbroeken. Ik zou denk ik teleurgesteld zijn geweest als hij geen ribbroek had gedragen.

We spraken tijdens mijn sessie over overlevingstactieken, zorgen, verwachtingen, vooruitzichten en angsten. Ik bleef maar praten en heb ook behoorlijk zitten snikken en me daar vervolgens voor verontschuldigd. Hij knikte, maakte aantekeningen in een oranje map en wist me te vertellen dat de beste manier om jezelf à la minute een beter gevoel te geven, is ervoor zorgen dat je echtgenoot een paar Louboutins voor je koopt. (Hij maakte me ook duidelijk dat humor een van mijn copingstrategieën is. Ik zou het eerder sarcasme noemen.) Die hele onzin over copingstrategie is trouwens wel grappig. Vooral doordat de term 'copingstrategie' klinkt als iets wat David Brent van *The Office* zou zeggen. Maar even afgezien van de semantiek denk ik dat ik via een omweg eigenlijk al wel wist dat ik een paar copingstrategieën achter de hand had. Alleen noemde ik het 'projecten'. (Ja, we zijn weer terug bij de bloggen/bakken/beest-vergelijking.)

Dat gesprek dwong mij natuurlijk in het hoekje van 'nu kan

ik hem maar beter ook meteen over de blog vertellen'. En dat deed ik dus. Ik vertelde hem hoe vaak ik al iets had gepost, over wat voor soort onderwerpen ik blog, wat schrijven voor mij betekent, hoe het mijn vrienden en familie heeft geholpen te begrijpen hoe het voor mij is om borstkanker te hebben en hoe het me heeft doen beseffen dat ik wil blijven schrijven, zelfs als deze Klotezooi straks allang achter me ligt. (Ik had het tegen hem trouwens niet over 'Klotezooi'. Dat soort schuttingtaal kan ik denk ik maar beter bewaren voor sessie drie of vier.) Meneer Halvezool vroeg me hoe mensen op de blog hadden gereageerd, of ik de berichten helemaal aan het begin weleens had herlezen (nee dus), en hoe ik me zou voelen als ik het zou lezen en net deed alsof ik het niet zelf had geschreven. Ik begon al half te vrezen dat hij om het internetadres zou vragen, maar (a) ik weet zeker dat dat in strijd zou zijn met een of ander counselorreglement, en (b) als je de hele dag de neuroses van anderen moet aanhoren, is het laatste waar je, lijkt me, zin in hebt als je thuiskomt zo'n zestigduizend woorden van hetzelfde te moeten lezen. Die kerel moet toch ook even tv kunnen kijken, wijn kunnen drinken en zijn broek strijken.

Zoals ik voor mijn therapiesessie al tegen P. had zitten zaniken, raakte ik steeds gefrustreerder dat ik telkens weer nieuwe beren op de weg zag en altijd probeerde te raden wanneer de volgende portie ellende zich zou aandienen. Ik kon niet, of stond mezelf althans niet toe, gewoon even achterover te leunen en te genieten van het verrukkelijke gevoel dat ik een kutchemokuur had doorstaan die ongelofelijk traumatisch en doodvermoeiend was geweest en die zowel mijn immuunsysteem als die tumor had vernietigd. Tjeezus, áls er al een moment was om daar met volle teugen van te genieten, dan was het nu. Maar nee hoor, ik veegde dat doodleuk allemaal van tafel om me vervolgens het hoofd te breken over weer een geheel andere kwestie. Zo dwong ik mijn man de nacht voor mijn eerste therapieafspraak om tot halfdrie wakker te blijven omdat ik het daarover wilde hebben.

Een van de voornaamste (dé voornaamste?) redenen dat ik naar een therapeut wilde, was dat ik me zorgen maakte over de overgang naar een leven zonder kankerbehandeling en een mogelijke remissie, met name een leven dat totaal anders was dan het leven dat ik achter me had gelaten toen ik de woorden 'tekenen die wijzen op borstkanker' had gehoord. Een van de belangrijkste zorgen had te maken met het feit dat vóór deze Klotezooi alles voor P. en mij draaide om het krijgen van een kind. Maar doordat oestrogeen een kankerverwekkend effect op mijn lichaam had, was alles er nu op gericht om juist niet zwanger te worden. Zoals ik eerder al heb gezegd, was het niet zo dat P. en ik nu voor het eerst gedwongen werden om na te denken over een leven zonder kinderen; dat is iets waar we denk ik langer bij hebben stilgestaan dan de meeste mensen. Maar nu we wisten dat die kwestie van geen kinderen krijgen niet langer hypothetisch was, wierp het een volgende horde op die we moésten zien te nemen, en ik besteedde eigenlijk meer tijd dan ik had gewild met tobben over wat ons nu te doen stond.

Ik weet dat het gezien de omstandigheden nogal suf was om daarover te piekeren, maar ik stoorde me aan het feit dat mijn zorgvuldig uitgestippelde Grote Levensplan opeens aan de kant was gezet. Met als gevolg dat ik toen kwaad werd op mezelf omdat ik me aan zoiets belachelijks ergerde, terwijl de hele vruchtbaarheidskwestie een veel grotere en dringender zorg had moeten zijn. Ik was doorgeschoten in mijn neiging om alles te willen plannen. Jezus, zelfs borstkanker krijgen had me niet geleerd dat je je levensloop onmogelijk kunt uitstippelen. Daarom had ik dus ook een therapeut nodig die me een schop onder mijn hol gaf.

Ik legde meneer Halvezool uit dat ik me geen zorgen maakte over de vraag of ik in de toekomst blij en tevreden zou zijn – zodra ik weer gezond was, wist ik dat ik zou beschikken over de juiste ingrediënten voor een heel gelukkig, voldaan leven. Het had eerder te maken met de vrees dat als P. en ik geen kinderen zouden hebben (en adoptieorganisaties stonden vast niet te trappelen om een kankerpatiënte in hun bestand op te nemen), ik niet precies wist wat we dan eigenlijk wel gingen doen. Waaruit bestond ons Grote Levensplan dan? En ik was niet de enige die zo dacht. In die marathondiscussie tot halfdrie 's nachts had P. me verteld dat hij met zo ongeveer hetzelfde worstelde (we zijn echt voor elkaar gemaakt).

'Maar het gaat niet alleen om ons, hè?' zei ik tegen P.

'Hoe bedoel je?' vroeg hij niet-begrijpend.

'Nou, jouw vader en moeder,' antwoordde ik. 'Míjn vader en moeder! Misschien is het voor hen nog wel spijtiger dan voor ons. Zij verwachtten vast dat ze kleinkinderen zouden krijgen.'

'O god ja, natuurlijk. En onze vrienden niet te vergeten. Die zijn er immers ook allemaal mee bezig.'

We bevonden ons op zo'n gelukkig moment van het leven dat de mensen om je heen continu verlovingen, bruiloften, zwangerschappen en doopplechtigheden aankondigden, en P. en ik waren erg bedreven in oprecht geïnteresseerd, enthousiast en verrukt zijn voor hen. (Wat zijn we toch aardig, hè. We zouden onszelf moeten verhuren aan anderen: 'P. en Liz: reacties op maat terwijl u wacht'.)

Nu kinderen dus niet aan de orde waren, wilden we alleen ook liever niet dat mensen zich zorgen zouden maken over hoe we zouden reageren op hun heuglijke nieuwtjes, of dat ze het gevoel kregen dat ze hun geluk een beetje moesten matigen omwille van ons. Toch zou elke zwangerschap wellicht een weemoedig venster bieden op wat had kunnen zijn. Ja, het zou misschien pijn doen en we zouden er achter gesloten deuren misschien ook wel een paar traantjes om wegpinken, maar we zijn niet het soort mensen dat andermans geluk verpest door onze eigen onfortuinlijke situatie. We wilden onszelf alleen wel voorbereiden, zodat we zodra het zich voordeed, op de juiste manier iemand de hand konden schudden, een schouderklopje konden geven, konden omhelzen en feliciteren. En zo besloten we voor onszelf een lijstje op te stellen van alle vrienden en familie van wie we verwachtten dat ze in de komende paar jaar met babynieuws zouden komen, en in welke volgorde. Dat klinkt misschien idioot, maar alleen al door dat te doen voelden we ons al wat beter. Als je zo'n grote schok als P. en ik hebt moeten verstouwen, is het denk ik een soort instinctieve reactie dat je liever maar wilt weten uit welke richting de volgende komt.

Ik zou je graag vertellen dat ons gepieker beperkt bleef tot die komende paar jaar. Ik denk alleen dat je me inmiddels wel een beetje kent, dus ik kan het vervolg van ons gesprek dan net zo goed maar meteen opbiechten.

'Ik maak me vooral zorgen om alle etentjes,' zei P., die onze noodvoorraad Maltesers inmiddels had aangesproken. 'Als al onze vrienden kinderen hebben en wij niet. Kunnen we dan nog wel meepraten?'

'Daar heb je gelijk in, ja. Over kinderopvang, schoolgeld en het allernieuwste speelgoed.'

'Ik wil gewoon niet dat we om die reden geen deel meer

uitmaken van hun leven, snap je? Want voor sommige mensen draait alles om hun kinderen – denk aan jouw en mijn ouders. Ik wil dus niet dat ons leven wordt bepaald door het feit dat we géén kinderen hebben.'

'En ik wil ook niet dat ze ons daarom gaan betuttelen. Ik heb er echt geen zin in dat mensen hun hoofd zo schuin houden en dan zeggen: "Ah. P. en Lisa. Wat een enig stel. Ze konden alleen geen kinderen krijgen. Zonde, hoor." Zoals bij dat vreselijke etentje in *Bridget Jones'a Diary*.

'Weet je waar ik echt pislink van word?' vervolgde P., met twee bolle wangen van de chocoladeballen. 'Dat sommige mensen weleens tegen me zeiden: "O, maar dat snap je pas als je zelf getrouwd bent." Dat soort onzin. Hoezo? Dus ik snap niet hoe het is om zo veel van iemand te houden dat die alles voor je betekent en dat je kapot zou zijn als diegene er niet meer was? Dat slaat verdomme echt nergens op.'

'Maar denk je dat iemand dat tegen ons zou zeggen? Over kinderen dan?'

'Hmf. Nou, dat weet ik nog zo net niet. Ik heb dat zinnetje al een paar keer eerder gehoord,' vervolgde P., die steeds opgefokter werd. 'En ik wil dat nooit, echt nooit meer horen!'

Simpel gezegd wilden we gewoon niet dat mensen medelijden met ons zouden hebben. Daar was ook geen enkele reden voor omdat ik, ondanks alles, maar weinig mensen ken die zo'n goede relatie hebben als wij tweetjes. En wel of geen kinderen, dat is toch ook mazzel hebben?

Ik haastte me om dat allemaal aan meneer Halvezool te vertellen.

'Je bent dus getrouwd?' vroeg hij.

'Ja, met P.,' antwoordde ik.

'En kun je al je angsten en problemen met hem bespreken?'

'Absoluut. Ja, natuurlijk. Hij is geweldig,' zei ik, wellicht iets te gretig.

'Dat is fijn,' concludeerde hij.

'Ja, dat is het inderdaad,' ging ik verder. 'Beter nog dan fijn. Dat is helemaal perfect. Ik wil graag dat je begrijpt hoe blij ik ben dat ik zo'n huwelijk heb.'

Net als dat ik er geen zin in had dat therapie me zou dwingen om mijn relatie met mijn ouders, mijn familie of mijn vrienden onder de loep te nemen, weigerde ik dat ook met mijn relatie met P. te doen. Dat was niet de reden dat ik hier zat, en dat kon ik dan ook maar beter meteen duidelijk maken.

'Kijk,' zei ik tegen meneer Halvezool, 'ik ben hier niet omdat ik verder niemand heb met wie ik kan praten. Ik heb zat mensen met wie ik kan praten. Echt. Afgezien van dit kankergedoe ben ik een ontzettende bofkont. Ik wil andere mensen hier alleen niet mee belasten.'

'En waarom wil je dat niet?' Hij bleef ondertussen aantekeningen maken in een schrift dat op zijn gekruiste benen rustte.

'Omdat ze al genoeg van mijn gezeik hebben moeten aanhoren.'

'Het is geen gezeik,' antwoordde hij kortaf.

'Nou ja, wat het ook is, ik wil niet dat ze dat hoeven aanhoren. Er zijn dingen die ik hier wil bespreken, waarvan ik niet wil dat ze daar ooit van weten. Ze hebben al genoeg verdriet te verwerken en het is nu welletjes. En daarbij wil ik me niet schuldig hoeven voelen als ik tegen hen van me af zou praten.'

We praatten verder over schuldgevoelens, waar ik toch al snel last van heb, over dat ik überhaupt kanker had gekregen, over dat iedereen alles uit zijn handen had laten vallen om voor mij te kunnen zorgen, over de ongelofelijk defaitistische dingen die ik tijdens de allerergste stuiptrekkingen van mijn ziekte had gezegd en over de teleurstellend nietszeggende anticlimax na de laatste chemo.

'Heb je iets gedaan om te vieren dat het voorbij was?' vroeg Halvezool.

'Nou, ja, dat katje,' zei ik schamper. 'Maar meer niet, nee. Ik vond het niet het juiste moment om het te vieren.'

'Hoezo niet?'

'Nou, dat is net als een feestje geven nadat je maanden gegijzeld bent geweest. Je bent euforisch dat je weer vrij bent, maar desalniettemin volkomen getraumatiseerd door wat je hebt meegemaakt.'

'Dat is een goede vergelijking,' zei hij, terwijl ik door zijn compliment op dezelfde hielenlikkende manier als bij dokter Lachebek begon te stralen.

'Bovendien,' voegde ik eraan toe, 'is het nog niet voorbij, hè?'

Of het nu wel of niet was afgelopen, voor mij bestond het einddoel niet uit de laatste chemo maar juist uit het laatste stukje reconstructieve chirurgie dat voor april gepland stond. Ik ging ervan uit dat ik me tegen die tijd eindelijk een beetje gezond en weer de oude zou voelen. Daarbij was deze hele kankerellende begonnen met het verwijderen van mijn linkertiet en de medaille bij de finish moest wat mij betreft dan ook bestaan uit de mogelijkheid dat ik die weer kon terugkrijgen. In feite was die operatie natuurlijk helemaal niet het laatste loodje. Nee, als je het over borstkanker stadium III hebt kun je eigenlijk helemaal niet spreken van 'laatste'. Het was verrekte frustrerend te beseffen dat er nooit een duidelijk omlijnd eindpunt zou komen om die periode van mijn leven af te sluiten. Vooral als je weet hoe dol ik ben op ergens een punt achter te kunnen zetten.

Als je de operatie even niet meerekent, is het begin zo anders dan het einde (en met 'einde' bedoel ik dan 'als een nacht-kaars uitgaan'.) Hoe ingrijpend, hartverscheurend, doodeng, schokkend, grimmig en rampzalig als het ook is wanneer je te horen krijgt dat je borstkanker hebt, dat gaat wel gepaard met bepaalde plichtplegingen. Zoals een doodernstige af-spraak in de spreekkamer van de oncoloog, met allemaal mensen die in de aanslag staan om je vragen te beantwoor-den, je een zakdoekje in de hand te drukken of je een kopje thee te geven. Je krijgt kaarten, bloemen, chocolaatjes, boe-ken, schoonheidsspulletjes, dvd's, tijdschriften, gedichten en knuffelbeesten (als kanker al voordelen heeft, dan is het dit toch zeker). Daarna volgt er een ogenschijnlijk oneindige stroom bezoekjes. Je wordt hét gespreksonderwerp op kan-toor, in de kroeg, in keukens, mailboxen en op Facebook-pa-gina's waar je opeens niet meer bij bent. Dat is echt heel raar, en misschien nog wel het verontrustendst. Toch het is onmis-kenbaar een definitief beginpunt, in de zin van 'de borstkan-ker is begonnen'.

Zou je dan niet ook zo'n moment moeten hebben voor 'de borstkanker is voorbij'? Een moment waarop je heel wat blij-ere telefoontjes kunt plegen, mensen mailtjes met 'ik heb weer tijd' kunt sturen en nog meer bloemen en kaartjes met geluk-wensen krijgt met de tekst 'je hebt de Klotezooi verslagen'. Maar volgens mij hadden we al vastgesteld dat kanker niet eer-lijk is, hè? Kanker is een bitch die alle aandacht opeist en elk feestje bederft. Het neemt de hele boel over. Het neemt je je haar af, je zelfvertrouwen, je sociale leven, je immuunsysteem, je figuur (verdomme, waarom kun je er niet op zijn minst van afvallen?), je energie, je smaakpapillen, je reukzin, je seksleven. En net als je denkt dat het alles heeft aangericht wat mogelij-kerwijs valt aan te richten, ontneemt het je ook nog de moge-lijkheid om te vieren dat er een einde aan is gekomen.

Als je eenmaal kanker hebt gehad, zal geen enkele medicus ooit nog het woord 'kankervrij' tegen je zeggen. Je vormt een te groot risico en ze zouden zich een hoop problemen op de hals kunnen halen als zou blijken dat de kanker stiekem zijn terugkeer aan het plannen is, wat vaak gebeurt. Daarom is het woord 'remissie' ook zo handig. Zo eindigen maar bar weinig kankerverhalen dan ook keurig en zorgeloos met een CT-scan, een onomstotelijke uitslag of een laatste operatie om de laatste eindjes aan elkaar te knopen – iets wat ik mezelf dus probeerde wijs te maken. Er stond me nog een heel leven vol pillen, afspraken, onderzoeken, scans en mammografieën te wachten, en hoewel het reuze geruststellend is dat het ziekenfonds je niet uitkotst zodra de broodnodige behandeling achter de rug is, lijkt het volgende ook nu weer op te gaan: 'Eens een kankerpatiënt, altijd een kankerpatiënt.'

Geef mij dus maar een duidelijk einde in plaats van een fade-out (vandaar ook mijn voorkeur voor 'Please Please Me' in plaats van 'Love Me Do'). Ik hou van afsluitingen, van een lekkere ouderwetse punt. Nee, losse eindjes zijn niks voor mij. Alleen moest ik helaas toegeven dat deze fade-out nóg iets was dat ik niet naar mijn hand kon zetten. Ik kon niet zelf een einde breien aan de Klotezooi, alleen maar omdat ík de behoefte voelde het af te sluiten. Sommige dingen zijn denk ik gewoon niet weggelegd voor een echte finale. (*Coronation Street* heeft ook nog nooit een laatste aflevering gehad en dat heeft me toch ook nooit dwarsgezeten?) Toch was ik vast van plan om het verloop van die rare paar maanden op de een of andere manier te markeren. Alleen zag het ernaar uit dat dat hoofdstuk met ... in plaats van een . zou eindigen.

23

To boldly go...

Gisteren is er iets raars gebeurd. Ofwel ik had een afspraak om de bestraling in te plannen, ofwel ik ben door buitenaardse wezens ontvoerd. Voor een eigenlijk best wel serieuze ziekenhuisafspraak vond ik dit een van de grappigste ooit. Het hield het midden tussen *Star Trek* en de allereerste aflevering van *South Park*, die waarin Cartman een anale sonde krijgt. Alleen heb ik geen satelliet in mijn reet gekregen, maar drie tatoeages op mijn borst die er nogal verdacht uitzien. Ik kan je vertellen dat dat fijner is dan een rectaal onderzoek, maar echt zeker weet ik dat niet eens, aangezien ik er nu uitzie als iemand die met een ballpoint een cijfertekening in haar eigen decolleté heeft aangebracht.

De rest van het consult verliep gelukkig beduidend geavanceerder. Je doet een hesje aan en gaat topless op een zwart, leren bed liggen (wat lang niet zo sm was als het klinkt), midden in een grote, futuristische ruimte die zo dienst zou kunnen doen als de opnamestudio voor de Starship Enterprise. Vervolgens kwamen de radiotherapeutisch laborantenversies van kapitein Kirk en Uhura vanachter hun mengpaneel tevoorschijn en begonnen allerlei knopjes op computers in te drukken. Die bewegen zich dan al zoemend om je lichaam heen, voor je in een onnatuurlijk aandoende positie wordt gelegd (wederom, niet kinky bedoeld), en dan moet je de eerste keer vervolgens 50 minuten lang zo blijven liggen en bij elke bestralingssessie daarna in totaal twintig minuten. Wie had kunnen bedenken dat jarenlange bezoekjes aan ordinaire disco's je op zo'n gebeurtenis kunnen voorbereiden? Ja ja, de komende zes weken zul jij mij op een ziekenhuisbed aantreffen waar ik een niet-bewegende versie van het YMCA-dansje zal uitvoeren. Nou ja, eerder het YM-dansje: de Y met mijn linkerarm, de M met de rechter. (Wat eigenlijk best fijn is, want die C en die A heb ik altijd al het lastigste onderdeel van het dansje gevonden.)

Daar lig je dan, zonder dat je hardop mag lachen over hoe belachelijk je erbij ligt, want de crew van de Enterprise waarschuwt je dat je echt niet mag bewegen. Als je bedenkt dat ze alles uiterst nauwkeurig hebben opgemeten en dat er geen ruimte is voor wat voor foutenmarge dan ook, omdat ze zeker willen weten dat ze precies het juiste gebied bestralen, is dat ook eigenlijk niet eens zo veel gevraagd. Het was een en al meetlatten, hoeken en trigonometrie wat de klok sloeg, met crewleden die erg ernstig keken en af en toe een nummer riepen terwijl ze in een ingewikkelde, technische taal met elkaar spraken (misschien wel Klingon?).

Begrijp me niet verkeerd hoor, het zijn schatten, maar de laboranten zijn wel volkomen anders dan de lui bij chemo. Doordat zowel chemo- als radio- op 'therapie' eindigt, zou je bijna in de waan verkeren dat die twee op de een of andere manier iets met elkaar te maken hebben, terwijl ze in de kankerstratosfeer juist recht tegenover elkaar liggen. Bij chemo kun je nog weleens een grapje maken met een van de verpleegkundigen terwijl die je infuus aanbrengt, maar radiotherapie lijkt er heel wat ernstiger aan toe te gaan. Het is eerder een exacte wetenschap en dus is ginnegappen met de medewerkers (terwijl jij op dat bed ligt, dat dan weer wel) alsof je tijdens het wereldkampioenschap snooker tegen de achterkant van Steve Davis' keu zou stoten vlak voor hij de laatste zwarte bal wil potten.

Hoe dan ook, na de lsd-trip van alle ziekenhuisafspraken is het groene licht dan eindelijk toch gegeven. De bestraling gaat maandag over een week echt beginnen en dat betekent dat ik afgezien van aanstaande vrijdag, tot die tijd dus helemaal niet naar het ziekenhuis hoef. Fijn, hè? Ik zou bijna bang worden dat ik last krijg van afkickverschijnselen en er puur uit gewoonte mijn gezicht toch even zal laten zien. En dan nog wat: later deze week krijg ik zelfs de gelegenheid om mijn mooiste kloffie af te stoffen want dan ga ik voor mijn werk naar een prijsuitreiking. Niet te geloven, hè? Een avondje uit! (Ligt het aan mij of ziet alles er opeens zonniger uit?) Goddank heb ik in mijn kast één jurk hangen die me nog past. Eentje met een indrukwekkend rondborstige halspartij. Ik hoop stiekem dat iemand me op de schouder zal tikken en me zal zeggen: 'Sorry hoor, maar volgens mij zit er een pennenstreep op je decolleté.'

Nu de chemo verleden tijd was en mijn gezondheid gestaag verbeterde vlak voor de aftrap van de bestraling, betekende dat dat ik een klein gaatje had waarin ik even kon genieten van een minipauze van de hele Klotezooi. Nadat ik vijf maanden gedwongen nuchter had moeten blijven en mezelf tot kankerkluizenaar had uitgeroepen, kwam een aantal avondjes dat al langer in de planning stond nu dus perfect uit. Het eerste uitje had betrekking op de uitreiking van een jaarlijkse vakprijs, waar mijn werkgever twee tafels had geregeld. Mijn baas Kath had wel door hoeveel er voor mij afhing van deze avond die voor anderen gewoon een standaardbedrijfs-uitje was en hield me dus een week lang via dagelijkse mailtjes op de hoogte van wat andere mensen op kantoor aan zouden trekken, en ze regelde ook nog eens dat ik thuis werd opgehaald.

'En hoe voelt dit nou?' vroeg ze me in de taxi op weg naar het feest.

Ik beet op mijn onderlip en fronste mijn wenkbrauwen. 'Ik ben zenuwachtig. Doodzenuwachtig.'

'Maak je nou maar niet druk. Je weet hoe aardig iedereen is en ze kijken er allemaal naar uit je weer eens te zien,' plaagde ze me.

'Dat weet ik,' antwoordde ik. 'Alleen die pruik. Ik weet dat een heleboel mensen die hebben gezien toen ik die ene keer op kantoor kwam, maar je weet hoe zoiets gaat. Iedereen kijkt zijn ogen uit, op zoek naar ex-collega's aan andere tafels. En al dat geloer over wie wat draagt, wie hoeveel is aangekomen en zo. Ik hoop maar gewoon dat ik geen bekenden zie.'

'Ik heb je naast Keith gezet,' stelde ze me gerust. 'En ik heb hem opgedragen om je onder zijn hoede te nemen en goed voor je te zorgen.'

'O! Dat is fijn!' Ik voelde me inderdaad meteen al beter, want Keith is de goedzak van kantoor en de ideale collega om tijdens dit soort gelegenheden naast te zitten.

'Maar let wel, hij denkt dat "voor je zorgen" waarschijnlijk betekent dat hij je stomdronken moet voeren.'

'Ha! Nou dat wordt dan een makkie voor hem. Hou jij dan ook maar een oogje in het zeil, zou ik zeggen,' zei ik.

Binnen liep ik enigszins angstvallig naar de hoek waar mijn collega's waren neergestreken, vervaarlijk wiebelend op mijn designerpumps, alsof ik vier was en voor het eerst de naaldhakken van mijn moeder aanhad. Keith kwam meteen op me af. 'Lynchy!' brulde hij terwijl hij zijn armen spreidde alsof The Fonz zojuist de kamer in was gekomen. 'Wat zie je er goed uit! Kom 's hier!' Hij omhelsde me zó stevig dat ik bijna bang was dat mijn pruik verstrikt zou raken in zijn horlogebandje. 'Hé Sarah, kijk 's wie er is!' Hij had zich al omgedraaid naar een al even opgewekte collega en trok haar erbij voor een groepsknuffel. 'Het is Lynchy! Nu is de kudde weer compleet!'

Ik was blij dat Keith zo enthousiast was en dat het leek over te slaan op alle anderen in de groep. Mensen gaven me schouderklopjes en jokten dat ik er prachtig uitzag. Iemand die op mijn blog over Sgt. Pepper had gelezen, gaf me een deurstop in de vorm van een kat. Ik had kunnen weten dat dit geweldige stel mensen ervoor zou zorgen dat ik me meteen op mijn gemak zou voelen en niemand had het over kanker, niemand wierp me een rare blik toe, niemand ontweek me... Het was echt gewoon een normaal avondje uit met kantoor, met het gebruikelijke geklets en het gebruikelijke gegeit.

'Zie je nou wel?' zei Sarah. 'Er is niets veranderd!'

'Goh, wat is dat heerlijk!' antwoordde ik.

Ik was een paar maanden daarvoor genomineerd voor een prijs (dat wil zeggen, toen ik nog haar had) en de organisatie had me verzocht een foto van mezelf op te sturen zodat ze die bij de aankondiging van alle genomineerden op een groot scherm konden vertonen. 'Ik weet dat ik dit anders nooit zou zeggen,' fluisterde ik tijdens de prijsuitreiking tegen Keith, 'maar ik wil vanavond echt niet winnen, hoor.'

'Vanwege je foto?' vroeg hij, waarmee hij meteen de spijker op de kop sloeg.

'Precies,' beaamde ik. 'Niemand zal geloven dat ik dat ben.'

'O, hou toch op, Lynchy.' Hij gaf me een por. 'Als je naam wordt voorgelezen ga ik lekker wel juichen, hoor.' En dat deed hij inderdaad: trots, luid en duidelijk, samen met alle anderen aan onze twee tafels, wat natuurlijk gevolgd werd door boegeroep toen bleek dat een andere genomineerde had gewonnen. Ik maakte een oef-gebaar naar de hele tafel en dat meende ik ook echt oprecht.

De week daarna trouwden Sally en Ivan, goede vrienden van ons, en speciaal voor die gelegenheid hees ik me in wat corrigerend ondergoed, deed een stel nepwimpers op en danste vervolgens een avond lang opgelaten met een zeer niet-opgelaten Busby en haar vriendje Guy. Ik was net met de Tamoxifen begonnen (wat ik de komende vijf jaar zou moeten blijven slikken), pillen die de oestrogeenproductie van mijn lichaam moesten zien te remmen. Ik had nu al last van opvliegers, zodat ik het grootste deel van de avond op weg was naar het toilet om mezelf wat koelte toe te wuiven met mijn pruik en mijn drukpunten onder koud water te houden. Busby en ik hadden van tevoren een codewoord afgesproken voor het geval mijn wimpers vanwege het zweet zouden loslaten, dus toen ze tegen het einde van de avond op de dansvloer wild met haar armen voor haar ogen begon te zwaaien begreep ik meteen dat ze niet Uma Thurman in *Pulp Fiction* nadeed, maar me duidelijk probeerde te maken dat mijn wimpers in een hitlersnorretje dreigden te veranderen.

De prijsuitreiking van mijn werk was al iets te veel van het goede geweest en aangezien ik een paar dagen nodig had om daarvan te herstellen, had ik aangeboden dat ik van en naar de bruiloft zou rijden. Dan liep ik niet het risico dat ik plotseling in slaap zou vallen door de bubbels en zo konden we onszelf ook nog eens een kostbare taxirit naar de binnenstad van Londen besparen. Op weg naar huis, na Busby en Guy te hebben afgezet, voelde ik me best wel lekker maar ook behoorlijk afgepeigerd (dat wil zeggen, het was dus absoluut een zogenoemd 'pruik af'-moment), toen P. zei dat hij even bij de

Kentucky Fried Chicken wilde stoppen. Ik parkeerde bij een doorgetrokken gele streep, waarbij ik ook nog eens een uitrit blokkeerde (stelletje asociale schoften dat we zijn), en P. liep naar binnen voor een kipsnack op de late avond.

Ik zette tijdens het wachten mijn pruik af want het was toch donker, dus dan mocht ik voor één keertje wel eens buitenshuis kaal zijn. Opeens dook er naast mijn portier een man op, die gebaarde dat ik een stukje achteruit moest omdat hij er anders niet door kon. Ik vergat wat ik had gedaan, opende het portier en leunde naar buiten om mijn excuses aan te bieden en om te zeggen dat ik meteen aan de kant zou gaan. Ik stond dan ook paf toen de man een stapje naar me toe deed om me wat beter te kunnen zien en vervolgens met een geamuseerde blik naar me wees en zei: 'Hé! Jij hebt geen haar.'

En tja, wat zeg je dan, hè? Hij had gelijk, ik had inderdaad geen haar. Nou ja, om even pedant uit de hoek te komen: ik had op dat moment wel een piepklein beetje pluis dat net zijn kopje boven de oppervlakte uitstak, maar ik denk niet dat je dat in het donker kon zien. Ik vermoed dat ik in zijn ogen waarschijnlijk op de vrouwelijke versie van een stervende Darth Vader leek, dus zonder masker, aan het eind van *The Empire Strikes Back*. Maar kaal of niet, daar hoefde hij me echt niet aan te herinneren – vooral niet na zo'n superavond.

'Een of andere vent lachte me net uit vanwege mijn kale kop,' zei ik tegen P. toen die even later weer in de auto stapte.

'Hè? Wie dan? Waar is-ie?' snibde P., terwijl hij de warme papieren zak op de achterbank smeet.

'Hij is al weg,' zei ik. 'Maar hij kwam echt naar me toe lopen om me van dichtbij te kunnen bekijken.' P. werd steeds roder en hij sperde zijn ogen open van woede.

'Ik wist alleen niets terug te zeggen,' zei ik verbouwereerd. Natuurlijk was ik van mijn stuk door dit rare voorval, maar niet door wat die tactloze tietjanberenlul had gezegd. Nee, ik had een schot voor open doel gemist om een vinnig antwoord te geven terwijl ik daar sinds mijn haaruitval al op had geoefend. Niet dat ik daar trots op ben, maar ik had me geestelijk al maanden voorbereid op zo'n uitgelezen kans om de kankerkaart uit te spelen. Wat ik daar bij die KFC had móéten doen, was hem met een ernstig gezicht aankijken met mijn allerbeste 'ik ben ziek'-blik, en dan wijs knikkend met enigszins opgetrokken wenkbrauwen tegen hem zeggen: 'Dat komt doordat ik kánker heb.' Met de nadruk dus op het woord 'kanker'. En laten we wel wezen, er is niets waar je mensen zozeer mee de stuipen op lijf kunt jagen als met het woord 'kanker'. Maar nee hoor, ik fronste slechts mijn wenkbrauwen, wierp een blik in het achteruitkijkspiegeltje (Waarom eigenlijk? Geen idee. Alsof ik moest checken of hij niet loog?!) en zei toen: 'Eh, ja.' Over een gemiste kans gesproken! Misschien had er zelfs wel een gratis portie kip van die klootzak in gezeten.

24

Vlucht naar het platteland

December 2008

Oké, seks. (Haha, ik dacht wel dat ik daarmee je aandacht zou weten te trekken.) En dan in het bijzonder, de kwestie van met of zonder pruik. O, kom op nou, natuurlijk heb je daarbij stilgestaan. Dat was zo'n beetje het enige waar ik überhaupt nog aan dacht toen het me duidelijk werd dat ik tot die pruik was veroordeeld. Maar laat je nu niet door mij in de luren leggen. Het is niet alsof P. en ik momenteel voortdurend van bil gaan. Door die kanker heb je namelijk weinig tijd, energie of zin in seks en alleen al de wetenschap dat die Klotezooi deel uitmaakt van je leven, is niet direct lustbevorderend. Alleen is die hele vraag van wel of geen pruik wel iets waar ik af en toe over na móést denken nu mijn eigen matje met de noorderzon is vertrokken. Toen ik laatst naar een aflevering van *The Sopranos* zat te kijken, schoot het me opeens weer te binnen.

Weet je nog wie Svetlana is, de kettingrokende Russische werkster met één been? En herinner je je die aflevering nog dat Tony haar op de bank neemt terwijl haar kunstbeen tegen de muur rust? Nou, dat riep bij mij dus de vraag op: Wat is erger? Seks hebben met een eenbenige vrouw zonder kunstbeen, of met eentje zonder pruik? Als je het wat ruimer bekijkt is geen been hebben natuurlijk veel erger dan haaruitval door een chemokuur, maar op de korte termijn durf ik toch wel de stelling aan dat de meeste mensen een pruikloze partner een grotere afknapper zouden vinden. Want laten we wel wezen, heb jij de laatste keer dat je neukte veel tijd besteed aan kijken naar de benen van je bedgenoot?

Gelukkig heeft P. alleen maar interesse voor de 'zonder pruik'-versie. En trouwens niet alleen in bed. Zodra we thuiskomen en de voordeur achter ons dichtvalt, haast hij zich om dat haarstukje van mijn hoofd te halen, ondanks het feit dat ik wat eronder zit niet direct sexy zou noemen. Dat verbaast me nog altijd. Niet dat ik verbaasd ben dat ik getrouwd ben met zo'n geweldige man dat hij zijn vrouw liever 'au naturel' wil, maar verbaasd dat iemand de voorkeur kan geven aan een versie van mij zoals de kanker die heeft bedoeld. Sinds de chemo is afgelopen heb ik mezelf ervan proberen te overtuigen dat het ergste nu achter de rug is. Hoezeer ik het hier ook heb gebagatelliseerd, een van de ergste dingen aan deze Klotezooi was – en is nog steeds – dat andere mensen zien wat er met mijn uiterlijk is gebeurd.

Had ik maar Kylies voorbeeld kunnen volgen en de rest van mijn behandeling in Frankrijk kunnen afmaken. Ja oké, ze had met al die paparazzi iets meer reden om vrijwillig voor het kluizenaarschap te kiezen, maar dat wil niet zeggen dat ik niet net zo'n grote behoefte voel om mezelf te kunnen verstoppen. Toegegeven, zelfs in mijn beste doen ben ik nog geen Catherine Zeta-Jones, maar ik ben wel het soort meisje dat alleen op haar best wil worden gezien, en dan heb ik het niet alleen over mijn uiterlijk. Nu de Klotezooi zijn handen van me heeft afgetrokken en me kaal, pafferig, vlekkerig en flink down heeft achtergelaten moet iemand uren-

lang op me inpraten – om nog maar te zwijgen over het ge-
pluk en gefrunnik – voor ik zelfs maar een voet buiten de
deur durf te zetten.

Het ergste onderdeel van de behandeling ligt achter me (dat
hoop ik althans), maar vorige week kwamen P. en ik tijdens
een heerlijk uitje naar het Lake District helaas tot de ontdekking dat hoe ver je ook op de snelweg rijdt en hoe weinig plek je ook in je koffer overlaat, de kanker altijd wel een
manier vindt om mee te liften.

Sgt. Pepper zou bij haar grootouders worden verwend terwijl
P. en ik voor het eerst in maanden de kans grepen om er samen een paar dagen tussenuit te gaan. Weg van het o zo vertrouwde ziekenhuis, van de apotheek waar we mijn pillen
haalden en van de benauwende muren thuis. Normaal gesproken voelen we redelijk goed aan wanneer het hoog tijd is
voor een adempauze en we een weekendje op moeten sodemieteren, maar de kanker had uiteraard korte metten gemaakt
met dat soort dingen. We wilden er dan ook dolgraag een extra speciaal weekendje van maken.

Doordat de chemokuur was afgelopen hadden we een verrukkelijke korte onderbreking vóór de volgende behandeling
van start zou gaan en we gingen ervan uit dat dit een uitgelezen mogelijkheid was om ons normale leventje weer even
op te pakken. En een weekendje weg op zijn Lisa-en-P.'s wil
zeggen: verrukkelijk eten, goede wijn, een stapeltje dvd's, wat
wandelen door het bos en heel veel seks. De eerste drie luk-
ten nog wel, maar helaas zorgde mijn kwakkelende energie-
peil dat er van wandelen en matrasgymnastiek maar weinig
terechtkwam.

P. en ik raakten natuurlijk niet alleen gefrustreerd door onze bejaardenseksachtige slaapkamerfratsen (want het kleine beetje vozen dat wél lukte, was vergeleken met de afgelopen paar maanden nog steeds een hele verbetering). Nee, het was het besef dat onze vlucht naar het platteland niet betekende dat we aan de kanker konden ontsnappen. Op vrijdag was de kwellende gedachte aan wat ons allemaal nog te wachten stond dan ook een dreigende schaduw boven het Lake District geworden. Zoals ik meneer Halvezool ook al had verteld, is de Klotezooi evenzeer een geestelijke als een lichamelijke strijd. De medische wereld weet dan misschien hoe ze een tumor om zeep moet helpen, maar ze heeft geen kaas gegeten van hoe ze je zelfvertrouwen kan herstellen dat er tijdens die verwoestende behandeling eveneens aan is gegaan. Het is ontzettend moeilijk om je te verzoenen met de volle ernst en omvang van borstkanker, en van de manier waarop het je leven, je lichaam en je persoonlijkheid onherkenbaar verandert. Soms wordt het dan ook allemaal echt even te veel, zodat je samen met je man op een vrijdagvond in een hotelkamer in de heuvels in een badjas in elkaars armen ligt te snikken, terwijl de adembenemende zonsondergang buiten voor je raam totaal aan je voorbijgaat.

Na het hartverscheurende verdriet van de vorige avond haalde P. de namiddag erna een paar uurtjes slaap in terwijl ik mezelf stortte op het schoonheidsritueel van mijn benen scheren (al die praatjes dat ik daar nooit meer over zou zaniken waren uiteraard volslagen lulkoek) en het bijwerken van de opvallend rechte schaamharen die weer op mijn bikinilijn waren verschenen. Dit alles in een poging om net ietsje aantrekkelijker te lijken voor mijn zielige, van seks verstoken echtgenoot die de afgelopen vijf maanden getrouwd was geweest met de lelijke zus van George Dawes. Ik was alleen vergeten wat een gedoe dat allemaal is.

Natuurlijk deden de overgangsklachten als gevolg van de Tamoxifen mijn uiterlijk geen goed, maar ik vroeg me ook af of mijn verminderde vrouwelijkheid niet zozeer te wijten was aan het gebrek aan oestrogeen als wel aan het eenvoudige feit dat ik het ontwend was om een meisje te zijn. Kanker maakt niet de vrouw. En trouwens ook niet de man. Als de Klotezooi je eenmaal in zijn gruwelijke greep heeft, ben je vrouw noch man. Nee, dan ben je een wezen. Een wezen met slechts één functie: overleven. Verder is er nergens ruimte voor. Niet voor het scheren van je benen en het waxen van je bikinilijn. Niet voor het opspuiten van parfum of het smeren van zelf-bruiningscrème. Geen ruimte om 's ochtends uit te kiezen welke oorbellen je die dag wilt dragen, of erop te letten dat je onderbroek wel bij je beha past. En er is zeker geen ruime voor seks.

Nadat ik mijn persoonlijke verzorgingssessie had afgerond gingen we naar beneden voor een uitgebreid diner, waarbij veel drank vloeide, we urenlang praatten en ons totaal niet bewust waren van onze omgeving. Het was de eerste keer dat we het hele verhaal durfden te evalueren. We bespraken alles: vanaf de dag dat P. dat knobbeltje in mijn linkertiet had op-gemerkt, tot de ellende van de chemo. We hadden het over het leven van alle mensen dat voorgoed veranderd was nadat P. dat onmogelijke telefoontje aan mijn vader had gepleegd, om hem te vertellen welke diagnose zijn dochter had gekre-gen. Over de eerste keer dat ik na mijn borstamputatie om-laagkeek en het onbekende rondje huid zag waar mijn tepel vroeger had gezeten. Over dat niemand had geweten wat we ermee aan moesten, hoe we moesten reageren en waar we het moesten zoeken toen ik na de eerste chemo zo hondsberoerd was geweest. Over de blikken van Jamie en Leanne toen ze zagen welk effect de tweede chemo op me had. Over de eerste keer dat P. de toiletpot moest ontstoppen vanwege de dikke plukken blond haar. Over de keer dat ik tegen Tills was uitgevallen bij het passen van mijn eerste pruik. Over mijn schoonvader die zich geen raad wist, en de kippenbouillon waarvan hij hoopte dat die me zou genezen. Over alle mensen die zo fantastisch behulpzaam waren geweest, maar ook over degenen die opeens uit ons leven waren verdwenen. En dat ik het vroeger altijd vertikte om zelfs maar een krant op de hoek van de straat te kopen zonder eerst mijn haar te hebben gefatsoeneerd, en hoe belachelijk dat nu klonk, nu mijn uiterlijk en zelfvertrouwen tot onder het nulpunt waren gedaald.

Als je het op die manier uitpluist en moedig durft stil te staan bij de omvang van wat je hebt meegemaakt, kun je pas bevatten hoe verrotte ongelofelijk het is dat je dat allemaal hebt doorstaan. Na een halfjaar daarvan hadden P. en ik rijp moeten zijn om onszelf van Scafell Pike af te storten, in plaats van in elkaars armen te janken alvorens roomservice te bestellen.

Ik was sinds de bewuste dag in juni inmiddels wel gewend geraakt aan het feit dat ik goede en slechte weken had. Zolang het ook zo keurig in eenheden van een week was afgepast, was dat een emotionele achtbaan die ik wel aankon. Wat echter steeds moeilijker werd, was dat ik van het ene op het andere moment niet wist of ik me nu blij, overstuur, gefrustreerd, boos, bezorgd, verdrietig of wat dan ook zou voelen. Het had wel iets weg van PMS, maar dan continu en zonder ongesteld te worden. Ik begon te vrezen dat dit me de das om zou doen. Niet dat ik daar veel aan kon doen – aangezien ik die Tamoxifen de komende vijf jaar zou moeten slikken, moest ik er maar aan zien te wennen – maar ik worstelde met de gevolgen die het voor mijn persoonlijkheid had. Ik wilde koste wat kost niet zo'n wispelturig, humeurig mens worden, omdat ik zelf altijd grote moeite heb gehad met dat soort types. Hoewel de andere bijwerkingen van Tamoxifen ook niet direct kleinigheidjes zouden zijn – denk aan broze botten, dik worden, opvliegers en droogte op plekken waar je liever wat vochtiger bent – viel er aan elk van die dingen wel iets te doen. Die stemmingswisselingen waren echter iets waar ik weinig mee kon.

Halvezool stond erop dat ik niet zo streng moest zijn voor mezelf bij dingen die je eigenlijk niet kunt sturen. Het vervelende was dat ik mijn gevoelens eigenlijk ook niet meer goed snapte. We kwamen uiteindelijk samen tot de slotsom dat het niet erg was om allerlei tegenstrijdige emoties te voelen en dat ik niet meteen hoefde te vrezen dat ik aan een meervoudige-persoonlijkheidsstoornis leed. Het was niet erg dat ik kwaad was dat ik zo veel tijd in het ziekenhuis doorbracht, terwijl ik toen het aantal afspraken verminderde juist korte aanvallen van het zogenoemde stockholmsyndroom ervoer. Het was niet erg dat ik waanzinnig blij was dat het ergste onderdeel van mijn behandeling achter de rug was, maar ook pissig dat er nog meer aan zat te komen. Het was niet erg dat ik de ernst van de aanstaande bestraling onderkende, maar ook moest lachen om die belachelijke YMCA-houding waarin ik moest liggen. Het was niet erg dat ik soms opeens o zo heerlijk héél even vergat dat ik kanker had, en dan woedend was zodra dat moment voorbij was. Het was niet erg dat ik eigenlijk de rest van mijn leven in het Lake District wilde doorbrengen met alleen maar mijn man als gezelschap, maar ook af en toe teleurgesteld was dat we geen kinderen zouden krijgen om dat mee te kunnen delen. Ik moest gewoon maar accepteren dat het antioestrogeen me een tikkeltje onvoorspelbaar maakte, maar ondertussen blijven proberen om die stemmingswisselingen onder de duim te krijgen. En nu ik dat allemaal gezegd heb, nog even dit: als de een of andere kloothommel nog eens in de lach schiet vanwege mijn kale knikker, kun je me niet verantwoordelijk stellen voor wat ik dan doe, zo helpe mij Tamoxifen.

25

De pruik is passé

Tot nu toe vind ik die bestraling wel prima, het is eigenlijk best cool. (Nou nee, het is verzengend, maar tot nu toe is de mate van verbranding niet erger dan wat ik tijdens mijn huwelijksreis heb doorstaan, toen de hele rechterkant van mijn gezicht vuurrood was doordat ik door mijn iPod de factor 30 even was vergeten.) De bijwerkingen stapelen zich wel op, dus er komt vast een moment dat ik waarschijnlijk spijt zal hebben van die eerste zin, maar voorlopig kan ik die bestraling nog wel hebben. Bovendien heeft het geleid tot een heel interessante ontdekking, maar daarover later meer.

De bestralingsruimte zit in dezelfde gang als de technisch geavanceerde Starship Enterprise-opnamestudio waar ik mijn eerste afspraak had, maar ziet er bijna precies hetzelfde uit: hypermodern en uitermate hightech, maar dan wel op zijn jaren-tachtigs. De ruimte is zilvergrijs, overal staan Commodore-achtige computerschermen en in de hoeken staan een soort losse toetsenborden, met felle lampen erboven die af en toe bijna helemaal gedimd worden. Ik verwachtte al half dat Five Star binnen zou komen om de videoclip van 'System Addict' nog een keer op te nemen. De laboranten tijdens mijn shift (laat ik ze maar Pepsi & Shirlie noemen) zijn duidelijk wel ingenomen met dat jarentachtigthema. Ik heb nu vier behandelingen gehad en de muziekkeus bestond tot nu toe uit de Eurythmics, New Order en de soundtrack van *Dirty Dancing*. Eerst roepen ze boven de muziek uit wat nummers naar elkaar, vervolgens brengen ze met een dikke stift wat krabbels op mijn lijf aan, waarna ze me alleen laten in de kamer zodat de radioactieve straling zijn werk kan doen. Ondertussen houden ze me via veiligheidscamera's in de gaten en blijf ik roerloos liggen, halverwege het YMCA-dansje, meeneuriënd met 'Now That's What I Call the 1980s.'

Als Pepsi & Shirlie terugkomen hebben ze maar liefst dertig seconden om even wat te babbelen terwijl ze me losmaken van het leren bed (nee, nou niet opgewonden raken) en de apparaten terugbrengen naar hun oorspronkelijke positie, zodat ik als ik straks opsta mijn hoofd niet stoot. Ik mag Pepsi & Shirlie wel. Ze zijn jong, kwiek, altijd in voor een grapje en zeiken elkaar continu af. Toch is het anders dan bij chemo, waar je de hele dag met de verpleegkundigen kunt kletsen. Bij de bestraling ben je er niet lang genoeg voor een echt praatje en dus krijg je uiteindelijk alleen wat losse brokjes informatie te horen. Wat ik tot dusverre van Pepsi & Shirlie weet is dat ze het graag over het weer hebben, dat Shirlie deze week gaat schaatsen, dat Pepsi de voorkeur geeft aan Gary, maar ook vindt dat Jason er de laatste tijd nogal lekker uitziet, en dat ze hun avonddienst allebei als smoesje gebruiken om nog laat te kunnen shoppen. Van mij weten ze dat mijn nieuwe poes mijn linkerhand heeft opengehaald toen ik haar met een vochtig doekje probeerde schoon te maken, dat ik halverwege november al mijn kerstcadeautjes al had ingepakt, dat ik het met Pepsi eens ben wat betreft Gary en Jason, en dat ik mijn pruik heb ingeruild voor een hoofddoekje.

Ja mensen, die pruik is passé. Althans, bijna helemaal. Dat vind je misschien een raar besluit, maar als ik één ding van die kanker heb geleerd, dan is het dat je niet altijd op je eigen mening moet afgaan. (Jezus, ik ben in een tijdspanne van een halfjaar van een dierenhater in een kattenmeisje veranderd!) Het ging eigenlijk een beetje per ongeluk, maar op een maandag bleek mijn pruik aan een wasbeurt toe te zijn (dat hoeft maar eens in de drie weken, maar het drogen duurt wel bijna twee dagen), dus ik moest die dag zonder zien door te komen. Tot mijn eigen blije verrassing kwam ik er toen achter dat ik me veel minder opgelaten voel met een hoofddoekje op mijn hoofd dan ik me ooit met een pruik heb gevoeld.

Oké, ja, dat was een klein leugentje. Ik had behalve zo'n hoofddoekje namelijk ook nog een andere keus, te weten pruik 2 (oftewel Erika). Volgens mij heb ik je nog nooit verteld dat ik er een ontzettende **hekel** aan heb dat ik een pruik moet dragen. (Heb je dat gezien? Ik schreef dus **hekel**. Vetgedrukt en alles.) Ik haat die pruik minstens zo erg als ik de kanker haat die me tot die pruik heeft veroordeeld. Afgezien van het feit dat hij buitengewoon onflatteus staat, kriebelt dat kutding, is hij hoogst irritant, ben ik me continu van hem bewust, geneer ik me dood, en met een bepaald licht is hij zelfs een beetje rossig. Alsof je de godganse dag met Geri Halliwell op je hoofd rondloopt. En stel je voor dat je je haar elke avond op de vensterbank in de badkamer moet leggen en dat je je als je daar 's nachts binnenkomt vervolgens een hoedje schrikt en dat het elke ochtend het eerste is waar je je blik op scherp stelt. Tegenwoordig laat ik de badkamerdeur zelfs expres open, in de hoop dat Sgt. Pepper hem vindt en hem tijdens mijn afwezigheid aan flarden scheurt.

De reden dat ik sowieso voor die pruik heb gekozen, had

deels te maken met het feit dat ik me nog steeds een beetje aantrekkelijk wilde voelen. Ik weet nog dat toen ik net die pruik was gaan dragen, dolblij was wanneer ik zag dat een jongen op straat even naar me keek. Maar vijf maanden later ben ik zelfs het verlangen om verleidelijk te willen zijn kwijt, en dat zegt heel wat als je dat lekkere ding bij de receptie van de bestralingsafdeling weleens hebt gezien. Raar genoeg – als je even bedenkt welk effect het heeft als je ervoor uitkomt dat je kanker hebt – heeft het dragen van een hoofddoekje ook met ijdelheid te maken.

Allereerst omdat ik al heel snel kort genoeg haar zal hebben (of moet ik nu 'lang genoeg' zeggen?) om zonder pruik of buff of wat dan ook over straat te kunnen en aangezien ik mijn hele leven lange lokken heb gehad, zal ik moeten leren dat ik me niet meer achter mijn haar kan verschuilen. (Daarmee bedoel ik: vóór ik mijn pasgeboren chique babykapsel onthul, moet ik ervoor zorgen dat mensen al een beetje gewend zijn aan mijn blotebillengezicht. Daarnaast zal die me heel wat paranoia besparen. Ik heb namelijk liever dat iemand de conclusie trekt dat ik kanker heb na de gedachte: 'Hé, dat meisje draagt een hoofddoekje', dan na: 'Zou dat soms een pruik zijn?'

Ja, die pruik is nu echt passé (nou ja, behalve voor speciale gelegenheden zoals bruiloften, feestjes, chique restaurants en voetbalwedstrijden). Ik ga uit de kankerkast komen. Laat me dan meteen maar de woorden van George Michael parafraseren: het spel dat ik nu verraad, was het spelen niet waard. *Freedom*!

Een paar jaar geleden wees mijn oma tijdens een kerstdiner naar het sjaaltje dat ik als haarband om had en zei toen: 'Je lijkt net een zigeuner met dat ding.' Mijn oma was niet iemand die een blad voor de mond nam, maar hoewel de meeste dingen die ze tegen me zei onnodig vleiend waren, is juist die opmerking me bijgebleven. Of ik het op dat moment nu wel of niet doorhad, dat was eigenlijk ook de reden dat ik destijds voor een pruik in plaats van een hoofddoekje had gekozen.

Een tijdlang was dat ook de juiste keus geweest. Als je met de Klotezooi te maken krijgt, kun je beter meteen accepteren dat je vooral moet doen wat op dat moment het prettigst voelt – en eventuele gevolgen en vooroordelen moet je gewoon maar even voor lief nemen. Het fijne is immers dat niemand je zal vragen waarom je dat doet. Heb je een hekel aan dieren, maar wil je toch een kat? Ga je gang, zullen we meteen maar het asiel bellen? Wil je graag zalm vanavond, maar begin je al te kokhalzen als je de geur uit de keuken ruikt? Geen probleem, ik kan ook pasta maken. Sta je erop om vierhonderd pond uit te geven aan pruiken en wil je ze vervolgens wegsmijten? Doe wat je niet laten kunt, joh. Zo was ik vijf maanden geleden begonnen met het idee dat ik de kanker voor de rest van de wereld per se wilde verdoezelen met behulp van pruiken, wenkbrauwpenselen en zelfbruiningscrème en hing ik die pruik nu toch aan de wilgen en verving 'm door een buff en een houding van 'je neemt me maar zoals ik ben, hoor'. Afgezien daarvan was het ook gewoon makkelijker tijdens de bestraling. Elke ochtend naar het ziekenhuis moeten, waar ik dan continu in dezelfde oncomfortabele positie moest liggen, is ook niet echt bevorderlijk voor het dragen van een pruik. Aangezien het oncologisch ziekenhuis bovendien de enige plek was waar ik onder de mensen kwam, hoefde ik ook niet net te doen alsof ik een gezonde miep was.

Hoewel het vergeleken met de ellende van de chemo echt niks voorstelde, begonnen de pijnlijke verbrandingseffecten van de bestraling me net zozeer op de zenuwen te werken als de eentonigheid ervan. De eerste week had ik op de een of andere manier niet echt last gehad van irritante bijwerkingen, maar na de tweede week voelde het deel van mijn lichaam wat werd bestraald verbrand en pijnlijk aan en het jeukte ook nog eens als een gek. Mijn linkerarm begon rare steken te krijgen en mijn vingers werden zo dik dat mijn hand wel zo'n enorme schuimrubberen opblaashand leek die je bij honkbal- of worstelwedstrijden soms ziet. Dat kwam door iets wat primair lymfoedeem heet en dus verwezen ze me door naar een lymfoedeemkliniek, waar ze me voorzagen van de beste, meest geavanceerde oplossing die de hedendaagse medische wetenschap tot haar beschikking heeft: een elastische handschoen. En niet eens een mooie. Hij zat zo strak dat hij mijn bloedsomloop afknelde, hij was vleeskleurig (nou ja, alleen als je voetbalvrouw Nancy Dell'Olio bent), had geen vingers en slordige naden aan de buitenkant. De verpleegkundigen vonden echter dat mijn geloofwaardigheid daarmee nog niet voldoende was aangetast en leerden me dus ook nog een paar oefeningen in basisfysiotherapie die ik dagelijks moest doen en die eigenlijk een soort vogeltjesdans vormden. (Samen met mijn YMCA-dansje kan ik nu bijna auditie doen voor een plekje bij het dansclubje van de gezusters Nolan.)

En de poppenkast was nog niet ten einde, hoor. O nee, want mijn huid was ook nog rood verbrand, hoewel ik daar eerlijk gezegd wel op had gerekend. Met het opzwellen niet, en zeker niet dat mijn linkertiet van de ene dag op de andere een cupmaat groter leek te zijn geworden dan mijn rechter en dat mijn implantaat na elke behandeling weer wat harder aanvoelde. Dit was sinds de borstamputatie de eerste bijwerking die ik ook echt in mijn borsten voelde en het drukte me weer eens goed met mijn neus op dat ene feitje dat ik steeds weer vergat, namelijk dat dit allemaal met een tumor in mijn tiet was begonnen. Met mijn prachtige tiet. Een van de weinige onderdelen van mijn lichaam waarvan ik altijd had gezegd dat ik daar nooit iets aan zou laten doen (net als ik altijd had beweerd dat last krijgen van alopecia mijn grootste schrikbeeld was. Daarom zeg ik hierbij dan ook meteen dat je niet moet uitkijken voor wat je wenst, maar eerder voor wat je vreest). Maar dat was een halfjaar geleden, nu was het een enorme ronde bult van uitgeharde rode Play-Doh, en zelfs zonder een tepel als kers op de taart.

Mijn tiet heeft een in mijn ogen bescheiden aantal openbare optredens gehad, en ergens had ik nu spijt dat ik hem niet de vrije teugel had gegeven: een fotoshoot voor op de derde pagina van een blootblaadje, wat topless zonnebaden of hem stiekem, gezeten op de schouders van een vriend, heel ordinair even tevoorschijn halen tijdens een concert van Oasis. Dat aantal openbare optredens zou nu nooit meer groter worden, en niet alleen omdat ik tegenwoordig een trouwring draag. Ik vroeg me af hoe ik het, als ik niet getrouwd was geweest, qua seks zou hebben aangepakt. Ik was en ben nog altijd benieuwd naar wat alleenstaande vrouwen doen als ze eenmaal zijn hersteld van de Klotezooi, weer lol kunnen maken en er klaar voor zijn om weer in het zadel te springen. Hoe snijd je zo'n onderwerp aan? Een zinnetje als 'ik heb borstkanker gehad' is nogal een afknapper, hè. Of is het de ultieme mannentest, om te kijken of hij zich daardoor laat weerhouden? Of blijf je eeuwig het meisje dat altijd haar beha aanhoudt? En moet je het eigenlijk wel van te voren zeggen, of er lekker voor gaan en gewoon maar afwachten of hij het ziet?

In de reconstructiefase waarin ik zat, viel er alleen bar weinig te verhullen. Mijn linkertepel was net een toffee en mijn boezem was dus niet direct iets waar je een natte droom van zou krijgen. In mijn tweede week van de bestraling, toen Pepsi & Shirlie vanwege de roosterwijzigingen vlak voor de kerst plaats moesten maakten voor de evenknie van het songfestivalgroepje Bucks Fizz – dat wil zeggen: er waren opeens twee mannelijke verpleegkundigen in de bestralingsruimte – was P. dan ook niet meer de enige vent die me zonder in lachen uit te barsten recht in mijn tepels moest kijken. Tot dusverre waren de artsen die ik had gehad op twee na allemaal vrouwen geweest en de mannen waren aanzienlijk ouder geweest dan ikzelf. Maar nu waren er dus ineens twee jongens van mijn leeftijd die mijn borsten moesten bestralen (en nek, schouder en oksel, maar die gebieden zaten me niet echt dwars). Natuurlijk vroeg ik me angstig af wat ze van mij en mijn bizarre boezem zouden vinden.

Niet dat de mening van andere mannen ertoe zou moeten doen. Gelukkig hoefde ik me eigenlijk alleen maar bezig te houden met de vraag of P. de aanblik van de naakte nieuwe ik kon verdragen, en ervaringen uit het verleden gaven aan dat dat geen probleem zou vormen. Alleen maakte ik me er uiteraard wel druk om en dus besloot ik op een dag de proef op de som te nemen bij die twee bestralingsjongens, want ik wilde per se weten of ze me afzichtelijk vonden.

'Wat heb jij je opgedirkt voor de bestraling,' zei P.

'Mooi, ik ben blij dat je het ziet.' Ik zocht verder naar een paar oorbellen dat goed paste bij mijn meest flamboyante hoofddoekje.

'Ja, tuurlijk. Maar hoezo?'

'Het is een experiment. Er zijn deze week twee jongens bij de bestraling en ik wil weten of ze van me walgen.'

P. draaide met zijn ogen. Na twee jaar huwelijk wist hij donders goed dat hij geen vragen moest stellen bij zo'n typisch triviaal testje dat ik had bedacht, iets wat je trouwens eerder in een strip van Scooby Doo dan in het echte leven zou verwachten.

'Nou, zolang het maar niets te maken heeft met die jongen bij de receptie.' Hij keek me even veelbetekenend aan. 'Ik las op je blog dat je hem wel ziet zitten.'

'O jezus, nee hoor. Echt niet,' kaatste ik terug. 'Bovendien is dat knipoogje dat ik hem elke dag geef gewoon een manier om de eentonigheid wat draaglijker te maken. Volgende week kom je trouwens toch weer mee en dan zul je zelf wel zien dat hij niet met P. Lynch kan wedijveren.'

'Ja, nou, dat zal best. Maar verplaats je 's in mijn schoenen.'

'Ja, ja, ik weet het,' gaf ik schoorvoetend toe. 'Maar denk je nou echt dat er iemand geilt op je echtgenote annex kankerpatiënte?'

Zo liep ik even later dus trots over de radiologieafdeling, compleet met hoofddoekje, hakken en lipgloss, stond mezelf even een kortstondige flirt met de jongen bij de receptie toe en wist dat op te rekken tot aan het einde van de gang waar de bestralingsruimte zat. Stralingsjongen 1 was als was in mijn handen: een uiterst flauwe opmerking over topless in een donkere kamer liggen en voilà, voor ik het wist kletsten we al honderduit. Stralingsjongen 2 bleek een stuk lastiger in te palmen. Ik haalde alles uit de kast, van zijn stamkroeg tot vragen naar eventuele blunders op de kerstborrel van het ziekenhuis. Maar nee hoor, niks werkte. En net toen ik de handdoek in de ring wilde gooien en mijn toevlucht nam tot mijn gebruikelijke oeverloze roddelrubriekgezwets – ditmaal iets over Rihanna, dat ik haar tot mijn haarmuze had uitgeroepen en het zo jammer vond dat Chris Brown en zij duidelijk niet voor elkaar bestemd waren, terwijl ze op foto's zo'n schattig

stel waren – drong het eindelijk dan toch tot me door. Stralingsjongen 2 schrok vreselijk van mijn tieten, maar wat bleek?
Rihanna was ook niet direct zijn type. Nee, hij had liever haar
vent. Tja, dan was mijn nederlaag ook niet zo erg. Hoe dan
ook, het is net als met mijn tepels, een op twee is lang niet
slecht.

26

Krijg nou tieten!

Ik ga er niet omheen draaien: ik worstel nu even erg met de Klotezooi als ik halverwege de chemo deed. De lichamelijke bijwerkingen en de dingen die ik als gevolg daarvan moet doen (dat wil zeggen, vooral niets, want door de bestraling word ik met de dag duffer), kan ik volgens mij inmiddels wel hebben, maar waar ik zo langzamerhand een punthoofd van krijg zijn alle psychische problemen.

Halverwege een witlofstronkje tijdens het kerstdiner merkte ik dat ik op het punt stond mijn mes en vork op tafel te kwakken, mijn bord tegen de muur te smijten (zoals ze in soaps altijd doen) en tegen P. en mijn ouders te schreeuwen: 'Waar zijn we hier in godsnaam mee bezig?' Op dat moment kon ik gewoon niet geloven dat we, ondanks wat er het afgelopen jaar allemaal was gebeurd, daar nu gewoon met onze papieren hoedjes op aan de kalkoen zaten, alsof het een doodgewone kerstmaaltijd was. (Mijn eerdere vermoeden dat een papieren hoedje prima dienst kan doen als hoofddoekje werd trouwens al snel de kop in gedrukt, want ik zag er vanaf mijn schouders uit als een soort raar eierdopje.) De doodeenvoudige taak om 'stug door te gaan' lijkt als er eenmaal is vastgesteld dat je borstkanker hebt, soms volslagen belachelijk. Ik merk dan ook dat ik af en toe echt uit mijn slof schiet en kwaad ben op alles en iedereen omdat zij gewoon doorgaan met hun leven. Voor mij is ALLES veranderd, dus waarom doet iedereen dan alsof er helemaal niets is gebeurd?

Ergens zou ik ook wel een pittig woordje met mezelf willen wisselen. 'Kolere, je hebt kanker. Nou en?' Toegegeven, het gros van de tijd (met uitzondering van wat ik op mijn blog schrijf) drijf ik de spot met mijn ziekte – in het openbaar althans – en maak ik liever lollige grapjes, bagatelliseer ik haar en weiger ik mijn ziekte de grimmige eer te bewijzen die zij eist door mezelf er zo goed mogelijk glimlachend doorheen te slaan. Aan de andere kant besef ik heel goed, en ben ik daar ook doodsbang voor, dat deze schijtgebeurtenis een enorme last is en zou ik eigenlijk het liefst met iets even belachelijks willen terugslaan. Soms heb ik het gevoel alsof ik op het randje van een vulkaan balanceer en dat er een moment komt dat ik net als Cameron Frye uit *Ferris Bueller's Day Off* compleet door het lint ga. Dat is volgens mij ook niet meer dan logisch. Als je als twintiger zoiets gedenkwaardigs als borstkanker krijgt, kun je daar eigenlijk alleen op reageren met iets wat volslagen buiten alle proporties is, zoals Michael Jacksons huidskleurverandering of Britneys kale kop (ja, ja, kop hem er zelf maar in). Drugsverslaving is uit – ik heb in de afgelopen paar maanden toch al genoeg drugs voor een heel leven geslikt – en ik moet helaas bekennen dat ik het voorbeeld van Elvis ook al heb gevolgd en flink wat kilootjes ben aangekomen. (Maar morgen gaat Operatie Slankie echt van start, hoor.) Dus misschien is dit al met al wel het ideale moment voor een tatoeage.

Ik heb ook een paar goede voornemens voor het nieuwe jaar en eentje daarvan is dat ik graag zou willen dat mijn blog *Alright Tit* niet meer gaat over leren leven met de Klotezooi, maar juist over mijn worsteling om ervan te herstellen. Ik heb het helemaal gehad met mijn ziekte en met wat die me heeft aangedaan, hoe ik er nu uitzie, alle problemen waarmee ik ben geconfronteerd en de gevolgen die ze niet alleen heeft gehad voor mijn leven, maar ook voor dat van mijn ouders en vrienden. Ik heb nog nooit zo'n behoefte aan een nieuwe start gevoeld als nu. Vanaf nu gaat *Alright Tit* dus over het herstellen van borstkanker in plaats van me erdoor heen zien te slaan.

Alleen is dat makkelijker gezegd dan gedaan. Ik wil niet dat die borstkanker allesbepalend wordt, maar tegelijkertijd is het verdomme nogal wat, dus ik wil toch ook wel dat mensen weten dat ik dit heb overwonnen. Nu dat toch ter sprake komt: ik zou best een onderscheiding willen krijgen voor die prestatie. Als mensen de Mount Everest hebben bedwongen, of keihard kunnen sprinten, of megahoog kunnen springen, of een prachtige filmrol hebben neergezet, krijgen ze daar toch ook iets voor? Nou dan! Dit is mijn Everest en al moet ik mijn eigen medaille maken van aluminiumfolie en een restje kerstlint, nou, dan moet dat maar. Het wil er bij mij gewoon niet in dat je dit allemaal kunt doormaken en dat mensen toch van je verwachten dat je gewoon doorgaat alsof er niets gebeurd is, zonder dat er een tegenprestatie tegenover staat. (En ja, dat was inderdaad een hint naar de Louboutins.)

Aangezien het de eerste kerst was sinds het overlijden van mijn opa, zouden de feestelijkheden sowieso al wat minder uitbundig zijn en dit leek me dan ook het uitgelezen moment om onze feestdagen door die kanker te laten verpesten. P. en ik waren voor het eerst belast met de voorbereidingen voor het kerstdiner en we stortten ons daar enthousiast op door als een stel kalkoenen, vlak voor ze geslacht worden, als een gek rond te rennen en meer kerstversiering te kopen dan we in onze flat kwijt konden. Tja, kerst is natuurlijk pas kerst als er plumpudding is én minimuffins én kaneelgeurkaarsen én minstens drie soorten muntsaus.

Hoewel kerst zelf een nogal bescheiden bacchanaal voor vier personen was (P., mijn ouders en ik), lukte het me desondanks om ook nog een paar van de andere feesten in te passen die deze tijd van het jaar nu eenmaal met zich meebrengt. De kerstborrel van mijn werk en een slempavondje in de pub vielen dankzij mijn toenemende vermoeidheid meteen al af en dus moest ik me noodgedwongen beperken tot de meer aan huis gebonden fuiven (zodat er een slaapbank of bed bij de hand was waar ik indien nodig op kon neerstorten). Het was dan ook heel fijn dat Tills en Si ermee instemden om een van hun legendarische housefeesten te organiseren met behulp van mijn al even legendarische (al zeg ik het zelf) speciaal samengestelde dance-cd. Wauw! Wat een opluchting. Ik droeg voor het eerst in lange tijd weer eens hakken en aangezien er de volgende ochtend geen bestralingsafspraak stond gepland, danste ik zo lang als ik kon op een soundtrack die ik speciaal zo had gemixt dat ik na elk van mijn lievelingsnummers waarbij mijn voetjes echt van de vloer moesten, even op adem kon komen.

Terwijl ik met Martin (een vriend en tevens iedereens favoriete danspartner) losging op 'Common People' wierp ik een blik op de bank waar P. me met een brede grijns aan zat te kijken, met een oogopslag die mijn ouders tegenwoordig omschrijven als 'die ogen van hem': dezelfde uitdrukking waarvan ze getuige waren toen we elkaar het jawoord gaven. Ik danste naar hem toe en keek hem aan met een blik van 'waar zit jij aan te denken?' Hij vormde met zijn mond het woord 'later' en gebaarde ondertussen met zijn hoofd dat ik door moest gaan met de danspasjes die ik samen met Martin aan het doen was.

'Wat was dat nou?' vroeg ik P. toen we later naar huis gingen.

'Dat was echt geweldig.' Hij straalde helemaal. 'Echt geweldig. Je was als een volslagen idioot aan het dansen.'

'Haha. Nou, leuk hoor,' lachte ik.

'Zo bedoel ik het niet, dombo. Het was geweldig omdat ik zielsgelukkig was toen ik je zo zag.'

'O, lieverd.' Ik gaf hem een arm. 'Wat fijn. Ik ook.'

'Het is gewoon zo lang geleden dat ik je zo zag,' zei hij met tranen in zijn ogen. 'Het was alsof ik een glimp kreeg van het verleden dat ons is afgenomen.'

Ik knikte.

'Maar het allerbelangrijkste,' vervolgde hij, nu opeens ernstig, 'is dat ik ook een glimp kreeg van de prachtige toekomst die ons te wachten staat.'

P. had gelijk. Met de komst van het nieuwe jaar gloorde er ook een sprankje hoop dat 2009 onmogelijk zo'n klotejaar zou kunnen worden als zijn voorganger. Zoals ik op mijn blog ook al had gezegd, had ik me vast voorgenomen om me de komende paar maanden te richten op het herstellen van kanker in plaats van me erdoor heen te slepen. Maar ja, elk nieuw jaar begint met een kater hè, en de mijne had niet alleen betrekking op de behandeling die me nog te wachten stond, maar ook met het feit dat ik mezelf moest proberen te verzoenen met wat er allemaal was gebeurd. Dat herstel was overigens niet iets wat ik alleen zou kunnen. Net zomin als het kankergezwel in mijn borst vanzelf was verdwenen, gold dat voor het even ernstige gekanker in mijn kop. De angsten over

wat voor soort leven ik zou hebben als ik eenmaal was uitbe-
handeld, drukten zwaar op me.

Ik was aanvankelijk in therapie gegaan omdat ik vond dat
ik wel wat hulp kon gebruiken bij de overgang naar een leven
waarin kanker slechts een detail was, maar ik wilde vooral ook
onderzoeken wat voor leven dat zou kunnen zijn. Want wat
stond me na zo'n gedenkwaardige hobbel op de weg nog meer
te wachten? Althans, ik dacht dat ik dáár nachten van wakker
lag en als ik meneer Halvezool niet was tegengekomen, zou ik
in die waan zijn gebleven.

Halvezool is de Columbo onder de therapeuten. Hij leidde
me de ene kant op en net wanneer ik dacht dat ik alles eruit
had gegooid wat eruit te gooien viel, kwam hij aan met 'nog
één laatste ding' en dan wist hij datgene waar het echt om
draaide er sneller uit te trekken dan je 'trenchcoat' kunt zeggen (of 'ribbroek' voor mijn part). Daar zat ik dan tijdens sessie drie er zonder ook maar enig schuldgevoel op los te kankeren over dat ik niet wist hoe het nu verder moest, toen hij
opeens als een mentor van de middelbare school uit de hoek
kwam en me vroeg waar ik over een halfjaar wilde staan, en
over één, twee en vijf jaar. Ik had het over alle lol die ik met
P. en Tills en Si in Glastonbury zou hebben, de kroegentoch-
ten met vrienden waar ik nu al naar uitkeek, het hippe kapsel dat ik wilde, mijn werk dat ik graag weer wilde oppakken,
toekomstige vakanties, het huis dat ik wilde kopen, het boek
dat ik van plan was te schrijven en de rups-tot-vlinder-meta-
morfose van het meisje dat kanker heeft naar het meisje dat
de kanker heeft overwonnen. Of nog beter, gewoon 'hét meisje'. (Mag je je eigenlijk nog wel een meisje noemen als je dertig bent?)

Dat was het. Zaak gesloten. Klaar. Het ging me nu niet meer
over de vraag of ik nog wel in staat was om mijn leven hele-

maal uit te stippelen (die oefening alleen al was voldoende bewijs dat mijn organisatievermogen niet aan kracht had ingeboet), maar dat de kanker een beroep kon doen op krachten die mijn plannen zouden dwarsbomen. Eenmaal klaar met het staccato opdreunen van al mijn toekomstplannen voor Halvezool was ik dan ook in tranen uitgebarsten.

'Nee, vergeet maar wat ik net allemaal heb gezegd,' snikte ik. 'Over vijf jaar wil ik hier gewoon nog zijn.'

Dat is dus het lastige van je best doen om stug door te gaan. Je kunt dat niet zomaar besluiten als je voor het eerst weer op hoge hakken op de dansvloer staat, of als het nieuwe jaar zich aandient zodat je rustig alle zaakjes keurig kunt afvinken. Nee, zo werkt het niet. Er is namelijk zo veel meer waarmee je moet zien te dealen dan alleen de diagnose, de behandeling en weer gezond worden.

Zodra je de diagnose hebt gekregen, heeft iedereen het alleen nog maar over je overlevingskansen en alsof die diagnose zelf al niet angstaanjagend genoeg is, zijn de prognoses voor vijf en tien jaar redelijk grimmig. (Ondanks de grootte van de tumor en de uitzaaiingen luidde mijn prognose 'ongeveer zeventig procent', dankzij mijn leeftijd en de topbehandeling die het ziekenfonds me kon bieden.) Maar dat is pas het begin van alle chaos, de medicijnen en de ziekenhuisafspraken. Dan hebben mensen het opeens niet meer over je overlevingskansen, maar schakelen ze over op een houding dat het allemaal wel lukt, en op wanneer in plaats van óf. En jij laat je meeslepen. Maar nu die gruwelijke chemo was afgelopen, terwijl ik met mijn ogen knipperde vanwege alle discolichten aan het einde van de tunnel, begon ik me onmiddellijk opnieuw zorgen te maken over die ongeveer dertig procent kans dat ik straks mijn middelvinger niet meer zou kunnen opsteken naar die statistieken.

Ik schiet niet vaak uit mijn slof. Ik vind mezelf eigenlijk wel een '*que sera, sera*'-type (beslissingen van de scheidsdrechters, verkeerd geplaatste apostrofs en het feit dat de bbc blijft volharden dat Heather Small 'Search For The Hero' mag voordragen bij sportevenementen even daargelaten). Maar het feit dat ik op mijn negenentwintigste ben geconfronteerd met de vraag hoe lang ik nog te leven heb, is een verrotte bittere pil om te slikken. Het was oneerlijk en het deed pijn, en niet alleen voor mij. Om precies die redenen deed ik dan ook mijn stinkende best om een gesprek erover te vermijden. Alleen bracht Halvezool me in herinnering dat ik zelf degene was die had gezegd dat borstkanker een even zware wissel trok op je lichaam als op je geest. Ik had al geblogd over mijn stoelgang en mijn ontbrekende tepel, waarom dan niet over mijn sterfelijkheid?

'Waarom wil je niet bloggen over je angst voor de dood?' Hij sloeg zijn benen over elkaar en tikte met zijn pen op de blocnote voor hem.

'Omdat ik Brits ben,' snauwde ik terug. 'En wij praten niet over de dood, hè?'

De dood is het ultieme taboe. Ongeacht de situatie is dat meestal de olifant in de kamer waar iedereen omheen trippelt. Het is het eerste waaraan je denkt als je te horen krijgt dat je kanker hebt (nou ja, bij mij was het eerst mijn haar, en toen doodgaan). Maar toch, zodra die diagnose is gevallen en besproken, heeft niemand het er nog over. Ik had tot dan toe evenmin gesproken of geblogd over de dood, want ik wilde niet dat mijn familie overstuur zou raken.

Maar nu, halverwege mijn behandeling en omdat ik opeens beter in staat was om mensen te vertellen hoe ik me voelde, hoopte ik ook dat het feit dat ik nu eindelijk durfde te praten – nee, te bloggen – een zekere opluchting zou brengen. Ik schreef: 'Om het allemaal even terug te brengen tot de gortdroge feiten: als ik doodga, ga ik dood, daar hoef ik me verder niet mee bezig te houden. Daarom is het voor mijn familie en vrienden ook veel moeilijker om bij die mogelijkheid stil te staan. En daarom is het, voor mij althans, moeilijker om na te denken over de eventuele dood van iemand van wie ik hou dan over mijn eigen dood. Maar als dat zo is, tja, dan moet dat maar. Ik kan er geen ene moer aan doen, behalve blijven doorgaan met wat ik toch al doe. Que sera sera.'

Ik heb weleens gedacht dat je door die kanker alle goede dingen die bij sterven horen kunt ervaren, zonder dat je ook daadwerkelijk het loodje hoefde te leggen. ('Alle goede dingen die bij sterven horen'... Tjeezus, ik ben niet vies van een beetje zwartgalligheid, hè?) Aangezien ik altijd op zoek ben naar de zonnige kant van dingen vond ik mezelf best een bofkont – ik had immers de bloemen op mijn eigen begrafenis kunnen ruiken. Als je sterft krijg je niet altijd de kans om eerst nog te horen hoeveel mensen wel niet van je houden. Mij was dat wel degelijk duidelijk geworden. Ik had 'ik hou van je' inmiddels vaker gehoord dan ik had kunnen bedenken. Niet dat ik nu blij was dat ik kanker had, maar zonder deze ziekte had ik nooit precies beseft hoe waanzinnig veel fantastische mensen ik om me heen had. Je krijgt niet vaak de kans om zo op die manier terug te kunnen kijken op je eigen leven. En hoewel het besef van hoe goed ik het had ook betekende dat ik meer te verliezen had, gaf het me tegelijkertijd zo ontzettend veel meer om voor te vechten. Dus als ik bedenk hoe gelukkig en bevredigend de afgelopen negenentwintig jaar van mijn leven waren geweest, lijkt die hele kwestie van 'het einde' op de een of andere manier opeens ook wat minder eng.

Niet dat ik van plan ben om me veel gelegen te laten liggen aan die vijfjarige prognose (sodeju, voor mijn part maak ik er vijftig jaar van). Er stond, en er staat nog steeds, heel veel op mijn lijstje van dingen die ik nog wil doen. Zo wil ik bij-voorbeeld nog meemaken dat Derby County landskampioen wordt, stomdronken worden op een groot popfestival, een boek schrijven, een flat inrichten, samen oud worden met mijn man en er ligt nog een blonde pruik op me te wachten voor als ik tachtig ben. Misschien dat die dan een tikkeltje ou-derwets is, maar wedden dat-ie wel verrekte veel hipper is dan een blauwe kleurspoeling?

27

Afkicken

Januari 2009

Nou Winehouse, ik weet niet wat jij ervan vindt, maar ik zou zeggen 'yes, yes, yes!' Aan de kant, Lohan. Wegwezen, Moss. Je houdbaarheidsdatum is verlopen, Williams. Doorzoek mijn tas maar en hou een kamer voor me vrij in afkickkliniek The Priory: ik heb een enkeltje zelfontplooiing geboekt.

Zoals ik vorig jaar al heb gezegd is 2009 het jaar dat ik de hele flikkerse teringzooi op de schop neem. Echt waar, zoek het zelf maar op in de Chinese astrologiekalender. (Hé, zag je dat ik 'vorig jaar' schreef? Zie je wel, het is niet meer dan een nare herinnering.) Dit wordt het jaar dat ik eindelijk weer een föhn kan pakken, beha's kan kopen, vaker kan vrijen, aandacht kan besteden aan mijn bikinilijn, af kan rekenen met mijn kont vol steroïdenspekvet en als een ware Houdini aan de kwaadaardige greep van de Klotezooi kan ontsnappen. Tadaa!

Op dit moment zie ik er niet al te jofel uit. Dat is zelfs nog wat geflatteerd. Ik zie eruit als de lang verloren gewaande zus van Twiedeldom en Twiedeldie en het wordt tijd dat ik daar eens wat aan doe. Ik besef dat dat heel wat 'doen' zal vergen en daarom ben ik dan ook van plan om vroeg van start te gaan, vóór het laatste fluitsignaal van de laatste operatie en mijn laatste behandeling. Ik maak me ook geen illusies over de tijdspanne. Verdomme, ik weet heel wel dat het niet alleen gaat om wat haargroei, maar ook om een aanzienlijke gewichtsverplaatsing, een linkertietmetamorfose, ontluikende wimpers en vollere wenkbrauwen. Oké, luister, dit is het plan: mijn jaren als twintiger schrijf ik gewoon af en in plaats daarvan ga ik mijn stinkende best doen om te zorgen dat ik er vlak voor mijn dertigste supersexy uitzie, precies op tijd om op mijn Super Sweet dertigste verjaardag mijn Nieuwe Ik te kunnen showen. (Sinds Busby en ik dat op de bank hebben verzonnen, heb ik dat nog iets verder uitgewerkt en besloten er een geldinzamelingsactie voor borstkanker van te maken. Je weet inmiddels toch hoe dol ik op projecten ben?)

Maar nu even terug naar Operatie Slankie. Door de kanker ben ik namelijk gedwongen me een volslagen ander imago aan te meten. Het is irrealistisch te denken dat ik mijn leventje van voor de Klotezooi gewoon weer zou kunnen oppakken en dat geldt net zo goed voor het idee dat ik mijn lange blonde lokken terug zal hebben zodra ik het lef heb om mijn hoofddoekje af te rukken. Op dit moment is het probleem niet zozeer lengte als wel dekkingsgraad, en aangezien ik via Wikipedia weet dat een mensenhaar 0,4 mm per dag groeit, vermoed ik dat ik tegen de tijd dat ik naar Glastonbury afreis op zijn hoogst op een rattenkopje à la Posh Spice kan rekenen. Voordat een kapsel als dat van Rihanna, Gwyneth of Posh me echter staat, zal ik eerst het bijpassende figuur moeten hebben. Dus afgezien van de missie om zo snel mogelijk zo veel mogelijk haar te krijgen, ben ik ook begonnen aan een gezondheidskick om de zeven kilo (Wat?! Zo veel?!) waar de kanker me zo hartelijk van heeft voorzien eraf te krijgen. (O ja, mijn fitness-dvd ligt trouwens vanaf kerst in de winkel.)

Op dit moment probeer ik die ongewenste last maar gewoon als zwangerschapskilo's te zien, maar zonder dat ik er ook een baby uit heb hoeven persen. Als je erover nadenkt is dat eigenlijk niet eens zo'n rare vergelijking. Ik heb een paar maanden moeten lijden, ze hebben een bobbel met een wat vreemde vorm uit mijn lichaam verwijderd, ik heb slapeloze nachten gehad en zelfs gemoederd – ook al ging het dan om een poes in plaats van een baby. Of je het nu zwangerschapskilo's of kankerkilo's noemt, een gebakje of een taartje, het gaat er hoe dan ook AF.

Qua gezondheid kan ik een rondje joggen door het park nog lang niet aan (sodeju, ik zou niet eens naar de wc kunnen joggen). De bestraling blijft zijn tol eisen en de vermoeidheid doet me denken aan mijn studietijd, aan de keren dat ik iets te veel nachtjes had doorgehaald en met iets te veel vieze jongens had liggen vozen en pfeiffer kreeg.

Hoezeer ik ook doordraai op de dagen dat ik niet naar het ziekenhuis hoef, vind ik het heerlijk om elke dag ergens naartoe te kunnen waar er een geweldig stel mensen is dat me hierdoorheen sleept. Het is net als naar kantoor gaan: ik groet het (nog steeds lekkere) ding achter de receptie vrolijk, zeg goedemorgen tegen alle andere vaste klanten van elf uur die in de wachtkamer zitten en maak daarna een praatje met de laboranten.

Mijn favoriete meisje en jongen hebben de afgelopen paar weken dienst gehad (van Pepsi & Shirlie naar Bucks Fizz, en nu dus Dollar). Ik ben echt dol op Dollar (kolere, dit begint nu wel erg suf te worden, hè). Ze betrekken me steevast in de grapjes en onderonsjes van de afdeling en elke ochtend begint met een flinke dosis gegein en gelach (volgens mij heb ik trouwens ook wat extra punten gescoord nadat ik ze een paar exclusieve roddels rechtstreeks afkomstig van mijn LA-verslaggever Ant heb kunnen toespelen). Ik heb nog maar negen behandelingen te gaan en ik ga die twee kolere veel missen als ik straks klaar ben. Zou het raar zijn als ik ze dan een Facebook-uitnodiging stuur? Of kan ik als bedankje toch beter een taart bakken?

Toen ik laatst een niet-zo-heel-erg-kale foto van mezelf op Facebook zette, werd ik overstelpt met berichtjes. 'Dat is inderdaad precíes wat je moet doen,' drukte Tills me op het hart.

'Ik durf dit bijna niet te zeggen omdat je dat woord in de ban hebt gedaan,' schreef Weeza, 'maar dat was een heel moedige daad van je.'

Alleen vrees ik dat het uploaden van die foto eerder van labbekakkerigheid dan van moed getuigde.

Het begon allemaal met een nieuwjaarsborrel bij ons thuis. Aangezien Ant voor de feestdagen uit LA was overgekomen, hadden we besloten dat we het hele stelletje van vroeger bij ons thuis zouden uitnodigen: Tills, Si, Polly en Martin, voor een feestelijke currymaaltijd en wat cava. Ant had me voor het laatst in LA gezien, toen ik dat knobbeltje net had gevonden en vlak voor de ontdekking welke ellende zo'n knobbeltje kon aanrichten.

'O, Mac!' riep ze toen ik de voordeur opende. 'Je lijkt gewoon nog op jezelf!'

'Hè gadver, ik mag hopen van niet. Want ik wil er helemaal niet zo uitzien!'

'Doe niet zo stom,' antwoordde ze en ze drukte me een fles cava in de hand. 'Je ziet er fantastisch uit. Punt uit.'

Nu is Ant echt een lieverd en dat vond ik al helemaal omdat ze me complimenteerde met hoe ik eruitzag, terwijl ik een jurk van een paar maten te klein en een bedenkelijke pruik ophad (voor deze speciale gelegenheid had ik mijn hoofd-doekje maar in de kast laten liggen). Alleen had Ant het dit-maal wel bij het verkeerde eind. Ik zag er niet fantastisch uit. Ik zag er verschrikkelijk uit. Alleen besefte ik pas hóé ver-schrikkelijk toen ik de foto's van Ants tripje zag die ze later op Facebook zette.

'Antonia heeft een foto van je *getagd*,' las ik in een mailtje. O, shit, dacht ik terwijl ik op de link klikte. Dat kan niet goed zijn.

De periode van juni 2008 tot januari 2009 was bijna volle-dig fotovrij geweest. Alleen bij Jamies en Leannes bruiloft had ik het door de vingers gezien wanneer iemand een camera mijn kant op richtte, en dan alleen nog maar doordat ik een lekker bruin kleurtje had en mijn make-up door een deskun-dige was gedaan.

'Je MOET echt nú die foto verwijderen,' smeekte ik Ant in een mail meteen na het weghalen van de tag. 'Want dat ben ik echt niet op die foto. Die foto is van een dikke trien met een pruik. En ik WIL NIET dat mensen me zo zien.'

Ik maak echt niet snel ruzie met vrienden en ik wist dat Ant verbaasd zou zijn dat ik zo ongebruikelijk fel reageerde. Het was ook verre van cool om zo'n stampij te maken en na-dat ik op 'verzenden' had gedrukt, voelde ik me meteen al klo-te dat ik zo'n pissig mailtje had geschreven. Maar ik kookte wel degelijk van woede.

Dit had mijn nieuwe start moeten zijn. Niet alleen het be-gin van een nieuw jaar, maar ook van een nieuw leven. Maar die dag, terwijl ik snikkend voor mijn laptop zat vanwege de aanblik van wat de Klotezooi me had aangedaan, voelde dat helemaal niet zo. Daar zat ik dan te janken vanwege een foto van mezelf in vermomming, terwijl wat eronder zat in feite net zo onsmakelijk was. Zo besloot ik dan ook dat het tijd werd om maar eens te kappen met het verhullen van mijn uiterlijk en nam dus de eerste foto van mezelf zónder pruik, zette die online en stuurde hem met een excuusmailtje naar Ant.

Niet dat die kankervermomming niet af en toe zo zijn voordelen had. De week erna – ik was bijna klaar met de bestraling, terwijl die kuur met iets van drie weken was uitgelopen, rende ik (nou ja, oké: snelde ik) naar mijn auto waar ik een parkeercontroleur aantrof die als een hongerige roofvogel om mijn Astra heen liep en al likkebaardend een bekeuring uitschreef. Je kent het vast wel: parkeercontroleurs zeggen altijd dat ze al begonnen zijn met het noteren van je bekeuring en dat ze het echt niet meer kunnen terugdraaien, ondanks het feit dat jij nu terug bent bij de auto en weggaat. Nou, DAT LIEGEN ZE DUS. Deze vent hield namelijk wel op. En smeerde 'm. En ik zou zweren dat dat door mijn hoofddoekje kwam.

Dat was trouwens niet de eerste keer dat mijn buff me een voorkeursbehandeling opleverde. Eerder die ochtend had een vrouw in de overvolle wachtruimte op de bestralingsafdeling haar stoel aan me aangeboden. 'Hier, neem maar,' zei ze met een glimlach. 'Ga maar zitten, ik ben geen patiënt.' Een week eerder was ik van het ziekenhuis op weg naar huis in een kleine file op Chelsea Embankment beland, en toen wist ik een bijzonder goed van de tongriem gesneden, behoorlijk opgefokte vrouw de mond te snoeren, terwijl zij vanuit het open raampje van haar MX5 iedereen die haar pad kruiste de huid vol schold en weigerde anderen voor te laten gaan, ondanks het feit dat ze dan de rijbaan ernaast blokkeerden. Toen ik naast haar stond, ook met een open raampje, keek ik heel rustig haar kant op en zei: 'Hé, wat heb jij nou helemaal te zeiken?' Ze zei niets terug. Sodeju zeg, wat voelde dat lekker.

Hoe dankbaar ik ook was voor dat soort kankervoordeeltjes, ik begon me ook af te vragen of het moreel wel door de beugel kon. Want hoewel ik er vrij zeker van was dat niemand het een kankerpatiënt kwalijk zou nemen als die zo nu en dan een voordeeltje opstreek, vroeg ik me af wanneer dat precies omsloeg naar het uitmelken van je ziekte. Als het gaat om het uitspelen van je troefkaart 'kanker', wat zijn de regels dan? Bovendien geldt het natuurlijk niet alleen voor kanker. Er zitten meer kaarten in het spel: kanker, gezondheid, leeftijd, geslacht... Als je zwanger bent vindt iedereen het prima als je daar gebruik van maakt, of we het nu hebben over een zitplaats in de metro of een gratis upgrade naar de eersteklas in de trein. Mag je dat bij kanker dan ook doen? (Laat me jouw maagkramp maar zien en ik troef je af met een kale kop.)

Het heeft ook weinig zin om je nu mijn pokerface te tonen, want iedereen weet dat ik mijn borstkanker weleens als smoesje heb gebruikt. Maar niet half zo vaak als ik had gekund, en zelfs niet zo vaak als ik had gewild. Ik ga hier echt niet beweren dat ik een heilig boontje ben. Hoewel ik eigenlijk vind dat je alleen een beroep mag doen op je ziekte bij iets ondeugends tijdens speciale gelegenheden, zoals een paar rode hakken dat je alleen op een speciaal avondje aantrekt, ben ik echt zeker weten de laatste die het iemand zou misgunnen om er zo vaak als hij zelf wil een beroep op te doen.

Zo vroeg ik me elke dag op weg naar het ziekenhuis af wat ik zou doen als ik zou worden aangehouden vanwege te hard rijden. Gezien het feit dat ik steevast te laat van huis ging (ach, wie hou ik nu helemaal voor de gek, ik neem altijd te weinig tijd om waar dan ook op tijd te komen), kon je er donder op zeggen dat dat een keer ging gebeuren. Reken maar dat ik bij gebrek aan een decolleté zo diep zal zinken dat ik dan met mijn kankersmoes aankom. En ik durf te wedden dat jij dat ook zou doen.

Nu ik in mijn tweede kalenderjaar van kanker zat, vond ik eigenlijk wel dat ik zo langzamerhand genoeg had geboet. Ik had mijn straf uitgezeten, alle martelingen doorstaan en de Klotezooi stond voor eeuwig op mijn strafblad. Ja, ik had het verdiend, vanaf nu mocht ik altijd de kankertroef spelen. Kanker heeft immers geen duidelijke voordelen. Het is niet zo dat je oncoloog het balletje aan het rollen brengt als hij zegt: 'Ik vrees dat je kanker hebt. Maar weet je, nu brengt de bezorger van de supermarkt je boodschappen in ieder geval wel voor je naar de keuken.'

P. beriep zich liever niet op mijn kanker. Niet dat hij dat nooit heeft overwogen, hoor. Op een dag kwam hij thuis van zijn werk en hield maar niet op over een collega die hem de hele dag het bloed onder zijn nagels had gehaald met haar oeverloze, eindeloze gezanik. 'Waar zeurde ze dan over?' vroeg ik.

'O, dat weet ik niet eens. Over het weer, of haar taille, of dat ze een *bad hair day* had, of zo. Ik had haar het liefst bij haar nekvel willen grijpen en haar gezegd: "En nu je bek houden, mens. Weet je wel wat ik allemaal heb doorstaan?"'

Maar dat deed hij dus niet. P. staat daar namelijk boven. Er waren op zijn werk sowieso maar weinig mensen die wisten dat zijn vrouw borstkanker had – moet je nagaan. Dat probeerde hij daar zo stil mogelijk te houden, omdat hij geen medelijden van anderen wilde en zijn werk gewoon wilde blijven doen.

Als iets als kanker je leven binnendringt, kun je maar bar weinig geduld opbrengen voor het gezever van anderen. Ik durf zelfs te stellen dat ik het prima vind wanneer iemand mijn kanker als smoes voor iets aanvoert. (Met mate natuurlijk, ik zou niet willen dat je morgen je deadline mist en mij dat in de schoenen schuift.)

Zo hadden mijn ouders vanwege mij het afgelopen jaar al twee vakanties en talloze andere leuke dingen afgezegd en nu gingen ze eindelijk voor een welverdiend lang weekend naar New York. Het was vlak voor kerst en ze zagen tijdens het inchecken al dat de vlucht overboekt was en dat de stewardess druk bezig was passagiers te weigeren.

'Wat doen we als ze ons niet toelaten op de vlucht?' vroeg mijn moeder.

'Dan ga ik die vrouw eens haarfijn vertellen wat voor jaar wij achter de rug hebben,' antwoordde mijn vader. En ik kan mijn lieve ouwe pa geen ongelijk geven.

28

Op het einde

Na een borstamputatie, vijf maanden chemotherapie en zes weken bestraling zit het erop voor mij. Als je even vergeet dat ik nog een allerlaatste operatie moet ondergaan en dan nog vijf jaar Tamoxifen moet slikken, is dit het einde van mijn actieve kankerbehandeling. Klaar. Afgelopen. En ik zou zweren dat ik net zo'n droge graspol uit een cowboyfilm langs mijn raam zag tuimelen.

Ik zat laatst op de bank samen met mijn moeder de reacties te lezen die mensen op mijn blog hadden achtergelaten.

'Het is echt ongelofelijk hè, wat er allemaal gebeurd is,' zei ze.

'Ja, goed hè? Al die aardige berichtjes terwijl ik die mensen helemaal niet ken. Ik weet niet wat ik ermee aan moet.'

Mijn moeder keek me niet-begrijpend aan. 'O, ja, dat is heel fijn, maar dat bedoelde ik niet. Ik bedoel dít allemaal. De borstkanker. Niet te geloven dat dat jou is overkomen.'

Nee, ik geloof het zelf ook nog steeds niet echt. Het is inmiddels bijna acht maanden geleden dat ik de diagnose kreeg, zeven maanden sinds mijn borstamputatie, zes maanden sinds het begin van de chemo en zes weken sinds mijn eerste bestraling. Acht maanden van praten, zorgen, huilen, bloggen, simmen en somberen over kanker, en ik weet niet eens of ik nu dolgelukkig moet zijn dat het allemaal voorbij is of pisnijdig dat het überhaupt is gebeurd. Ik stuiter als een gek heen en weer tussen het gevoel dat ik wel zin heb in een feestje, en aan de andere kant ongeloof over allerlei doodsbange herinneringen aan die afschuwelijke ellende. Maar eigenlijk ben ik bovenal verdoofd. Drenzerig, doodop en verdoofd.

Dringt de harde borstkankerwerkelijkheid misschien nu pas tot me door? Het voelt alsof ik linea recta ben teruggeworpen in dat zwarte gat waar ik helemaal aan het begin de weg in was kwijtgeraakt. Die afschuwelijke, hopeloze periode tussen de diagnose en het begin van de behandeling, als je niets anders kunt doen dan allemaal doodenge dingen op internet lezen en jezelf ervan proberen te overtuigen dat je niet zult sterven. Op de vooravond van de allerlaatste behandeling kreeg ik dan ook een paniekaanval. Althans, dat denk ik. Ik weet niet zeker of ik dat wel eens eerder heb gehad, maar het leek op wat ik afgelopen juni had: dezelfde pijn die door merg en been ging, mijn hartslag die op hol sloeg, mijn hart dat me in de schoenen zonk, mijn gezicht dat wit wegtrok en alleen al denken aan de toekomst maakte dat het angstzweet me uitbrak.

Ik wil graag dat dit een opbeurend verhaal is. Ik wil mezelf bij de kladden pakken, mezelf door elkaar rammelen en doorgaan met waar ik dan ook mee moet doorgaan. Dat geldt trouwens ook voor alle mensen in mijn directe omgeving: wat ze ook zeggen, ik weet zeker dat ze gefrustreerd zijn dat ik (lichamelijk en geestelijk) nog niet helemaal beter genoeg ben om mijn oude leventje weer op te pakken. Dat is misschien ook wel logisch. Hoewel ik me bijna acht maanden lang zorgen heb gemaakt, heb gehuild, me gek heb lopen maken en over deze Klotezooi heb geschreven, zijn zij degenen die het allemaal hebben moeten aanhoren. Ze hebben er net zo genoeg van als ik. Voor hen voelt het waarschijnlijk alsof je een trotse ouder moet aanhoren die het slechts over één ding kan hebben en dat dan héél erg lang. Tegelijkertijd wil ik ook dat dit een eerlijk verhaal is, en de keiharde waarheid luidt nu eenmaal dat als je eenmaal patiënt af bent er net zo veel te rouwen als te vieren valt.

Ik heb onlangs een fantastisch kankerinternetforum van de organisatie Macmillan ontdekt. Het heet 'En nu?' en dat klinkt voor een ongetraind, niet door kanker getroffen oor misschien gewoon als een eenvoudige, goed bekkende, makkelijk te onthouden naam, maar voor iedereen die in mijn maat 40-schoenen heeft gestaan (die Louboutins-hint was wel duidelijk, hè?) is je kankerforum 'En nu?' noemen een geniale vondst waarmee je de spijker op de kop slaat.

'Tills? *What the...?*'

'Gelukkige laatste behandeldag!' gilde ze. Ze stak een enorme fles cava met een grote strik eromheen in de lucht, terwijl ik voor de laatste keer op weg was naar de bestralingsruimte.

'Jij stiekemerd.' Ik omhelsde haar. 'Hoe wist je dat je hier moest zijn?'

'Nou, P. wist ervan,' antwoordde ze. 'Hij heeft me verteld waar ik heen moest en hoe laat en zo – o ja, en ik heb dat lekkere ding achter de receptie net trouwens ook gezien.'

'Haha! Goh, ik vond P. al zo stil.' Ik ging naast haar zitten in de wachtruimte en zette de schaal cupcakejes die ik voor het personeel had gebakken op de grond. 'Ik heb me inderdaad zitten afvragen waarom hij vandaag niet meekwam, maar dat zal ik hem nu maar vergeven, hè?'

'Absoluut,' zei Tills. 'En ik wilde hoe dan ook niet dat je hierna in je eentje rechtstreeks naar huis zou gaan, dus neem ik je mee uit lunchen.'

'Wat ben je een toch een supervriendin, *Tillface*,' zei ik terwijl ik even in haar knie kneep.

Zoals dat goede vriendinnen betaamt, wist Tills zonder dat ik dat hoefde te zeggen dat mijn laatste bestralingsdag een potentieel emotionele dag was. Ze wist net zo goed als ik dat ik nadat ik eindelijk vrij werd gelaten na een zorgvuldig, tot in de puntjes gepland behandelschema, even niet zou weten waar ik het moest zoeken zónder keurig uitgeprint overzicht van al mijn ziekenhuisafspraken als houvast. De eerste hobbel na de diagnose bestond er voor mij dan ook uit om te leren dat ik niet meer vooruit kon plannen, ondanks het feit dat elke vezel in mijn lijf daartegen in opstand kwam. De enige manier waarop ik bij mijn volle verstand kon blijven, was toegeven aan het cliché dat je bij de dag moet leven. Dat was dus ook precies wat ik de afgelopen zeven maanden had gedaan. Alleen moest ik dat instinct nu weer uitschakelen en de weg naar mijn oude leven zien terug te vinden. En dat was minder makkelijk dan het klinkt.

'Red je het wel de rest van de dag?' vroeg een bezorgde Tills toen we voor de Yo! Sushibar stonden waar ik net nog boven mijn bord tempura had zitten snikken.

'Ja, ja, het gaat wel. Het spijt me dat het vandaag niet wat feestelijker was, terwijl jij zo je best hebt gedaan.'

'Hé, dametje.' Tills legde een arm om mijn schouder. 'Ik denk dat we zo langzamerhand wel weten dat de Klotezooi ons geen feestje gunt alleen maar omdat wij dat willen. Maar onze tijd komt nog wel, dat weet je toch?'

'Ja, dat weet ik,' zei ik. 'En hé, ondertussen heb ik een wel magnumfles cava om achterover te slaan en uit die winkel aan de overkant hoor ik een paar Krispy Kreme-donuts zachtjes mijn naam roepen.'

'Zo mag ik het horen,' zei Tills terwijl we samen naar de parkeerplaats liepen.

Aangezien de laatste dag van de bestraling een maandag was (het zoveelste schijnbare bewijs dat een kankerbehandeling nooit keurig netjes wordt afgesloten) verliep de rest van de week ook onrustig. Zo bleek mijn paniekaanval vlak voor de finale ook niet de laatste te zijn. Ik had altijd gedacht dat paniekaanvallen op een soort stuiptrekkingen lijken: dat je last hebt van hartkloppingen, tunnelvisie, duizeligheid en dan flauwvalt en een arts moet bellen. Ik had dat net als mijn kanker gearchiveerd onder het kopje 'dat zal mij nooit gebeuren' en was van plan gewoon stug door te gaan met mijn leven. Naarmate de week echter vorderde kon ik de onaangename, doodenge, onbedwingbare ogenblikken die me overweldigden en me de adem benamen niet meer negeren, zodat ik tijdens die paar seconden dat ik even níét druk bezig was, trillend en wel bijna duizelig werd van de tranen.

Druk bezig blijven, dat was het allerbelangrijkste. Vóór deze Klotezooi vond ik het heerlijk om helemaal niets te doen. Ik had heel wat gelukzalige uurtjes liggend op mijn rug doorgebracht, gewoon genietend van mijn eigen gedachten. Ik heb een tijdje op mezelf gewoond en dat was erg fijn. Ik kon het prima met mezelf vinden, ook al voerde ik geen klap uit. Nu was ik altijd wel ergens mee bezig en was ik nooit meer alleen (en met het risico dat ik nu als die kattenboekenschrijfster annex journaliste Liz Jones klink: ik beschouw Sgt Pepper ook als gezelschap). Zelfs als ik niets zei, was mijn hoofd altijd ergens over aan het malen. Zoals ik bijna continu wel een liedje in mijn hoofd heb, was er op dat moment ook altijd een of ander klusje te doen, een mailtje dat ik moest versturen, een

Facebook-pagina die nodig moest worden bijgewerkt, viel er iets te tweeten, een of ander lijstje op te stellen... voor een van nature lui varken lukte het me verrekte goed om mezelf bezig te houden. Dat was ook iets wat ik graag zo wilde houden, puur omdat ik het me niet kon veroorloven om het níét druk te hebben. Want dan kwamen die paniekaanvallen.

Het probleem was natuurlijk dat hoe meer ik die kutdingen onderdrukte door mezelf af te leiden met andere dingen, hoe sneller ze zich tegen me keerden. Het angstige gevoel bleef onder de oppervlakte borrelen en zocht zich als boze stoom uit een kokende pan water een weg naar buiten met wel 101 onbehulpzame 'stel dat'-vragen in zijn kielzog. Stel dat de kanker terugkomt? Stel dat de behandeling niet blijkt te werken? Stel dat er nóg een tumor zit waar ik niet van weet? Stel dat er andere kankercellen zijn waarvan ik me niet bewust ben? Stel dat ik nog maar heel weinig tijd heb? Tijdens een consult in het ziekenhuis een week later maakte ik mezelf dan ook ontstellend belachelijk.

De vrijdag na mijn laatste bestraling had ik maanden geleden al met een rode x in mijn agenda gemarkeerd: het einde van mijn actieve behandeling, die keurig zou worden afgesloten met een laatste bezoek aan Assistente Glamourpoes en professor Krullenbol. In mijn wildste dromen (en ik ben dus echt zo achterlijk dat ik mijn wildste dromen geloof) zag ik voor me hoe ik de kamer zou verlaten na een vreugdevol applausje en een zin die met de volgende woorden begon: 'Je behandeling is een doorslaand succes geweest,' en misschien zelfs het woord 'remissie'. Ik zei het toch al? Achterlijk... De informatie waarmee ik namelijk naar buiten liep bleek een soort mokerslag van een geheugensteun te zijn over hoe ernstig mijn ziekte daadwerkelijk was.

'Mag ik nu dus zeggen dat ik in remissie ben?' vroeg ik Assistente Glamourpoes terwijl ik met mijn ene hand een zakdoekje verscheurde en met de andere P.'s hand stevig vasthield. (P. was die ochtend trouwens al min of meer aan stukken gescheurd vanwege mijn korte lontje, door hetzelfde pissige, angstige gezeik waar ik hem elke Chemo Vrijdag op had getrakteerd.)

'Nee, nee, nog niet,' zei ze, alsof ik haar had gevraagd of ze een Franse vlecht van mijn korte piekhaar kon maken. 'Het lastige aan het woord remissie is dat het slaat op de periode na een behandeling en aangezien je nog vijf jaar lang Tamoxifen zal moeten slikken, is jouw behandeling officieel pas afgelopen als je dat niet meer slikt.'

'O, geweldig,' snauwde ik, in een poging mijn tranen te bedwingen door mezelf een zekere air aan te meten. 'Ik had alleen verwacht dat je me vandaag zou vertellen dat ik in remissie was.'

'Sorry, dat kan nog niet.' Ze zag overduidelijk dat ik teleurgesteld was. 'Het hele kankerdiscours is nogal lastig. En de media helpen daar natuurlijk ook niet direct bij. Altijd weer dat "Kylie krijgt het groene licht"-verhaal dat iemand kankervrij is. Ik vrees dat er bij dit soort kanker eenvoudigweg geen "groen licht" bestaat.'

'Dus het duurt nog vijf jaar voor ik in remissie ben,' herhaalde ik terneergeslagen.

'Ik zal even een doos tissues halen,' zei Assistente Glamourpoes. Pas toen ze dat zei merkte ik dat ik huilde.

P. en ik zwegen terwijl zij de kamer even verliet. We keken elkaar niet eens aan en grepen elkaar alleen nog wat steviger vast, terwijl ik in gedachten sarcastisch naging welke dingen er zouden gebeuren voor ik van code rood naar oranje zou kunnen gaan. De parlementsverkiezingen, de Olympische Spelen in Londen, Jamies dertigste verjaardag. Jezus, dacht ik bij mezelf, dat betekent dat Miley Cyrus een tijdje in een af-kickkliniek zal hebben gezeten, een seksvideo heeft gemaakt, een onwettig kind heeft gekregen én haar memoires zal hebben geschreven tegen de tijd dat ik in remissie ben. Houdt dit klotegedoe dan nooit op?!

'Gaat het?' Assistente Glamourpoes overhandigde me de tissues.

'Niet echt.'

'Het houdt gewoon nooit op,' zei P., die daarmee mijn gedachten verwoordde. 'We hadden gehoopt dat we het vandaag zouden kunnen afsluiten.'

'Voor veel patiënten is dit inderdaad misschien nog wel het moeilijkst,' zei ze. Hoewel dat ongetwijfeld waar was, hielp het geen ene moer. Dat is alsof je te horen krijgt: 'Je hebt dus borstkanker. Maar dat geldt voor wel meer mensen.'

'Het is niet moeilijk,' jankte ik. Ik kon mijn tranen nu echt niet meer bedwingen. 'Het is een MARTELGANG. Ik kan niet slapen, ik kan niet helder meer denken en ik kan mijn oude leven niet meer oppakken. Terwijl dat het enige is wat ik wil.'

P. legde zijn arm om me heen. Ik geloof dat hij ook zat te huilen, maar ik keek niet of dat ook inderdaad zo was. 'DAT IS ECHT HET ENIGE WAT IK WIL!' snikte ik, en ik hoorde toen pas hoe luid ik dat had gezegd. 'En dat kan nu dus niet!'

'Geloof me,' zei Assistente Glamourpoes terwijl ze haar stoel een stukje dichterbij zette, 'ik zou niets liever willen dan je nu vertellen dat alles in orde is en je hier wegsturen en zeggen dat je niet meer terug hoeft te komen. Maar zo werkt het helaas niet. En ik zou echt voor jou willen dat dat wel zo was.' Haar medeleven was onmiskenbaar en ik vroeg me even af waarom ze voor zo'n baan had gekozen. 'Maar als ik íéts kan doen om je te helpen, dan doe ik dat graag,' vervolgde ze. 'Misschien kan ik je in ieder geval helpen met het niet kunnen slapen, en wordt het dan allemaal ietsje makkelijker.'

'Wat denk je, lieverd?' vroeg P. me.

'Ik weet het niet, ik weet het niet,' herhaalde ik zonder adem te halen. 'Ik ben gewoon continu paranoïde dat er nog meer kanker zit waar ik niet van weet. Ik moet echt zeker weten dat er niets meer zit. Je moet me garanderen dat de behandeling heeft gewerkt.'

'Ik snap het niet helemaal,' antwoordde Assistente Glamourpoes enigszins verward.

'Mag ik nog een CT-scan?' vroeg ik, terwijl ik haar doordringend aankeek om aan te geven dat het me ernst was.

'Maar waarom zou je nog een scan willen? De scan voor de chemo vertoonde toch geen afwijkingen?'

'Ja, maar stel dat er ondertussen iets anders is gebeurd?' stotterde ik, terwijl ik met elk snotterend woord minder samenhangend begon te klinken. 'Stel dat er nog een tumor zit? Stel dat er meer cellen zitten? Ik moet het weten. Pas als ik dat weet, kan ik weer rustig ademhalen. Ik moet het gewoon weten.'

Ik vond het niet fijn dat ik me hiertoe verlaagde en het was vast een verre van plezierige aanblik. Ik vond echter dat ik na wat ik de afgelopen maanden had doorgemaakt, min of meer recht had op een schone CT-scan, als een stukje definitieve afsluiting. Nu bleek echter dat ik dan nog geen ene moer meer zou weten.

'Een CT-scan kan geen losse kankercellen aantonen,' legde Assistente Glamourpoes me uit. 'En het is zinloos om nu nog een CT-scan te doen terwijl de vorige goed was.'

'En als ik het zelf betaal?' vroeg ik, hoewel ik niet precies wist waarmee. 'Want als het terugkomt wil ik dat meteen weten, zodat ik er iets aan kan doen voor het weer dit stadium heeft bereikt.'

'Oké, laten we dit even goed doorspreken,' vervolgde ze kalm, naar ik aanneem in de hoop dat ik haar voorbeeld zou volgen. 'Zelfs als we in de toekomst via een scan zouden kunnen aantonen dat de kanker terug is, dan vrees ik nog dat dat niets zou veranderen aan de uitkomst.'

En dat was het moment dat P. en ik elkaar eindelijk dan toch aankeken. Ondanks het feit dat we zeven zware maanden hadden gehad om te leren leven met deze Klotezooi, drong het op dat moment pas keihard tot ons door dat we eigenlijk belachelijk weinig wisten over hoe het precies werkte. Als we de woorden van Assistente Glamourpoes mochten geloven en die Klotezooi zou terugkeren in mijn borst, konden ze geen ene moer doen om dat te genezen. Ze konden het in toom houden en de groei ervan hopelijk vertragen, maar genezen – nee.

Zonder ons verder nog druk te maken over de andere patiënten die op Assistente Glamourpoes zaten te wachten, bleven we vervolgens nog zo'n halfuur met haar praten terwijl zij de kenmerken van stadium III-kanker nog eens met ons doornam. Over wat het voor mij inhield dat ik dat had en wat ik moest doen om met die situatie te leren leven. Ik weet zeker dat het precies hetzelfde was als wat dokter Lachebek ons in dat andere ziekenhuis had verteld op de dag dat we te horen kregen dat er een tumor in mijn borst zat, maar toen waren we geen van beiden in staat geweest om dat te bevatten. Nu kregen we het hele plaatje echter nog een keer in geuren en kleuren voorgeschoteld, en dat de behandelingen er voorlopig op zaten maakte de werkelijkheid echt niet makkelijker te slikken.

Was kanker nu maar gewoon een ziekte die je ontdekte, waar je dan overstuur van raakte, voor werd behandeld en dan achter je kon laten. Iemand heeft me eens verteld dat de oncoloog van wie zij haar diagnose hoorde, haar had gezegd: 'Ik wil je niet nodeloos bang maken, maar weet dat je leven vanaf nu nooit meer hetzelfde zal zijn.' En toch zaten we hier nu, met de ogen strak gericht op de finishlijn waar 'einde behandeling' boven stond, te popelen om ons heerlijke leventje weer op te kunnen pakken. Maar dat kon dus niet, want dat leven was onherstelbaar veranderd.

Ik had tot dan toe altijd goed gelet op hoe ik me gedroeg in het bijzijn van medici die belast waren met de taak me weer zo gezond en fit te maken als ik vóór de kanker was geweest. Die vrijdagmiddag verloor ik echter niet alleen mijn geduld, maar ook mijn instelling dat dat me nog een barst kon schelen. Assistente Glamourpoes kreeg nu dus eens niet te maken met een opgewekte, beleefde (of hielenlikkende, in het geval van dokter Lachebek) jonge vrouw die tijdens dit soort afspraken altijd kwam opdagen, maar juist met haar stekelige, radeloze kluns van een zus. En tja, dan moet ik natuurlijk ook niet raar opkijken dat ze me naar huis stuurde met een recept voor antidepressiva, wat trouwens nog zoiets op mijn lange lijst van dingen is waarvan ik altijd heb gezegd dat ik dat nooit zou doen.

Ik nam er zodra we thuis waren meteen een paar en installeerde me op de bank met een kop thee om te beginnen aan een louterende blog over dat ziekenhuisbezoekje, terwijl ik nu al ineenkromp van schaamte door mijn eigen boze, tierende, mentaal onevenwichtige gedrag. Tegen de tijd dat ik klaar was met schrijven, zag de wereld er echter uit als een video van de Chemical Brothers: ik had twee paar pantoffels aan, stuiterde zowat tegen de muren op weg naar de toiletpot om te kotsen en herkende mijn man amper nog (die overigens de rest van mijn blog moest afmaken toen het beeld bij mij op zwart ging). Wat als iets akeligs begon, veranderde al snel in iets veel angstaanjagenders. Als die medicijnen bedoeld waren om mijn zenuwen te kalmeren en een paniekaanval te voorkomen, waren ze ongeveer even effectief als een scheet in een tornado.

De volgende ochtend probeerde ik mezelf verwoed te vermannen voor de bruiloft van mijn vriend Jonze en gaf P. dus maar de autosleutels terwijl hij die dag eigenlijk niet had hoeven rijden. Maar zelfs ruim twaalf uur na het innemen van die antidepressiva stond ik nog te trillen op mijn benen, lukte het me niet goed om mijn ogen scherp te stellen en voelde ik me verre van jofel. Het spreekt voor zich dat de rest van die pillen linea recta het Londense riool in gingen. Ik vond het om te beginnen al vreselijk dat ik antidepressiva had moeten slikken, maar nu ik ook nog eens wist wat die dingen met je doen, was het vooruitzicht dat ik er nog eentje zou moeten nemen oneindig veel erger dan dat wat ze zouden moeten verhelpen. Bovendien, toen ik die ochtend met een wat helderder hoofd wakker was geworden, wist ik eigenlijk meteen al zeker dat ik ze helemaal niet nodig had.

Als je bedenkt dat ik nog geen acht maanden geleden zorgeloos van een Corona-vakantie in Mexico aan het genieten was, terwijl ik nu uitgeteld in mijn pyjama op de bank lag bij te komen van een behoorlijk heftige kankerbehandeling... Ach, dan mag je toch wel een paar keer flippen, of niet soms? Alleen waren mensen in mijn omgeving die over die nieuwe pillen hadden gehoord nu opeens wel heel erg bezorgd, vooral mijn ouders. 'Hoe gaat het vandaag met je? Echt? Maar hoe gaat het nou écht met je?' Het woord 'antidepressiva' deed in hun hoofd blijkbaar dezelfde alarmbellen afgaan als in het mijne en ik zag ze alle verkeerde conclusies trekken. 'Is ze depressief? Moeten we haar even met rust laten? Zouden we haar dat moeten zeggen?' Toen mijn ouders de week erna bij ons kwamen logeren, had ik ontstellend gore, zogenoemde light chocokoekjes gebakken die smaakten naar gewatteerde enveloppen met een vleugje chocola en toch durfde niemand te zeggen hoe vies ze waren. Ik was woest, en waar ik vooral helemaal niet meer tegen kon, waren de aannames die mensen deden over mijn geestelijke gezondheid. Door mijn kribbigheid hadden ze echter alleen maar méér reden om te denken dat ik depressief was.

Wetende dat mijn familie wat ik schreef eerder zou geloven dan wat ik zei, wendde ik me dus weer tot mijn blog. 'Ik wil dit echt even gezegd hebben,' begon ik. 'ik ben niet depressief. Wat ik wél ben is in shock, pissig en eigenlijk ook (nog steeds) verrekte kwaad dat deze Klotezooi mij heeft uitgekozen voor de een op de drie die borstkanker krijgt. Ik geef direct toe dat al die klotegevoelens me nogal vatbaar hebben gemaakt voor sporadische stemmingswisselingen, maar denk nou niet dat ik opeens wankelend op de rand van de wanhoop sta. Niet dat er iets mis is met depressief zijn – ik vind echt niet dat je je daarvoor hoeft te schamen. Alleen ben ik dat dus niet. Ik zou net zo in mijn wiek zijn geschoten als je me zou zeggen dat ik de Stones beter vind dan de Beatles, dat ik slecht kan spellen of een supporter van Nottingham Forest ben. Dat zijn namelijk wel dingen waarvan een meisje zou flippen.'

29

Reconstructie

Februari 2009

Toen we onze laatste afspraak met dokter Lachebek hadden, sneeuwde het en zag de binnenstad van Londen eruit als een sprookje. De wachtkamer in het ziekenhuis waar het meestal loeidruk is, was dankzij alle afmeldingen uitgestorven en door deze plotselinge verlichting van de arbeidsdruk was het personeel achter de balie door het dolle heen, zoals kinderen kunnen zijn die opeens ijsvrij hebben gekregen. P. en ik waren aan de vroege kant (en dat was afgezien van mijn trouwdag pas de tweede keer dat me dat was gelukt), en pikten snel de beste plaatsen in vlak naast de spreekkamerdeur van dokter Lachebek.

Wat heeft die dokter L. toch een zware baan. Tijdens het ene consult moet hij mensen vertellen dat ze borstkanker hebben terwijl hij de volgende patiënt juist mag feliciteren dat ze het allemaal zo goed heeft weten te doorstaan (of nog beter, haar juist laten weten dat ze zich nergens druk om hoeft te maken). Gezien de gezichtsuitdrukkingen van het echtpaar vlak voor ons, was de vrouw duidelijk in het eerste konijnenhol gegooid.

Bij het verlaten van de kamer staarde ze als een robot recht voor zich uit en leek niet door te hebben dat ze een verkreukeld zakdoekje aan het verscheuren was. Haar man liep vlak achter haar, zijn hand rustte hulpeloos op haar onderrug, terwijl hij haar jas en handtas droeg omdat dat het enige was wat hij kon doen. En net als wij destijds hadden gedaan toen wij hetzelfde nieuws hadden vernomen, sloegen ook zij meteen linksaf en liepen naar een kamer verderop in de gang waar zij een naaldbiopsie zou ondergaan om de grootte van de tumor te bepalen. Zou zij nou net zo'n hekel krijgen aan aquarellen door de schilderijen die daar hingen? Ik zei 'ts-ts', schudde mijn hoofd en keek P. aan. 'Arme drommels,' fluisterde ik. 'Nu kunnen ze dus niet van de sneeuw genieten.'

Voor P. en mij zag Londen er echter alleen nog maar mooier uit toen we de spreekkamer uit kwamen, nadat dokter Lachebek ons had verteld dat hij onder de indruk was van mijn houding tijdens de hele behandeling (ik verzweeg die tirade van een week eerder natuurlijk) en dat de bestraalde huid voldoende was hersteld om een afspraak te kunnen maken voor de borstreconstructie. Nou moet je weten dat een blijk van vertrouwen van dokter L. te vergelijken is met het krijgen van een goudkleurige sticker van de juf nadat je je het hele schooljaar uit de naad hebt gewerkt om bij haar in de gratie te komen. Aangezien ik er geen geheim van maak hoe dol ik ben op mijn arts, schaam ik me daar dus lekker ook niet voor. (Na na na na na, lekker puh.)

Het einde van hoofdstuk Operatie Nieuwe Tiet staat nu dus ingepland. Over een maand zal het grootste deel daarvan plaatsvinden, en dan heb ik het dus over de chirurgie waarmee ze mijn tiet een betere vorm gaan geven (want hij ziet er nu eerder uit als een soort gebalde vuist). Ze gaan een eersteklas implantaat bij me monteren, voldoende voor een bescheiden Dolly Parton-boezem ('monteren' is vast het verkeerde woord, alsof ik een BMW ben die toe is aan een grote beurt), en er wordt bovendien nog een nieuwe tepel gemaakt. Dat laatste vind ik echt mateloos fascinerend.

Kort gezegd gaat dokter Lachebek de huid optillen op de plaats waar mijn tepel vroeger zat (de huid die dus eerst op mijn rug zat), dat draait hij dan in een soort tuutje en maakt dat vervolgens vast aan een klein heuveltje dat ongeveer even hoog zal zijn als mijn rechtertepel. Hij zal iets groter uitvallen dan zeg maar de bult van een wespensteek, maar platter dan een kokosmakroon. Ik denk zelfs eerder een soort cupcakeje. (Een derde tepel zogezegd.) Terwijl dokter Lachebek dit aan me vertelde (maar natuurlijk niet in taarttermen), sloeg hij zijn jaspand open en beschreef het hele proces terwijl hij naar zijn eigen tepel wees, net zoals het moeilijk is om 'wenteltrap' te zeggen zonder dat je er met je wijsvinger zo'n draaiend gebaar bij maakt. Ik kon er niets aan doen dat ik toen als een puberjochie achter in de klas begon te giechelen. P. schaamde zich kapot.

Nu ik hier in dit witte hesje zit, zie ik er eerder uit als het tweede plaatje bij zo'n 'zoek de zeven verschillen'-tekening. Er klopt iets niet aan het plaatje, maar je kunt je vinger er niet achter krijgen wat het nou precies is. Ik word nu net als een voorheen prachtig maar inmiddels vervallen gebouw langzaam in oude glorie hersteld, een beetje zoals die beroemde Londense pub, de Hawley Arms, die in 2008 is uitgebrand. Het zal nooit meer helemaal hetzelfde worden, maar hopelijk zullen de stamgasten zich er niet door laten weerhouden en terugkomen.

Dankzij mijn slecht getimede paniekaanval en onze afspraak met Assistente Glamourpoes waardoor eventuele feestelijkheden ter afsluiting van de behandeling dus meteen al de kop in werden gedrukt, besloten P. en ik in plaats daarvan maar iets anders te vieren: dat alles weer normaal was. Mijn reconstructieoperatie was pas over een maand en we hadden dus even een welkome onderbreking van alle ziekenhuisbezoekjes. Dat betekende dat we onze middelvinger naar de Klotezooi konden opsteken op een voor ons gebruikelijke manier en zo deden we onze stinkende best om zo goed en zo kwaad als het ging weer een zo normaal mogelijk leven te leiden.

We hadden onze familie de afgelopen paar maanden heel vaak gezien omdat ze zo aardig waren geweest om ons veel en vaak te helpen, en het was dan ook hoog tijd om weer eens met vrienden af te spreken. Op een zaterdag nodigden we dus wat mensen uit voor een soort open huis. Het gaf ons de gelegenheid om bij te praten met alle mensen die de afgelopen paar maanden wel hadden willen langskomen, maar die we niet over de vloer konden hebben doordat de Klotezooi daar steeds een stokje voor had gestoken. Mijn moeder zou het een 'partijtje' hebben genoemd, maar ja, zij wil koste wat kost het woord 'feest' vermijden. Bij mij roept dat woord beelden op van monopoly, zoutjes en nog net de laatste metro halen. Een feest betekent daarentegen onuitgenodigd binnenvallen, klagende buren en schroeiplekken op de bank. Met een rij drankflessen zo lang als ons aanrecht, een tafel vol cava, flink luide Beastie Boys-muziek en het feit dat ik binnenshuis hoge hakken droeg, durf ik wel te stellen dat dit samenzijn een heus feestje was. (En ja, we hadden ook zoutjes. Ik bedoel, zonder zoutjes geen fuif, toch? Zelfs geen partijtje.)

En zoals dat ook bij een feestje hoort, werd ik dronken. Voor de meesten van jullie is dat op een zaterdagavond denk ik niet meer dan normaal, maar dat ligt voor deze kankerpatiënt dus net even anders. Voor mij was thuis dronken worden in het gezelschap van vrienden absoluut van het kaliber 'smijt je tv het raam uit, steek een miljoen pond in de fik, rijd met je auto het zwembad in'. Natuurlijk zorgt de Klotezooi ervoor dat je niet echt goed meer tegen drank kunt (dat maakt me dus ook meteen de perfecte date tijdens deze kredietcrisis) en de gigakater van de volgende ochtend voorspelde dan ook weinig goeds voor mijn vermogen om daarvan te herstellen. Ik was misselijk, ik kon mijn mok thee niet vasthouden zonder te trillen, mijn stem klonk alsof je er een inrit mee had kunnen asfalteren en mijn hoofd deed zo verrotte veel pijn dat het voelde alsof ik een klein meningsverschil met Mike Tyson had gehad. Tjonge, wat voelde ik me beroerd. Toch was het de fijnste kater die ik ooit heb gehad.

Als ik me tegenwoordig, sinds die bewuste dag in juni vorig jaar, klote voel, heeft dat ook altijd een klotereden. Maar je klote voelen doordat je te veel gedronken hebt (dat wil zeggen, wat de meeste mensen een redelijke hoeveelheid zouden noemen) was geweldig; mijn emancipatoire hergeboorte in een normaal leven. En geloof me, ik heb er alles uitgehaald wat er uit te halen viel. Ik ben zonder mijn make-up eraf te halen in bed gestapt en heb toen na het opstaan een broodje met bacon, ei en tomatenketchup gemaakt dat droop van het vet. Ik heb in de kleren waarmee ik in slaap was gevallen op de bank naar een sportuitzending zitten kijken en ben vervolgens weer naar bed gestrompeld toen rechtop zitten me te inspannend werd. Ik heb twee keer de film *Sex and the City* gekeken (de tweede keer met het commentaar van de regisseur erbij) en een hele doos met Green & Black's-chocolaatjes opgegeten. In mijn eentje. Daarna heb ik al smullend van wat curry met nasi én een portie frites wat achterstallige afleveringen van *Coronation Street* ingehaald en tijdens een afleve-

ring van *Shameless* vervolgens ook nog eens alle kroepoek opgegeten. Het was een illustere, waanzinnig vette zondag en ik
ben vroeg naar bed gegaan met een tevreden glimlach op mijn
gezicht, terwijl ik mijn wangen op het kussen vlijde dat onder de eyelinervlekken en kroepoekkruimels zat. En ondertussen dacht ik: Dit is wat normale mensen doen.

Mijn kortstondige flirt met 'het normale leven' duurde zelfs
langer dan alleen dat weekend. Net toen ik dacht dat het roekeloos afwerpen van mijn kankerketenen door zoutjes te eten
en te dansen in de woonkamer een hoogtepunt had bereikt,
wist ik de grenzen van een normaal leven nog wat verder op
te rekken en ben voor het eerst in maanden een paar uur naar
mijn werk gegaan. Goh, wat is er sinds ik in die Klotezooi-
luchtbel van me heb vastgezeten veel veranderd, zeg. In Soho
waren allemaal leuke boetiekjes op de fles gegaan. Voor de
voordeur van het kantoorpand had je een nieuwe toegangs-
code nodig. Er zaten andere gezichten achter andere bureaus.
Ik had een nieuwe login. Ja, de slappe thee in de gebarsten
mokken was nog steeds hetzelfde en alles had iets tot de ver-
beelding sprekends. Terwijl ik echter probeerde te achterhalen wat er allemaal precies op kantoor was veranderd, waren
andere mensen juist nieuwsgieriger naar wat er allemaal aan
míj was veranderd.

'En eh... dat hele kanker hebben,' vroeg Kath, boven haar
kom misosoep toen ze me die dag op een lunch trakteerde,
'denk je dat je daardoor bent veranderd?'

Zonder er echt over na te denken zei ik meteen volmondig
'ja' en begon vervolgens aan een lange monoloog over dat ik
nu zo veel slechter tegen tranen kon, vooral in realitypro-
gramma's op televisie. Dat ik tegenwoordig mee zat te grie-
nen bij een kookprogramma omdat de kandidaat zijn heilbot
had verkloot terwijl hij met zijn kookkunsten alleen maar 'an-

deren gelukkig wilde maken'. Of door mensen die zichzelf al jankend door de audities van *American Idol* heen werken omdat ze 'een retourtje naar de hel hebben doorgemaakt' om de tweede ronde te kunnen halen. Of jankend naar Sralan van *The Apprentice* kijken omdat 'succesvol zijn in zaken' (wat dat ook mag betekenen) iemands levensdoel is.

'Ik bedoel, kom op zeg,' zei ik. 'Dit moet niet gekker worden, verdomme!'

'Haha! Volgens mij ben je geen spat veranderd,' zei Kath met een glimlach.

Hoewel mijn antwoord eigenlijk nogal oppervlakkig en spottend was geweest, had ik veel nagedacht over die vraag of ik was veranderd. Je kunt natuurlijk zeggen dat alles je op de een of andere manier verandert. Zoals dat ook bij een nieuwe baan het geval is. Zoals een nieuwe handtas je kan veranderen. Jezus, zelfs een goeie bout leggen kan je veranderen. Alleen heb ik het over ingrijpender veranderingen. Zoals: ben ik door kanker een beter mens geworden? Sta ik elke ochtend op met een nieuw soort gevoel van dankbaarheid? Heb ik een diepere betekenis achter dit alles ontdekt? Nee. De geur van een roos, de smaak van champagne of hoe mooi een afgedankte krant kan zijn die in Soho door de wind over de stoep wordt voortgeblazen – het is echt niet zo dat ik daar opeens met heel andere ogen naar kijk. Kanker mag veel met me hebben gedaan, maar het heeft me zeker niet spiritueel verlicht gemaakt. Nee, dit is geen 'Zen en de kunst van kanker'.

Tijdens mijn vorige (en wellicht laatste) sessie met meneer Halvezool kreeg ik eenzelfde soort kankerdebriefing. Nadat hij had bevestigd dat hij het volkomen met me eens was wat betreft de kwestie 'ik ben niet depressief, het komt door de kankerbehandeling' (ha, daar hebben jullie niet van terug hè, antidepressiva?), vroeg hij me een lijstje te maken van alle

goede dingen die de afgelopen paar maanden hadden opgeleverd.

'Er is helemaal niets goeds uit voortgekomen,' bitste ik terug.

'Dat ben ik niet met je eens.' Dat kunnen therapeuten zo
goed hè, zo lekker vrijblijvend iets zeggen terwijl ze eigenlijk
'je lult uit je nek' bedoelen. En verdomme, hij had natuurlijk
ook wel gelijk. (Misschien kan hij zich samen met Wijsneuzerige Mammacare-verpleegkundige opgeven voor *Who
Wants to Be a Millionaire.*)

Ik wilde alleen niemand de indruk geven dat borstkanker
op de een of andere manier ook goed kan zijn. En daarnaast
wilde ik de wat betere dingen die eruit voort waren gekomen
er evenmin aan toeschrijven. Zo kwamen meneer Halvezool
en ik dan ook uit op een compromis. Natuurlijk heeft deze
hele borstkankerervaring me veranderd en er zijn ongetwijfeld ook wat prettige gevolgen geweest, maar (net als dat voor
therapie geldt) zou dat ook zonder deze Klotezooi uiteindelijk wel zijn gebeurd. Je zou kanker hoogstens de katalysator
kunnen noemen, omdat die ervoor heeft gezorgd dat het allemaal wat sneller ging. Maar net zoals dat geldt voor het nemen van de Heathrow Express in plaats van de metro, had het
me ook heel wat meer gekost.

Dom als ik ben, probeerde ik die vraag van 'heeft de kanker ook goede dingen opgeleverd' later ook met Jamie te bespreken.

'Eerlijk gezegd denk ik dat je ons allemaal een enorm plezier hebt gedaan, zus,' zei hij over de telefoon op de vooravond
van ons familietripje naar Rome, om te vieren dat ik klaar was
met de behandeling. 'Want als jij geen kanker had gekregen,
zouden we nu waarschijnlijk niet naar Rome gaan.'

'Okéééé. Dus jij bedoelt te zeggen dat het feit dat ik kanker kreeg een altruïstische daad was om ervoor te zorgen dat jij er even tussenuit kunt?'

'Precies. Je hebt dit gedoe gewoon georkestreerd. En ik wil je daar namens de hele familie bij dezen hartelijk voor bedanken.'

30

Hoe oud ben ik ook alweer?

Maart 2009

Ik denk dat ik aanvoel dat de dagen van mijn pruik geteld zijn en dat ik er daarom de laatste tijd vaker voor kies om 'm juist op te zetten, ondanks het feit dat-ie door het donslaagje op mijn hoofd eronder steeds onprettiger zit. En ook omdat ik denk dat ik die opgeluchte 'aahhh'-zucht bij het afzetten ervan ga missen. (Dat is trouwens ook van toepassing op de kreet wanneer je handboeien eindelijk af mogen, na je eerste slok bier op een snikhete dag of als je eindelijk je hoge hakken kunt uittrekken in de taxi op weg naar huis.) Helemaal in het begin van mijn pruikentijd, toen mijn haar heel snel uitviel maar ik nog niet helemaal kaal was (zeg maar de Bobby Charlton-fase), had ik een strak lycra mutsje gekocht dat speciaal bedoeld is voor als je een pruik draagt en je haar eronder goed platdrukt zodat de pruik beter zit. Alleen leek het nu alsof ik een pantykous op mijn kop had. Als ik hem over mijn ogen had getrokken, zou ik alleen nog een plunjezak en een gestreepte trui nodig hebben gehad om er als een bankrover uit een stripboek uit te zien. De pantykous werkte echter wel en als ik me, gezien de aangroei van babypluis, houd aan mijn huidige pruikgedrag, word ik gedwongen terug te gaan naar de pruikenwinkel waarvan ik had gezworen dat ik er nooit meer een voet in zou zetten om zo'n nieuw platmaakmutsje aan te schaffen.

Niet dat ik het hoofddoekje helemaal heb afgezworen, alleen waren er de afgelopen tijd een paar gebeurtenissen die een pruik absoluut noodzakelijk maakten. Denk aan de paspoortcontrole op het vliegveld. Hoe luidt het protocol eigenlijk voor haaruitval en pasfoto's? (Kijk, dat zijn nou dingen die in die kankerfoldertjes zouden moeten staan. Ik wil verdomme praktijkinformatie, geen slap gezeik over 'omgaan met je emoties'). Zo staat op mijn pasfoto een zongebruind meisje met lang, blond haar (dat er vreemd genoeg uitziet alsof ze iets te veel van de valium heeft gesnoept). Helaas lijk ik daar niet meer op (nee, eerder alsof ik ben uitgeschoten met de ontharingscrème). Heb ik nu een nieuwe pasfoto nodig? Zouden ze me tegenhouden als ik op het vliegveld met een hoofddoekje door de douane ga en me dan publiekelijk vernederen door me te dwingen dat samen met mijn laarzen door het röntgenapparaat te laten scannen en dat ik het dan alleen in zo'n doorzichtig plastic tasje aan boord mag nemen? Is een hoofddoekje nu net als lucifers, pincetten en een koran een van de dingen waardoor je meteen van terrorisme wordt verdacht?

Dat verzon ik overigens allemaal pas aan de vooravond van ons tripje naar Rome, dus om eventuele gêne te voorkomen nam ik maar mijn toevlucht tot mijn eigen matje, in de hoop dat het eruit zou zien alsof ik net naar de kapper was geweest in plaats van dat ik mijn hoofd had laten kaalscheren op een of ander idioot trainingskamp voor terroristen. Niet dat die pruik voorkwam dat ik me verdacht gedroeg toen ik mijn paspoort overhandigde. Ik deed namelijk mijn uiterste best om een indruk te wekken van 'o, maar ik vlieg continu van en naar Italië' (kauwgom + oordopjes + met je iPhone zitten pielen = doorgewinterde reiziger). Maar de trillende handen, zweterige klauwen en de rode vlekken in mijn gezicht kon ik helaas niet verbergen. Natuurlijk hebben ze me wel doorgelaten. Ik denk dat zelfs het bewakingspersoneel op een luchthaven liever te maken krijgt met een terrorist dan met een vrouw die iets te vroeg in de overgang is.

En dan heb je natuurlijk nog het hele toeristengebeuren in Rome waarbij het aan te raden is om een pruik te dragen, en niet alleen omdat ik vermoed dat die modebewuste Italianen eerder openstaan voor een hoofddoekje van Hermès dan voor mijn H&M'tje. Nee, ik bedoel dus dat toerist zijn gelijkstaat aan foto's en ik verdomde het dat ik later naar familiekiekjes zou moeten kijken waarbij iedereen wat ongemakkelijk voor het Colosseum poseert, geschaard rond een overduidelijke kankerpatiënte die eruitziet als een trillend oud besje dat ook eens op een dagje uit wordt getrakteerd. Er bestaan maar weinig foto's van mij mét hoofddoekje en dat wil ik graag zo houden.

Maar dat gezegd hebbende, kwam ik er helaas wel op een keiharde manier achter dat bepaalde toeristische activiteiten minder geschikt zijn voor een pruik. Toeristische tip 1 voor kankerpatiënten: een pruik en een cabrioletbus vormen geen goede combinatie.

'Heb je je familie verteld dat je het gaat doen?' vroeg Tills.

'En een heerlijk weekendje Rome verpesten? Nee, natuurlijk niet.'

'Maar gaat je moeder dan niet flippen?'

'Waarschijnlijk wel, ja. Maar verdomme Tills, het gaat nu even om mij. Het is toch al redelijk belachelijk dat ik me zorgen maak over wat mijn moeder wel niet zal denken.'

'Tja, een beetje wel. Maar het is ook nogal belachelijk dat je dertig bent en last hebt van opvliegers.' Ze overhandigde me een tijdschrift zodat ik mezelf wat koelte kon toewuiven tijdens het koffieleuten.

'Ja, ik ga het echt doen,' zei ik.

'Je gaat het dus echt doen,' herhaalde Tills.

Dit was zo'n normaal iets waarnaar ik zo had gesnakt, gewoon weer een kopje koffie kunnen drinken met een vriendin of er even tussenuit in het weekend. Het was natuurlijk heerlijk, maar tegelijkertijd herinnerde het me er ook op meerdere manieren aan hoeveel er was veranderd sinds ik dit soort normale dingen voor het laatst had gedaan. Als je leven op zo'n ingrijpende manier is omgegooid, heb je vaak ook de neiging om iets anders drastisch te willen veranderen en daar uiting aan te geven, of het nu om een ander kapsel, een andere baan of je relatie gaat. Aangezien mijn haar alleen nog maar voor spek en bonen meedeed, mijn baan nog eventjes op mijn terugkeer moest wachten en mijn huwelijk op de lijst van dingen stond 'waar niet aan te tornen valt', denk ik dat ik daarom samen met Tills dat café verliet en naar een tattoo-shop toog.

Sinds ik klaar ben met alle kuren denk ik vaak aan mijn moeders lievelingsgedicht 'Warning' van Jenny Joseph. Dat gaat over op een extravagante manier ouder worden en dan allerlei ongepaste dingen doen. Doordat ik plotseling in het diepe was gegooid en niet meer wist hoe ik me naar mijn leeftijd moest gedragen, sprak vooral het zinnetje 'ik reken af met mijn beschaafde jeugd' me erg aan. Zo was ik het ene moment druk bezig met het plannen van een liederlijk weekje in Glastonbury of stond ik in de spiegel met een tandenborstel in de hand te rappen, en het volgende moment moest een vriendin me koelte toewuiven met een exemplaar van *Take a Break* omdat ik paars aanliep vanwege een opvlieger. Hoog tijd om daar eens iets aan te doen.

Als dit mijn plan was om alsnog de opstandige tiener uit te hangen, was ik waarschijnlijk zo'n vijftien jaar te laat met het laten zetten van een tatoeage. Maar ach, nu het hele verouderingsproces toch al op de schop ging, leek de stap van een opvlieger naar een met inkt gevulde naald vreemd genoeg best logisch. Die ochtend had een uur lang googelen naar overgangsklachten bevestigd dat dit de juiste keus was. Ik had tijdens mijn zoektocht een 'overgangsvragenlijst' gevonden waar je de ernst van je symptomen op kwijt kon en dan te horen kreeg of... nou ja, niets wat je niet al wist. Boven aan de pagina prijkte een foto van drie lachende vrouwen van in de vijftig, als een soort van geruststelling van 'we zitten in hetzelfde schuitje'. Eentje droeg zelfs vrijetijdskleding, duidelijk ter voorbereiding van een middagje thee en tennis bij de 'Overgangs-*Ladies' Club*, waar ik dankzij die vragenlijst nu ook lid van mocht worden.

Het vervelende was dat ik mezelf ondanks die irritante opvliegers, de slapeloosheid, de veranderingen in mijn huid, het niet meer ongesteld worden en de gewrichtspijnen – zeg maar de kwaaltjes waar vrouwen die twee keer zo oud waren als ik mee worstelden – eerder als een meisje uit de film *Mean Girls* zag dan eentje uit *Calendar Girls*. Ik was nog verre van klaar voor het welkomstpakket van de Overgangs-Ladies' Club.

Net als dat voor borstkanker en het moeten dragen van een pruik gold, was ik er altijd van uitgegaan dat de overgang iets was waar ik me pas over heel lange tijd zorgen over hoefde te maken. Met de instelling van iemand van negenentwintig maar het lijf van iemand van negenenvijftig worstelde ik echter voor het eerst van mijn leven met de vraag hoe ik me diende te gedragen. Met een tatoeage zou ik op meerdere manieren het einde van mijn Grootse Levensplan kunnen markeren en het begin van een nieuwe en oneindig veel minder strak geplande versie. Of misschien zeg ik dat nu gewoon allemaal vanwege mijn therapie en zou die tatoeage echt niet meer zijn dan gewoon wat inkt in de vorm van een sterretje.

Toch zie ik die ster liever als de punt achter menige zin: die markeerde het einde van mijn actieve behandeling (hij zit op mijn rechterpols, precies naast de plaats waar de chemonaalden werden aangebracht), als beloning voor het feit dat ik die loodzware maanden heb doorstaan (het is geen toeval dat het sterretje lijkt op zo'n sticker die kinderen op de lagere school van hun onderwijzer krijgen), de erkenning dat mijn leven onherroepelijk is veranderd en dat het uitstippelen van je levensloop zwaar wordt overschat.

Toch ben ik ook wel weer blij dat ik zo lang mogelijk aan mijn oude plan heb vastgehouden. Ik ben blij dat ik een zogenaamd braaf meisje ben geweest, want daarmee heb ik een hoop bereikt. Nu was er alleen geen duidelijk plan meer, alleen een nieuwe tatoeage en een blanco pagina. Hoewel ik dat eng maar ook wel weer een beetje spannend vond, was ik ook geïntrigeerd door de vraag wat er nu zou gebeuren, als Operatie Nieuwe Tiet eenmaal achter de rug was.

De levensplanners kwamen in groten getale opdagen op de dag dat Tills en ik naar die tattooshop gingen, maar dat ontdekten we pas tijdens de borrel na de inktsessie, toen we in het restaurant van een warenhuis erop proostten. We paradeerden met onze designerhandtassen tussen andere vrouwen van onze leeftijd door die zich met hun designerkinderwagens naar binnen persten. Wij proostten met onze bierflesjes terwijl zij melkflesjes schudden. Wij hadden het over mijn tattoo, zij over 'kiekeboe'. En hoewel ik een paar maanden geleden nog jaloers zou zijn geweest op de vrouwen aan de tafeltjes naast ons, besefte ik nu dat er ook veel goede kanten zaten aan de volslagen verknipte manier waarop ik met dit verouderingsproces omging. Hier heb je niet van terug hè, Benjamin Button? Dit is namelijk *The Curious Case of Lisa Lynch*. Ter ere van die verrekte overgang waar ik als twintiger al in belandde, heb ik toen maar mijn eigen waarschuwingsgedicht à la Jenny Joseph geschreven.

Wanneer ik dertig ben, zal ik een kort, kittig kapsel
    hebben
En draag ik een dertien-in-een-dozijn-jurk met hakken
    van Louboutin.
Ik verbras mijn aandelen aan pedicures en flitsende
    Apple-gadgets
En vijfsterrenvakanties, en steek mijn middelvinger op
    naar mijn pensioen.
Ik ga de kinderen van mijn vrienden vieze mopjes
    leren,
Vloeken tegen parkeercontroleurs en knipogen naar
    bouwvakkers,
Flirten met verlegen, puberende obers
En net doen alsof ik in een aflevering van *Skins*
    meespeel.
Ik ga met mijn tatoeage pronken in een jasje met korte
    mouwen
En glittermake-up opdoen als ik naar de supermarkt
    ga
En leren rappen.

31

De puntjes op de i

Bestaat er al een Guinness-wereldrecord voor 's werelds grootste tepel? Want volgens mij heb ik die. Nou ja, eerlijk gezegd moet ik het waarschijnlijk een derde tepel noemen. Aangezien er nog niet half zo veel mensen met drie tepels bestaan als met twee tepels, wacht ik niet op het eindoordeel van de jury en kroon mezelf vast. Goed gedaan, Lisa.

Ik heb er alleen nog maar een glimp van opgevangen toen ik in mijn ziekenhuisbed lag en nog helemaal daas was van de morfine. Een van de verpleegkundigen kwam de wond controleren en misschien kwam het door de medicijnen, maar ik weet echt zeker dat er 'Mariwana' op haar naamkaartje stond. Maar zelfs half stoned kon ik mijn ogen amper geloven toen ik zag wat er onder dat bloederige verband zat. Tjeezus, ik had mijn oog wel kunnen uitsteken. Echt, dat ding is zo groot als een druif. Het is helemaal niet het kleine heuveltje dat ik van fase één van Operatie Nieuwe Tiet had verwacht, maar echt een speciaal voor mij ontworpen, volgroeide imitatietepel die zo trots als een pauw rechtop staat. Ja, echt! Hij staat fier overeind! Mijn god, dat kan ik van mijn rechtertepel niet zeggen want die is over het algemeen een nogal luie donder en gaat alleen in de houding staan als het écht nodig is. Maar die derde tepel dus niet.

Dit schatje (sorry, deze schát) zou zich op de bovenste plank achter in een kiosk echt niet hoeven schamen. Of nog beter, onder een sletterige bikini in een *Carry On*-film. (En nu moet ik écht ophouden.)

Alleen vrees ik dat die tepel met alle hechtingen, zwellingen en korsten nu meer kans maakt op een bijrolletje in een hor-rorfilm. Wijsneuzerige Mammacare-verpleegkundige is voor de operatie nog even langsgekomen om me de ingreep uit te leggen. Ze had me toen gewaarschuwd dat de nieuwe te-pel vlak na de operatie 'wat aan de grote kant zou zijn', om-dat dokter Lachebek hem expres groter wil maken dan hij uiteindelijk zal worden. Aangezien hij niet van levend weef-sel is gemaakt, zal een deel ervan op den duur afsterven en loslaten, zoals het uiteinde van de navelstreng bij een pas-geboren baby.

Dat bezoekje van Wijsneus was een geweldige verrassing. Ze werkt meestal niet op zaterdag, dus ik had haar helemaal niet verwacht, maar haar bezoekje aan mijn ziekenhuisbed was de enige rustgevende tactiek die bij mij ook daadwer-kelijk werkte. Toen ik terugging naar het ziekenhuis, voelde dat op diverse fronten als een terugslag naar de kankerrou-tine van vroeger. Ik had de avond voor de opname mijn ze-nuwen afgereageerd op P. (ditmaal ging het over de luxa-flex die niet helemaal recht hing, of iets anders onzinnigs), ik had vlak voor we weg moesten eindeloos op de wc geze-ten, de hele taxirit zitten snikken en in het ziekenhuis de wc vervolgens weer opgeëist (tja, wat zal ik zeggen – zenuwen doen rare dingen met je ingewanden). Het was een onwer-kelijke, emotionele ervaring om weer door diezelfde gang te lopen op de afdeling waar ik vorig jaar juni een paar dagen heb gelegen, maar toen voor het verwijderen van iets wat nu terug wordt geplaatst. Zowel dokter Lachebek als Wijsneuzerige Mammacare-verpleegkundige zei dat ze amper konden geloven hoe snel het allemaal was gegaan sinds de vorige keer dat we het hier in het ziekenhuis over mijn linkerborst hadden gehad. En voor hen zal dat inderdaad ook wel zo lijken. Zij doen dit soort dingen elke dag, maar voor mij is het een slepend, sleurend en slopend proces dat tot mijn eerste grijze haren heeft geleid. ('Geen wonder,' zei mijn vader toen hij ze uit mijn hoofd trok.)

Hoe doodzenuwachtig ik voor de operatie ook was, ik kon me gewoon niet netjes gedragen in het bijzijn van dokter Lachebek, die zaterdagmiddag even langskwam om aan mijn tieten te zitten. Ik was mijn gebruikelijke suffe zelf waar je je dood voor zou schamen. Nee, zelfs erger nog. Ik gedroeg me als de eerste de beste randdebiel. Hij stak zijn hoofd om de hoek van de deur en – aangezien hij me voor het eerst zonder lang haar, pruik of hoofddoekje zag – herkende me eerst niet. 'Wauw, je haar!' riep hij uit, toen hij besefte dat hij de juiste kamer had en met zijn dossiermap op me af stapte.

'Heuh heuh, ja.' Ik maakte een soort snuivend, gênant geluid. (Let op: uilskuiken in aantocht!) 'Hé, kijk nou!' blaatte ik, wijzend naar zijn hoofd. 'Ik heb je bijna ingehaald!' Ik zag uit mijn ooghoeken dat P. zich kapotschaamde en zijn handen voor zijn hoofd sloeg. Ik voelde ondertussen dat mijn gezicht steeds warmer aanvoelde en ik had mezelf wel willen schoppen dat ik me als een grotere tiet gedroeg dan het lichaamsdeel dat dokter Lachebek op het punt stond te gaan maken.

Normaal gesproken ben ik iemand die nadenkt voor ze iets zegt, maar in het bijzijn van deze man kan ik de volslagen onzin die ik uitkraam gewoon niet inslikken. Alsof je cool probeert te blijven in het bijzijn van een Beatle. Hoewel... Ik denk dat ik nog kalmer zou zijn als Paul McCartney hier nu aan mijn bed stond. Tjeezus, vergeleken met hoe ik me in het bijzijn van mijn chirurg gedraag, zou ik denk ik het toonbeeld van rust zijn als ik ooit nog eens de koningin, de dalai lama of Dave Grohl zou ontmoeten. Nou oké, misschien niet Grohl. Die vent is een legende. Terwijl ik daarentegen een ongelofelijke oetlul ben.

Zoals dokter Lachebek altijd zo uiterst bedreven doet, wist hij mijn door diep respect verblinde faux pas tactvol te negeren (wat zeker weten het borstreconstructie-equivalent was van de opmerking 'ik heb een watermeloen gedragen' in *Dirty Dancing*) en schakelde soepeltjes over op de meer zakelijke kwesties van Operatie Nieuwe Tiet. Ik zat topless op mijn ziekenhuisbed terwijl hij tegenover me stond en mijn echte tiet opmat en die met haar tijdelijke zusje vergeleek. Hij legde me uit dat hij qua grootte en gewicht geen problemen voorzag, maar dat hij misschien wel wat tijd nodig had voor hij de juiste hoek zou hebben. (En ik denk dat dat een aardige manier was om te zeggen dat mijn tieten in goede staat verkeerden, maar niet echt pront naar voren staken. Het schijnt dat hij voor de operatie alle beschikbare implantaten in de relevante cupmaat op een rijtje zet en dan na de incisie de meest bruikbare uitprobeert voor hij beslist welke hij definitief onder de huid zal stoppen. Dat beeld alleen al van dokter Lachebek voor een tafel vol neptieten gerangschikt van groot naar klein, als een beiaardier vlak voor hij gaat spelen... Op dat beeld richtte ik me dan ook toen de anesthesist me in slaap bracht.

Toen ik drie uur later weer ontwaakte hoorde ik mezelf P.'s naam mompelen (goddank niet die van dokter Lachebek), terwijl de anesthesist die me onder zeil had gebracht me een zakdoekje gaf om mijn tranen te drogen. Ik was volkomen van de kaart. Daar lag ik dan, in vol ziekenhuisornaat, nog doezelig van de narcose, in dezelfde verkoeverkamer als die waar ik na de borstamputatie weer was bijgekomen, recht tegenover dezelfde zilveren klok en omgeven door dezelfde vertrouwde geuren van ontsmettingsmiddel en verband waarvan ik nu pas doorhad dat ik me die van de vorige keer herinnerde.

Op weg terug naar de afdeling bleef ik zachtjes huilen, zelfs toen ik daar in bed lag. Ik kon er niets aan doen. Het kwam niet zozeer door de pijn of een of ander ongemak, maar doordat ik bang was. Misschien zelfs wel door de traumatische ervaring. Door de maandenlange behandeling die ik had moeten doorstaan om dit punt te kunnen bereiken, verkeerde ik nu in een soort shock, maar was ik tegelijkertijd verrast dat het eindelijk – eindelijk! – zover was. Deze hele ervaring begon onverwacht te veranderen in een bittere herinnering aan alles wat ik zo wanhopig had geprobeerd te vergeten. Het ongeloof en de keiharde klap van mijn diagnose die ik nooit echt had kunnen verwerken, troffen me weer vol in het gezicht.

Gelukkig wist P., die op de rand van mijn bed zat, precies wat ik nodig had om mijn tranen te stelpen en haalde dus op dat moment een tasje van Tiffany tevoorschijn dat me sneller dan je 'bling' kunt zeggen uit mijn door de morfine opgewekte, snikkende roes haalde. In het tasje zat een kaart met daarop de tekst: 'Een prachtige ring voor mijn prachtige vrouw om onze prachtige toekomst te markeren.' Natuurlijk begon ik toen weer te janken, zelfs nog voor ik de inhoud van het doosje had kunnen bekijken.

'Nou,' zei P., terwijl hij naar mijn nieuwe tiet gebaarde, 'jij hebt dit allemaal moeten doorstaan zodat ik straks een nieuw speeltje heb. Dan kan ik je op zijn minst toch iets soortgelijks teruggeven.' En wat een ruil! Hier zullen heel wat van mijn panty's door gaan ladderen. En ik moet bekennen dat hij volkomen gelijk had, want hij is inderdaad prachtig! Een fonkelende, fantastische protserige cocktailring voor om mijn middelvinger: onze manier om een middelvinger op te steken naar deze hele Klotezooi. Ik betrapte mezelf alleen wel op de stiekeme gedachte dat P. aan het kortste eind trok. Zijn speeltje gaat immers krimpen. Het mijne niet. Het mijne blijft eeuwig rechtop staan aan mijn middelvinger.

In de week voor mijn operatie vierde Lil haar dertigste verjaardag en ik besloot haar feestje aan te grijpen als mijn laatste avond mét pruik. Net als de eerste keer dat ik hem droeg, was het allemaal nogal een anticlimax. Ik had het helemaal voor me gezien. Ik zou door de kroeg paraderen en dan zou een van mijn vrienden hem midden in Soho van mijn hoofd rukken, zodat alle dragqueens zich het apelazarus zouden schrikken, met op de achtergrond trompetgeschal en het adorerende applaus van allemaal andere feestgangers. (Zo te zien ben ik eerder een *drama queen* dan een dragqueen). In werkelijkheid bleek het niet zo'n bevrijding als ik had gehoopt. Nee, ik was nukkig en zweterig na een avondje vol opvliegers en kon mezelf slechts met moeite overeind houden op mijn veel te hoge sandalen. Kortom, ik was uitgaan in het centrum van Londen echt volkomen verleerd. In plaats van het haarstukje van mijn kop te trekken op de tonen van een bevrijdende soundtrack van blazers, nam P. de honneurs waar, met een gefrustreerd koor van autoclaxons op de achtergrond terwijl ik de auto uit een veel te krappe parkeerplaats probeerde te manoeuvreren. Dat is, bedenk ik nu, eigenlijk wel een

goede samenvatting van mijn hele pruikentijd: klunzig, tegen-
draads en tamelijk tenenkrommend.

Het oorspronkelijke plan was dat ik me nog een paar maanden tot hoofddoekjes zou beperken (of voor speciale gebeurtenissen mijn pruik zou opzetten). Alleen wist ik zelf ook wel
dat het te veel gedoe zou zijn om de schijn op te houden in
het ziekenhuis en ik had dus bedacht dat dit een uitstekende
gelegenheid was om uit de kast te komen als iemand met ultrakort haar. Toen ik mijn familie en vrienden vroeg wat ik
met mijn kaalheid maskerende hulpmiddelen zou doen,
kwam de overweldigende meerderheid met allerlei advies aan
hoe ik die het spectaculairst zou kunnen weggooien. Zoals uit
een kanon wegschieten, of op een brandend stuk hout in zee
laten afdrijven, dat soort dingen. Dat klonk ook wel heel verleidelijk, ware het niet dat ik doodsbang was dat ik er zodra
ik had besloten die dingen de deur uit te doen, prompt achter zou komen dat ik ze nog nodig had. Zelfs nu ik dit schrijf,
met al behoorlijk wat haar op mijn hoofd en een paar maanden nadat ik Pruik 1 tot de onderste la van de kast heb ver-
bannen, blijft die daar mooi liggen: helemaal onderin, tussen
een warboel van borstels en haarbanden. Hij is natuurlijk naar
de filistijnen, maar om de een of andere reden kan ik mezelf
er niet toe zetten hem echt de deur uit te doen.

Mijn tas is gepakt en mijn ziekemensenpyjama gewassen
en gestreken door mijn moeder (die trouw blijft volharden in
haar pogingen om zulke momenten zo prettig mogelijk te maken) en alles was dus gereed voor Operatie Nieuwe Tiet. Nou
ja, alles behalve ik. Terwijl ik hier zó lang op had gewacht, op
de kans om eindelijk die prachtige borst terug te krijgen die
de kanker me had afgenomen. Hoewel ik begreep dat deze
operatie bij lange na niet zo ingrijpend zou zijn als de vorige, dat de reden voor deze ingreep een veel fijnere was en dat

mijn verblijf in het ziekenhuis korter zou duren, was ik toch, in plaats van zo opgewonden als een klein meisje vlak voor Kerstmis, juist bagger aan het schijten alsof het de vooravond van mijn eindexamen was.

Ik wist dat mijn zenuwen een tikkeltje ongegrond waren, en ik wist ook waarom. De vorige keer dat ik uit de narcose was ontwaakt had dokter Lachebek immers aan mijn bed gestaan met het nieuws dat de kanker was uitgezaaid. Dus natuurlijk was ik bang dat ik als ik nu bijkwam, weer slecht nieuws te horen zou krijgen. Ik vond het vreselijk dat ik niet wist wat er zich in mijn lichaam afspeelde. Niet dat ik dat vóór al deze Klotezooi precies wist – nee, natuurlijk niet – maar nu begon ik daar dus echt van door te draaien.

Iedereen drukte me op het hart dat er niets mis was, dat ik me nergens zorgen over hoefde te maken, dat ik me uitsluitend op het eindresultaat moest richten. Maar ik probeerde niet alleen elk gesprek over de operatie te omzeilen door mensen af te snauwen, ik deed ook echt actief mijn best níét te denken aan het eindresultaat. Ik wilde mezelf niet blij maken met een dooie mus, zoals ik dat wel had gedaan toen ik mijn eerste pruik was gaan kopen. Ik had toentertijd een perfecte kopie van mijn eigen haar gewild. Nu wilde ik een perfecte kopie van mijn eigen tiet. Alleen had ik mijn lesje inmiddels wel geleerd: die zou ik dus niet krijgen. Het haar van mijn pruik was dan misschien kaarsrecht, pluis- en klitvrij, het was niet míjn haar en ik vreesde dat ik hetzelfde gevoel zou hebben bij de speciaal ontworpen, super-de-luxe tiet die dokter Lachebek op deze zaterdagmiddag ging reconstrueren. (Weet je nog die aflevering waarin Carrie Bradshaw haar lievelingskettinkje met haar naam erop kwijtraakt en dat die Russische gozer dan ter vervanging een nieuw diamanten collier voor haar koopt? Vervang Carries ketting door mijn oude tiet, en dat diamanten collier door mijn nieuwe tiet en je weet wat ik bedoel. NIET VERGETEN: *Sex and the City* is niet het echte leven.)

Voor míjn operatie moest Sgt. Pepper eerst nog onder het mes, om te worden gesteriliseerd. Zelfs dat was traumatisch. Het bood me een inkijkje in wat P., Jamie en mijn ouders waarschijnlijk hadden doorstaan tijdens mijn borstamputatie die zeven uur had geduurd. Ik was compleet van de kaart toen ze bij de dierenarts was. Ik zat zenuwachtig te wachten op het telefoontje, probeerde mezelf af te leiden door een blog te schrijven (een stuk dat ik later weggooide, omdat het volkomen kut was), morste thee op de bank en kloof de nagels die ik overhad nog wat verder af. Net als de vorige keer kwam ik weer tot de slotsom dat ik het eigenlijk het gemakkelijkst had. Ik ging onder zeil en had helemaal niets door, terwijl mijn familie de minuten aftelde, de ene kop thee na de andere dronk en zichzelf probeerde af te leiden. Gelukkig zou ik anders dan Sgt. Pepper na mijn operatie niet wakker worden met een plastic kegelvormige kraag om mijn hals. Hoewel ik toen ik naderhand bijkwam wel opgelucht was toen ik ontdekte dat er aan de linkerkant onder mijn operatiehemd iets kegelvormigs zat.

Ik had eerder die ochtend met mijn iPhone stiekem een foto van mijn oude tiet genomen en ik zag zo al, ook dwars door het ziekenhuishemdje heen, dat de volgende foto verrekte veel indrukwekkender zou zijn.

'En? Wat vind je ervan?' vroeg een trotse, stralende dokter Lachebek me, terwijl zijn blik inzoomde op mijn boezem toen ik een week na de operatie zijn kamer in kwam lopen voor een controle. (Ik was er inmiddels zo aan gewend dat mensen naar mijn tieten staarden, dat ik het eerlijk gezegd best kwetsend vond wanneer iemand in de echte wereld me ook daadwerkelijk aankeek als hij met me praatte.) Ik probeerde uit alle macht mijn gebruikelijke sufkuttengedrag te onderdrukken, maar raar genoeg sloeg ik juist compleet door en antwoordde met een onvervalst Liverpoolse tongval en een raar hoog stemmetje: 'Keigoed, man!' Oké, dat 'kei' was puur als dramatisch extraatje bedoeld, maar toch. WAT IS ER MET ME AAN DE HAND?!)

'Okééé, laten we maar eens kijken dan.' Hij sloeg geen acht op mijn grappig bedoelde dialectzinnetje en gebaarde naar het gordijntje om het bed.

Wijsneuzerige Mammacare-verpleegkundige stond al klaar om het verband te verwijderen en zo zag ik voor het eerst, nadat ik die keer even stiekem in mijn bed had gekeken, de volle glorie van mijn nieuwe, speciaal vervaardigde, op maat gemaakte derde tepel. Om nog maar te zwijgen over het prachtige, perfect ronde heuveltje waar die op rustte, als een bijzonder smakelijk kersje op een petitfour. Terwijl dokter L. mijn nieuwe tiet betastte en ik glunderend toekeek (zowel naar hem als naar mijn nieuwe tiet), betrapte ik mezelf erop dat ik aan *Een van de acht* zat te denken. Want neem maar van mij aan, als jij een brok klei had gekregen en achter een pottenbakkerswiel was gezet en binnen een minuut een borst had moeten draaien, dan zou het voorbeeld aan de hand waarvan je dat moest doen dat van dokter Lachebek zijn, de gastdeskundige van die avond.

Het mooiste moment van die hele afspraak was ongetwijfeld de grote glimlach op het gezicht van dokter L. (P. is er trouwens van overtuigd dat hij alleen bij mij zo glimlacht en dat hij bij andere patiënten bekendstaat als dokter Doodernstig.) Hij legde me uit dat hij tijdens de operatie daar 'even goed had kunnen rondkijken'. (Dat klinkt best vleiend, hè.

Alsof mijn tiet te vergelijken is met de handtas van Mary Poppins, terwijl ik er vrij zeker van ben dat 'goed rondkijken' in mijn cup B eerder neerkomt op een vluchtige blik van twintig seconden.) Maar hij sloot af met een zin die eindigde met de paar woordjes waarvan elk meisje droomt dat ze die ooit zal horen: '... geen spoor van kanker.' Ik had hem zelf niet durven vragen wat hij in mijn tiet misschien allemaal wel niet had aangetroffen, omdat mijn angstvisioenen me nog te helder voor ogen stonden, namelijk dat er in de operatiezaal een Alien-achtige tumor tevoorschijn zou komen en daar een complete chaos zou aanrichten. Dus ik was blij dat hij mijn onuitgesproken vrees had aangevoeld en dat hij zelf met die uitspraak was gekomen. GEEN SPOOR VAN KANKER. Laat je niets wijsmaken, 'cellar door' is helemaal niet de mooiste Engelse woordcombinatie dat er bestaat, want dit is de mooiste combinatie van woorden die je kunt bedenken.

Hoe mooi die woorden ook waren, onrustbarend genoeg voelde het ook een beetje verwarrend. Ik stond met mijn mond vol tanden en koos voor een simpel 'oef', waarna ik ongewoon verlegen zijn kamer verliet. Je zou denken dat de woorden 'geen spoor van kanker' een andere uitwerking zouden hebben, iets waardoor je radslagen door de keuken zou gaan maken of zo. Maar afgezien van het feit dat (a) dat te veel pijn zou doen, (b) ik geen radslag kan maken, en (c) zelfs als ik dat wel had gekund, onze keuken zo klein is dat ik dan halverwege tegen een muur zou knallen, is dat raar genoeg niet hoe je denkt dat je zou moeten reageren. Het is eigenaardig genoeg best een anticlimax, terwijl je zou denken dat ik mijn lesje wel had geleerd met alle haperingen en valse finishes die ik inmiddels van de Klotezooi gewend was.

Ondanks zijn geruststellend bedoelde woorden ging ik dus half door het lint nadat ik mijn familie en vrienden had verteld wat dokter Lachebek me had gezegd. Sprak ik voor mijn beurt? Moest ik mijn mond juist gewoon houden? Ik had immers al eens eerder gedacht dat ik gezond was. Zou de Klotezooi terugkomen en me nog een keer keihard en onverwacht bij de lurven grijpen? Ik vond het vreselijk dat ik nu mijn eigen feestje vergalde, want verdomme, dit was geweldig nieuws! Nee, beter nog: het was het beste nieuws in de totale geschiedenis van de mensheid. Maar ook dit was gewoon weer een valse finish.

Het is denk ik een kwestie van semantiek, iets waarin de medische wereld extreem bedreven is en wat ik anderen nu heel snel moest zien bij te brengen.

'Wauw! Je bent kankervrij!' zeiden ze allemaal.

'Eh, nou, niet helemaal...' luidde mijn antwoord dan.

'Maar je chirurg zei toch dat...?'

'Hij zei dat er geen spoor van kanker in mijn linkerborst zat.'

'Is dat dan niet hetzelfde?'

'Nee, helaas niet.'

Die klotekanker. Die ziekte heeft echt een geheel eigen taal. Net toen iedereen in mijn omgeving ervan uitging dat ze het wel zo ongeveer snapten, kwam ik aan met mijn medische encyclopedie en gaf ze een onvoldoende en corrigeerde hun fouten, net als een irritante mierenneuker die altijd en overal andermans taalgebruik verbetert. (Oeps, wacht even, dat doe ik zelf ook.) Ik moest ze alleen wel de les lezen, want 'geen spoor van kanker' betekent nog niet dat je kankervrij bent. Als je eenmaal kanker hebt gehad, zul je nooit meer kankervrij zijn.

Op dat moment was gewoon maar door de zure appel heen bijten iets te weinig van het goede. Ik had het liefst willen uitroepen: 'Het is me gelukt!' Ik wilde mensen vertellen dat ik borstkanker 'had overwonnen'. Ik wilde er in de verleden tijd over kunnen praten. Maar die klote medische wetenschap die altijd het laatste woord moet hebben, bepaalde helaas dat ik dat nooit zal kunnen zeggen. Zoals ik al honderden keren heb verklaard, is er geen definitieve remedie tegen borstkanker. Er bestaat helemaal geen zogenoemd groen licht. Je zult gewoon maar genoegen moeten nemen met de tweede plaats op het podium. (Zo voelde ik me ook ongeveer toen Derby van Leicester verloor in de finale van 1994, iets wat ik nog steeds niet heb verwerkt.)

Alleen betekende dat uiteraard niet dat er niks te vieren viel. De 'het' van 'het is gelukt' betekende gewoon wat anders. Het betekende dat ik zes verschillende geslaagde chemokuren had gehad, 28 keer bestraald was, het eerste stadium van een geslaagde borstreconstructie doorstaan had en ik telkens een stapje dichter bij weer een normaal leven kwam. En aangezien we allemaal uit bittere ervaring weten dat niet iedereen dat soort successen kan vieren, besloot ik dat ik zo veel mogelijk van het moment zou genieten. Bij gebrek aan een dak om het vanaf te schreeuwen, wendde ik me dus maar tot mijn blog en riep het daar: 'Het is me gelukt! Het is me verdomme gelukt!'

32

Een passende look

April 2009

De laatste keer dat ik mijn steiltang gebruikte, was ik erop gaan zitten. En dan heb ik het niet over er even langs strijken met de rand van je spijkerbroek, nee, echt gewoon pats op mijn blote huid, nadat ik mijn billen eerst op deskundige wijze zo voorzichtig als een grijpautomaat van de kermis boven op het kokendhete aluminium had laten zakken. Ik denk dat dit wellicht de manier was waarop Moeder Natuur me duidelijk wilde maken dat ik mijn verlangen naar steil haar opzij moest zetten. In mijn pogingen om zo veel mogelijk te profiteren van het haar dat ik nog op mijn hoofd hád, was ik mijn lokken namelijk helemaal niet steil aan het maken, maar de haaruitval eerder een handje aan het helpen.

Om het allemaal nog wat erger te maken zat er nu dus een knoeperd van een brandplek op mijn linkerbil, zeg maar een brandmerk van het merk GHD. Twee pijnlijke lijnen naast elkaar, elk zo'n acht centimeter lang, waardoor het minst aantrekkelijke deel van mijn lijf nog een smet opliep boven op de cellulitis die op het strand toch al iets te veel ongewenste aandacht opleverde. Toen zowel P. als mijn ouders vanwege mijn misbaar naar de badkamer waren gesneld, liet ik ze de schade zien. 'Weet je wat?' zei mijn moeder, altijd op zoek naar de zonnige kant. 'Ik weet zeker dat dat is verdwenen tegen de tijd dat je die steiltang weer nodig hebt.' Toen ik gisteravond echter na mijn douche in de spiegel keek, bleek dat mijn korte haar niet de enige herinnering aan mijn Bobby Charlton-periode is. Nee, mijn door steroïden gewelfde achterste is weer een heel ander verhaal, want hoewel half verscholen onder het randje van mijn onderbroek, blijft dat bilbrandmerk toch zichtbaar. Het ziet er niet meer zo pijnlijk uit als eerst, maar het springt genoeg in het oog om de zonnebader op de stoel naast me te laten zien hoe ontstellend stom ik ben geweest.

Dat ik die steiltang überhaupt tevoorschijn had gehaald was trouwens ietwat prematuur. Ik moest meteen denken aan de keer dat ik P. op het hart had gedrukt dat zijn korte piekhaar steil zouden worden als ik tien minuten lang met die tang aan de gang ging, wat hem echter een verschroeide schedel opleverde. Niet dat ik niet blij ben met mijn nieuwe krullen (elk haar is toch beter dan geen haar?), maar op dit moment zou ik mijn look eerder 'coupe staalwol' dan 'coupe kapsalon' noemen. Later deze week ga ik bovendien het bruto nationaal product van een klein land uitgeven aan mijn eerste knip- en kleurbeurt sinds de chemo.

Ze zeggen dat je het best tot een halfjaar na je laatste chemo kunt wachten voor je je haar weer verft. Ik heb daar stiekem twee weken van af geknabbeld en ik hoop maar dat dat niet uitmaakt, aangezien ik na rijp beraad op een zogenoemde milieuvriendelijke kapsalon ben uitgekomen (dat wil zeggen, zo peperduur dat je er een flinke tiet geld voor nodig hebt), die haarverf gebruikt die voor 97 procent op natuurlijke basis is. Bovendien is het nu bijna een jaar geleden dat ik voor het laatst naar de kapper ben geweest en blij

naar buiten stapte, dus mijn ongeduld heeft nu een verge-
lijkbare hoogte bereikt als die op de avond voor je verjaardag ALS JE ECHT NIET LANGER MEER KUNT WACHTEN. En wanneer je haar hopeloos zit, kunnen twee weken aanvoelen als
een paar eeuwen.

Je zou denken dat ik inmiddels wel gewend was aan mijn
rattenkopje, maar elke keer dat ik mijn eigen spiegelbeeld
zag, was ik toch weer verbaasd. Dat komt doordat ik mezelf in gedachten nog steeds zie als iemand met Jessica
Rabbit-haar. Dat durf ik alleen nu pas toe te geven. Nee,
'toegeven' is niet eens het juiste woord – ik heb er nooit
echt bij stilgestaan. Grappig is dat toch, hoe je door zes chemokuren van mening kunt veranderen. Als ik nu de foto's
van mijn vroegere ik bekijk, besef ik pas dat die ex-collega
die ik vlak voor mijn diagnose in de kroeg tegenkwam gelijk had. Weliswaar is hij iemand die haast nooit complimentjes geeft, hij zette toen een stapje achteruit en keek
vol bewondering naar mijn pas uitgegroeide pony en zei:
'Godverdorie meid, wat heb jij prachtig haar.' En hij had nog
gelijk ook.

Mijn postchemokapsel maakt onderdeel uit van een zorgvuldig geplande 'Week van de nieuwe look', waarin ik onder
meer een afspraak heb gepland met een stijladviseuse van
de Topshop. (Doordat ik vlak na mijn diagnose destijds snikkend en tierend bijna al mijn kleren had weggegooid, had ik
nu zogoed als niets om de komende lente en zomer aan te
trekken.) Daarnaast heb ik voor het eerst van mijn leven in
rode lippenstift geïnvesteerd, mezelf ingeschreven bij de
Alice Cooper Eyelinerschool en mijn fletse teint met zo veel
St.-Tropez-smurrie gemaskeerd dat ik er nu als het nage-
slacht van een Oempa Loempa uitzie. En ik moet nodig wat
nieuw ondergoed hebben. Het gaat al met al dus een duur

weekje worden. (Denk je dat ze bij de bank in die L'Oréal-smoes trappen? 'Waarom moet uw kredietlimiet eigenlijk worden verhoogd, mevrouw Lynch?' 'Omdat ik het waard ben.')

Ik zou je graag vertellen dat het me om een beter gevoel te doen is, dat het iets is wat ik echt voor mezelf doe, omdat ik dat heb verdiend en omdat het een verrekte goed moment is om allerlei nieuwe looks uit te proberen die ik voor deze hele Klotezooi nooit heb aangedurfd. Hoewel dat ongetwijfeld allemaal waar is, is dat niet de enige reden voor deze drastische keuze. (Met of zonder borstkanker, alsof ik ooit verlegen zit om een smoesje om te kunnen winkelen?!) Net als dat voor mijn tatoeage gold, is 'De week van de nieuwe look' mijn manier om al die mensen die ik straks weer in kroegen, cafés, restaurants, cafetaria's en op kantoor zal zien, iets duidelijk te maken. Ik zeg hiermee namelijk: 'Hallo, ik ben veranderd.' Want daar kan ik gewoon niet omheen. Ik ben ook echt veranderd.

Niet dat de Oude Ik al onder de zoden ligt, hoor. Op de binnenkant van mijn rechterpols staat dan misschien een permanent symbooltje in de vorm van een sterretje, maar mijn rechterbil zal me eeuwig herinneren aan het meisje dat ik vroeger was.

Tot mijn eigen grote verbazing betekende het afzweren van mijn hoofddoekje niet automatisch dat ik zo'n gecoiffeerd kort koppie had als dat wat Kylie destijds zo geweldig stond. Nee, ik had eerder wat donshaartjes zoals een baby van zes maanden. Aan mijn haar kon je zien dat er iets met me gebeurd was, terwijl ik juist wilde dat dat eruit zou zien alsof ík er iets mee had gedaan. En zo besloot ik met behulp van zó veel vrouwenbladen dat ik er een krantenkiosk mee had kunnen vullen, dat ik voor blond zou gaan. Niet blond zoals vroeger. Nee, blond in de zin van 'hallo, hier ben ik'! Denk maar aan Marilyn Monroe, Agyness Deyn, Gwen Stefani of Gary Barlow anno 1992. Ik had bedacht dat ik er met zo'n kapsel uit zou zien alsof ik daar zelf voor had gekozen, expres dus, en niet doordat de kanker me tot een soort kappersblufspelletje had verleid. Maar sodeju, had ik het even mis.

Het is grappig om wat mensen zeggen te vergelijken met wat ze werkelijk bedoelen. Of het nu gaat om 'we moeten echt snel eens wat afspreken', of: 'nee lieve schat, je kont ziet er helemaal niet dik uit', als je je houdt aan normale omgangsregels kun je beter niet de waarheid zeggen, omdat je mensen dan nodeloos kunt kwetsen. Dat is maar goed ook, want terwijl ik meende dat ik mijn nieuwe imago zorgvuldig had voorbereid, was er één vraag waarbij ik absoluut niet op een eerlijk antwoord zat te wachten en die was: 'Wat vind je van mijn haar?'

'Fantastisch,' zei Tills. 'Heel erg sexy.'

'Volgens mij heb ik een verschrikkelijke fout gemaakt,' zei ik, onderweg van de kappersafspraak naar de stijladviseuse van de Topshop.

'Nee hoor, echt niet,' zei ze, helaas verre van overtuigend. 'Het is wel een megaverandering. Maar dat wilde je toch?'

'Nou, ik dácht dat ik dat wilde.' Ik keek in het achteruitkijkspiegeltje even naar mijn gebleekte piekharen. 'Maar nu ik het heb gedaan, denk ik toch niet dat het me staat.'

Tills en ik hadden er net een heerlijk meidenochtendje in de kapsalon op zitten. Ik had haar getrakteerd op een manicure om haar te bedanken voor haar niet-aflatende steun, we hadden heerlijk geluncht terwijl we alle tijdschriften van de afgelopen week hadden doorgebladerd om wat winkelinspiratie op te doen en we hadden aan een stuk door gekletst. Met ons oeverloze gezever over katten hadden we het meisje dat mijn haar verfde zelfs bijna tot razernij gedreven. Tills had als haarverfsurveillante nauw toegezien op de hele procedure en ervoor gezorgd dat het meisje goed luisterde naar wat ik precies wilde, en ze had me prompt op mijn wenken bediend. Alles leek voorspoedig te verlopen. De Nieuwe Look-dag verliep alleszins geslaagd en doordat iedereen ook bijzonder lief, aardig en complimenteus was over mijn korte platinakleurige haar dat mooi en zelfverzekerd afstak tegen mijn zwarte jurk, was er geen enkele reden om me niet zelfingenomen te voelen. Eindelijk had ik weer haar waar ik zelf voor had gekozen.

Het felle daglicht en enkele achterdochtige zijwaartse blikken bewezen echter al snel dat de coupe die ik had gekozen niet bij me paste. Ik had dan misschien een funky, punky kapsel waarmee ik een duidelijk peroxidestatement maakte, maar ja, ik ben nou eenmaal geen Lady Gaga, hè. Ik wist een pokergezicht op te zetten van de kapsalon naar het pashokje bij de Topshop, waar Tills met haar mobieltje snel een paar foto's van mijn nieuwe rattenkopje maakte, voor ik huilend op de grond zakte. Toen ik de foto's zag, was het net als die keer dat ik dat dikke wicht in een pruik op Ants Facebook-pagina had zien staan.

Het was volledig mijn eigen schuld. Ik had precies gekregen wat ik wilde: een trendy, zelfverzekerde look waarmee ik uitstraalde dat ik dit anders nooit zou hebben aangedurfd. Alleen was dit mijn manier om de hele wereld te laten zien dat ik veranderd was, dat ik kanker had overwonnen, dat ik klaar was voor wat het leven dan ook voor me in petto had. Oeps, verkeerd gedacht. Ik besefte nu niet alleen dat dit helemaal geen kapsel was dat ik zelf had uitgekozen (als ik haar had kúnnen kiezen, had ik gekozen voor iets wat precies zo was als voor deze hele Klotezooi, in plaats van me noodgedwongen door de kanker een rattenkopje aan te laten meten), maar het drukte me ook met de neus op het feit dat ik gewoon nog niet stevig genoeg in mijn schoenen stond om de look aan te kunnen waarvan ik dacht dat ik die wilde. Het was haar waarmee je opvalt in gezelschap, terwijl ik bij nader inzien juist niet wilde opvallen. Het was haar dat een en al zelfvertrouwen uitstraalde, maar ik was helemaal niet zo zelfverzekerd als ik dacht. Het was haar dat de indruk wekt dat de draagster ervan cool, aantrekkelijk, sexy en brutaal is – stuk voor stuk karaktertrekken die mijlenver van mijn huidige gemoedstoestand af lagen. Ik kon praten als Brugman en zelfverzekerd verkondigen dat dit de triomfantelijke ik-heb-kanker-overwonnen-look was die goed bij me paste en dat ik nu véél cooler was dan het meisje dat ik voor deze hele Klotezooi was geweest. Maar aangezien ik behalve mijn haar ook alle andere dingen daarvoor had moeten opgeven, was dit absoluut niet het juiste moment om met mijn zelfvertrouwen te pronken. Het was juist een tijd waarin ik dat langzaam weer moest zien op te bouwen.

Even later zat ik geflankeerd door P. en Tills in een café te janken en kon mezelf wel schieten dat ik niets had geleerd van de vorige keer dat we met z'n drieën hadden geprobeerd om iets aan mijn haaruitval te doen. Daar zaten we dan weer, dacht ik, zoals vlak na mijn eerste pruikervaring. Ik was toentertijd de winkel binnen gelopen in de verwachting dat ik naar buiten zou huppelen met iets wat ik net zo mooi zou vinden als het origineel. En dat had ik nu wederom gedacht. Of nog erger, want ditmaal hoopte ik zelfs dat mensen op straat straal langs me zouden lopen, zonder dat ik zou opvallen. Niet van 'Oeh, zou zij een pruik dragen?' of: 'Jeetjemina, is ze niet wat jong voor zo'n sjaaltje?' Zelfs niet: 'Wauw, moet je zien hoe goed dat zelfverzekerde meisje dat kapsel kan hebben.' Nee dus. Als ze niets van me vonden, betekende dat dat ik er niet anders uitzag dan andere mensen, en uiteindelijk was dat het soort 'normaal' dat ik wilde.

Mijn probleem was niet alleen dat ik weigerde te snappen dat je als sproetenmeisje een warmere kleur nodig hebt in plaats van spierwit haar. Het lag ook aan het feit dat ik me had laten meeslepen door mijn verwachtingen. Ik dacht dat ik met een nieuwe coupe à la supermodel Agyness Deyn uit die kapsalon zou stappen. Of beter nog, ik zou als de Nieuwe Ik naar buiten lopen. Ik had de dag van mijn nieuwe look zo gepland dat het hét bepalende moment zou zijn waarop ik aan de greep van de kanker zou kunnen ontsnappen. De dag dat ik niet langer het meisje met borstkanker zou zijn en veranderde in het meisje met het kekke kapsel. De dag waarop ik me niet meer zou hoeven te verstoppen en met een felblonde pony *tadaa!* de buitenwereld weer tegemoet durfde te treden. Tjeezus, ik had er zelfs een naam voor bedacht, 'de Nieuwe Look-dag', dat net zo'n veelbetekenend keerpunt in mijn leven moest worden als de dag van de diagnose, of die van de borstamputatie of mijn laatste chemo.

Ik had nu bijna elf maanden van deze Klotezooi erop zitten en nog kon ik niet bevatten dat ik niet de touwtjes in handen had. Nee, dat had de kanker, en geen enkele hoeveelheid nieuwe kleren, haarverf of Nieuwe Look-dagen kon daar verandering in brengen. In werkelijkheid zijn het helemaal niet de zorgvuldig geplande gebeurtenissen die als mijlpaal te boek staan, maar juist de ogenschijnlijk onbeduidende rites die je pas opmerkt als ze al voorbij zijn. Zoals de eerste keer weer je haar wassen nadat het is uit gevallen. Of door je eigen straat kunnen lopen zonder dat je even moet uitrusten.

In slaap vallen zonder slaappillen. Jezelf horen zeggen 'ik heb kanker gehad' in plaats van 'ik heb kanker'. Dát zijn de dingen waar het om gaat. Dat zijn de dingen die een verschil maken. Dat zijn de ellendige nul-nul uitwedstrijden die ervoor zorgen dat je veilig het einde van het seizoen haalt. Die zijn niet mooi of gedenkwaardig, en die worden zeker niet herhaald als de Wedstrijd van de Dag, maar ze zijn desalniettemin cruciaal. Terwijl ik alleen maar oog had voor prachtige doelpunten, omdat ik dan een mooi rijtje hoogtepunten kon laten zien, waren dat juist de dingen waarover ik had moeten bloggen.

'Wanneer leer ik het nou eens?' vroeg ik Tills nadat we de stijladviseuse hadden afgebeld en een noodafspraak bij een tweede kapper hadden ingelast.

'Hoe kon je nou weten dat je je zo zou voelen?' praatte ze op me in. 'Bovendien wilde je peroxidehaar. Nou, dat heb je nu geprobeerd, dus dan kun je nu weer iets anders uitproberen.'

De beginnende kapster keek me aan alsof ik gek was geworden. 'Wacht even, je hebt het eerder vandaag zo laten verven?'

'Ja, inderdaad,' beet Tills haar toe, waarmee ze meteen duidelijk maakte dat ze geen weerwoord duldde. 'En ze wil het graag wat minder oogverblindend, in een iets warmere tint. Kun je daarvoor zorgen?'

'Eh ja, ik denk het wel,' zei ze wat schoorvoetend en ze maakte zich vervolgens uit de voeten om de kleur te mengen.

'Dit vertellen ze je dus niet, hè,' beklaagde ik me even later bij een kop thee tegen Tills. 'Ze waarschuwen je wel hoe moeilijk het is als je de diagnose te horen krijgt, en voor de chemo en voor de haaruitval. Maar niemand heeft me ooit verteld hoe moeilijk het ná de behandeling zou zijn, hoe lang het duurt voor je je na de chemo weer een beetje mens voelt en hoe lastig het is om je haar weer terug te krijgen. Dat zetten ze dus mooi niet in al die foldertjes.'

Maar ja, hoe zou dat ook kunnen? Zelfs nu weet ik nog niet hoe ik iemand die net zijn diagnose te horen heeft gekregen zou moeten vertellen dat je na je behandeling nog zo veel meer ellende op je bordje krijgt. Dat je de ernst van wat je is overkomen maar moet zien te verwerken en dat je op de een of andere manier al je verwachtingen moet bijstellen.

Maar wat nog moeilijker was dan al die dingen die ik net noemde, was vrede zien te krijgen met het feit dat je er überhaupt iets mee moet. Ja, kanker heeft mijn leven veranderd, maar ik wilde helemaal niet gedwongen worden om mijn manier van leven aan te passen. Ik wilde mijn verwachtingen helemaal niet bijstellen. Ik wilde opgewonden zijn en vooruitkijken, mijn toekomst optimistisch tegemoet treden. Ik wilde plannen maken, me normaal voelen. En wanneer ik in de spiegel keek, wilde ik die kanker niet meer hoeven zien. Ik wilde de eer kunnen opstrijken voor mijn korte koppie. Ik wilde van alles wat ik vanwege de kanker gedwongen werd te doen, betekenisvolle, leuke momenten maken, waar ik de regie over had. Kortom, ik wilde de Klotezooi veranderen in iets geweldigs.

De volgende ochtend – na mijn derde kappersafspraak in een tijdspanne van vierentwintig uur – stortte ik mijn hart uit bij de zoveelste kapper die weigerde te snappen waarom ik om te beginnen zo'n drastische kleurverandering wilde. 'Je hebt toch altijd lang haar gehad?' vroeg hij met een fantastisch sexy Frans accent.

'Hm-hm.' Ik knikte.

'Maar dan is dit korte haar toch al ingrijpend genoeg voor een nieuwe look! Dan moet je niet ook nog eens waanzinnig blond willen zijn,' adviseerde hij, alvorens hij mijn haar net een paar tinten lichter maakte dan het van nature was.

En dus was er geen Nieuwe Ik.

Maar er was ook geen Oude Ik meer.

Er was alleen maar Ik. Zij het met iets minder haar (en iets-je meer tiet).

33

Seizoenswisseling

Mei 2009

Ik heb altijd al een plek willen hebben waar je naar binnen kunt lopen, waar je iedereen aan de bar kent en dan je vaste drankje bestelt. Ik vrees dat ik daar nog het dichtstbij ben gekomen toen ik een bijbaantje bij een golfclub had en onder het genot van een gedeeld zakje chips mijn hele liefdesleven uit de doeken deed aan mijn favoriete oude mannetjes daar. Maar volgens mij heb ik vorige week eindelijk zo'n soort *Cheers*-plek van mijn dromen ontdekt. Alleen is het een ziekenhuis in plaats van een drankgelegenheid, bestaat de vaste klantenkring uit overwerkt medisch personeel en is mijn gebruikelijke recept niet een gin-tonic, maar mijn shirt uitdoen en mijn tieten laten zien.

Doordat P. op zakenreis was, ging Tills dit keer mee en ze merkte meteen al op dat ze het grappig vond dat ik me niet bij de receptie hoefde te melden. Hoewel het eigenlijk dieptriest is dat een kliniek voor mij tegenwoordig een soort vertrouwde kantooromgeving is, vind ik het eerlijk gezegd ook wel leuk. Ik wandel vreselijk vrolijk naar binnen, knik de andere patiënten die ik van gezicht ken gedag en kan de gebruikelijke formaliteiten met de mensen achter de balie over hoe laat ik een afspraak heb inruilen voor een potje roddelen. Artsen begroeten me met 'hoi, Lisa' in plaats van iets als 'mevrouw Lynch, graag' en alles verloopt in een sfeer alsof we nodig eens bij moeten praten onder het genot van een kopje thee en wat koekjes in plaats van het te hebben over de korst op mijn linkertepel.

'Wat leuk je te zien! Even naar je borsten kijken, hoor...' begon dokter Lachebek – een openingszinnetje waaraan ik denk nooit zal wennen (en ik denk ook niet dat ik mijn gegiechel ooit zal weten te onderdrukken). 'Goh, ze zien er veel symmetrischer uit dan de vorige keer. Ongelofelijk zeg, die tepel heelt prachtig,' waarna hij me beloofde dat hij me over een paar weken zou doorverwijzen naar de tepeltatoeëerster. Hij heeft trouwens gelijk wat betreft die derde tepel. Sinds die gekrompen is tot een iets minder druifachtige grootte, ziet hij er nu verrekte mooi uit. Zo mooi zelfs dat ik wanneer je mijn tepels onder mijn shirtje kunt zien P. onderwerp aan een spelletje 'Pik de nepperd eruit'.

Niet dat iedereen zo onder de indruk is van mijn nieuwe tiet, hoor. Aan het einde van een enigszins onwerkelijk gesprek met Wijsneuzerige Mammacare-verpleegkundige over mijn seksleven na de behandeling en welke glijmiddelen het best zijn, vroeg ze me of ik het zag zitten om mijn chirurgisch vervaardigde borst te tonen aan een vrouw die nog maar pasgeleden te horen had gekregen dat ze borstkanker heeft. Aangezien ik tegenwoordig voor Jan en alleman mijn blouse openknoop, zo vaak zelfs dat ik vrees dat ik dat ook voor de bezorger van de supermarkt zou doen als hij me dat aardig genoeg zou vragen, stemde ik daarmee in. Die nonchalante houding van me zegt alles over hoe trots ik ben op de tiet die dokter Lachebek voor me heeft gemaakt. Nadat ik de linker waar ik nogal dol op was heb moeten afstaan, had ik niet gedacht dat ik ooit blij zou zijn met de vervangende tiet en net als iedere kersverse moeder geef ik er maar wat graag trots over op. Toen ik echter zelfverzekerd de spreekkamer in liep weet ik niet wie van ons het slechtst voorbereid was: ik toen ik de blik van dat arme schaap zag, of zij bij de aanblik van mijn linkertiet.

Had ik nadat ik mijn vergelijkbaar ingrijpende diagnose te horen had gekregen net zo doodsbang gekeken? Ik denk het wel. Ze zag eruit alsof ze net door een trein was overreden. Bang, gekweld en verward. De angst leek te zwaar te drukken op haar frêle postuur en haar ogen konden de tranen die ze voor haar moeder probeerde te verbergen niet bedwingen. Ze was in de vijftig en had tot een week geleden ongetwijfeld een zorgeloos leventje geleid, maar zou nu dezelfde soort amputatie en daaropvolgende reconstructie ondergaan als ik (voor de feitenfetisjisten, dat heet een 'LD-flap'). Door de ernst van het nieuws dat ze nog niet had weten te verwerken, kon ze ook nog niet bevatten wat ze onder haar ziekenhuishemd zou aantreffen als ze na de operatie weer bijkwam. Hoewel ik moet toegeven dat mijn bijna voltooide reconstructie nogal verschilt van de aanblik direct na de operatie – iets waar ze over een paar dagen wel achter zou komen – meende Wijsneuzerige Mammacare-verpleegkundige dat het zien van dokter Lachebeks niet te evenaren naaiwerk haar in ieder geval gedeeltelijk zou geruststellen.

Maar toen ik mijn shirt uittrok en halfnaakt voor haar stond, deinsde ze vol afgrijzen achteruit. Echt waar. Ze zette meteen instinctief een stapje achteruit en sloeg haar handen voor haar mond. Uiteindelijk boog ze zich een klein stukje naar voren, met haar wijsvinger voor haar mond alsof ze een verse kattendrol op haar smetteloze tapijt inspecteerde. Jezus, mens. Zo erg is het niet, dacht ik bij mezelf, gekwetst door haar ontzetting bij de aanblik van mijn beauty van een borst.

'Ik wil het liever niet zeggen, maar hij ziet er anders uit dan je andere,' zei ze. En dat was het moment dat ik besefte hoe ver bezijden de werkelijkheid haar verwachtingen waren.

'Ja, dat klopt,' antwoordde ik, in een poging zo optimistisch mogelijk te blijven. 'Maar als ik kleren aan heb, zie je dat niet. Het komt vooral doordat die nieuwe tepel er heel anders uitziet dan de oude. Maar dat wordt later nog getatoeëerd.'

Ze inspecteerde de boel nog wat beter, nog steeds van zo'n twee meter afstand. 'Hè? Wacht even, wat is er dan met je oude tepel gebeurd?' vroeg ze me.

'Eh, nou, die is weg,' zei ik voorzichtig, met een vragende blik naar Wijsneuzerige Mammacare-verpleegkundige omdat ik niet zeker wist wat ik moest zeggen. Zij legde de vrouw vervolgens uit dat die tepel wordt weggehaald omdat de chirurg anders geen toegang heeft tot je borst en dat de vervangende tepel die ze nu bij mij zag, gemaakt was van een stukje huid van mijn rug.

'Tjee,' verzuchtte ze, waarbij ze duidelijk trillend haar rug probeerde te rechten. 'Het is allemaal wel wat veel.'

Ik pakte haar hand en zei dat ze niet bang hoefde te zijn, maar zodra ik het had gezegd, besefte ik al dat dat zinloos was. 'Luister,' vervolgde ik, 'je hebt gelijk. Er is op dit moment meer te verwerken dan waar je mogelijkerwijs toe in staat bent, maar binnenkort, zodra die operatie achter de rug is en je begonnen bent met de behandeling, geloof me als ik je zeg dat je je dan iets beter zult voelen. Omdat de zaken dan allemaal wat meer onder controle zijn. Dan ben je bezig met de stappen die je moet zetten om weer beter te worden. En écht, het WORDT beter,' drukte ik haar wat dwingend op het hart.

'O ja, die behandeling,' zei ze terwijl ze haar ogen ten hemel sloeg.'Heb jij last gehad van haaruitval?' Even snapte ik haar vraag niet. Is het dan niet verrekte duidelijk dat ik mijn haar ben kwijtgeraakt? dacht ik en besefte toen pas dat ik nu inderdaad weer wat haar had en dat ik in haar ogen gewoon een heel jong meisje met heel kort haar was. Ik vertelde haar de waarheid.

'Maar ik wil het echt niet kwijtraken,hoor,' zei ze. 'Dat kan gewoon niet.' Haar haren waren bijna even lang als de mijne waren geweest toen ik in haar schoenen had gestaan. 'Heb je een pruik moeten kopen?'

Ik knikte.

'En een hoofddoekje?'

Ik knikte nogmaals, terwijl zij zo te zien op het punt van kotsen stond. 'Maar kijk, het is weer aangegroeid,' zei ik, waarbij ik aan een paar korte plukjes trok. 'En ik het heb ook al laten knippen en verven.'

Ze keek nieuwsgierig naar mijn hoofd, met een verslagen blik waarmee ze leek te zeggen: 'Maar zo wil ik er niet uitzien.'

'Ik ook niet, hoor,' zei ik, alleen niet hardop.

Terwijl ik mijn blouse weer over mijn hoofd trok, vuurde zij nog wat vragen op me af. Over hoe lang die haaruitval in totaal duurde, hoe het voelde om een pruik te dragen en of ik mijn hoofddoekje 's nachts ophield. Van die rare pietluttige details die je PER SE NU MOET WETEN, ondanks het feit dat er zo veel gewichtiger zaken zijn waar je je eigenlijk op zou moeten richten en ondanks het besef dat je een levensbedreigende ziekte hebt. (Ik weet nog dat ik helemaal geobsedeerd raakte door de vraag hoe je je eigen wenkbrauwen kon bijtekenen, of nepwimpers ooit op echte konden lijken en hoe ik ervoor kon zorgen dat mijn man nooit mijn kale kop zou hoeven zien.)

'En die chemo,' vroeg de vrouw, waarmee ze nu juist het onderwerp aansneed dat ik had gehoopt te kunnen vermijden. 'Werd je toen erg ziek?'

Ik wierp weer een blik op Wijsneuzerige Mammacare-verpleegkundige, want ik wist echt even niet wat ik daarop moest antwoorden. Tja, wat zeg je als iemand je dat vraagt? Wijsneuzerige Mammacare-verpleegkundige schoot me inderdaad te hulp. 'De chemo was niet zo erg als je had gevreesd, hè Liz?' Er viel een ongemakkelijke stilte. Eigenlijk had ik willen antwoorden: 'Nee, het was nog verrotte veel erger dan dat,' maar ik hield me in, omwille van de chemobeginneling voor mijn neus.

Tegelijkertijd vroeg ik me ook af waarom Wijsneuzerige Mammacare-verpleegkundige dat had gezegd. Ik zou haar niet hebben verteld over hoe volslagen afschuwelijk het was, over de hallucinaties, de verstopping, de pijn in je botten of de gezichtsuitdrukking van mijn ouders toen ik mezelf vloekend van de ene naar de volgende kotsaanval sleepte. Maar ik vond het evenmin terecht om te verhullen dat chemo volkomen kut is. Ik was immers wel degelijk gewaarschuwd voor de invloed die de behandeling op mijn gezondheid kon hebben en hoewel alle folders van de wereld me nog niet hadden kunnen voorbereiden op hoe het werkelijk was geweest, ik wist wel dat het verrotte kut zou worden.

Maar toen snapte ik het opeens. Voor het eerst drong het tot me door dat ik de gevolgen van de chemo altijd had gebagatelliseerd tegenover dokter Lachebek en Wijsneuzerige Mammacare-verpleegkundige. Niet dat ik staalhard had gelogen, ik had ze gewoon nooit het hele verhaal verteld. En aangezien ik ze altijd alleen maar sprak in 'de goede week' van de chemokuur, was dat me nog gelukt ook. Niet alleen gelukt, ik had de schijn heel goed weten op te houden. Dus vertelde ik ze nooit meer dan dat het behoorlijk heftig was geweest, maar dat alles nu weer in orde was. Geen details. Alleen wat vage bewoordingen. Ik vermoed trouwens dat ik in zo'n 'goede week' zelf ook niet herinnerd wilde worden aan alle ellende. Dan genoot ik van het feit dat ik me weer enigszins mens voelde. En niet te vergeten het hielenlikkertje in me, dat het blijkbaar belangrijker vond om indruk te maken op haar twee favoriete medisch deskundigen dan om de weinig indrukwekkende waarheid te vertellen. Ik wilde graag dat ze zouden denken dat ik een soort superpatiënt was, omdat ik zo positief bleef gedurende iets wat zo verrotte klote was, dat ik de borstkanker wegwuifde alsof er een stofje op mijn revers zat.

Uiteindelijk koos ik, omdat ik wel eerlijk wilde zijn tegen de vrouw die nu voor me stond en die net haar diagnose te horen had gekregen, voor een ietwat cryptisch antwoord op de vraag van Wijsneuzerige Mammacare-verpleegkundige. 'Ik ga niet tegen je liegen,' loog ik stiekem toch, 'er waren tijden dat de chemo verschrikkelijk was. Dus ik weet niet zeker of het nu erger of minder erg was dan ik me had voorgesteld. Het was vooral heel erg anders dan ik had gedacht. Maar elke persoon reageert verschillend op chemo.' Ik had haar kleine handen nog steeds vast. 'Natuurlijk is het niet altijd makkelijk. Soms is het zelfs verrotte moeilijk. Maar shit hé, het werkt wel. Dat heeft het bij mij gedaan en dat zal ook bij jou het geval zijn.'

Ze omhelsde me terwijl ik met een nerveuze grimas over haar schouder keek, hopend dat ik het juiste had gezegd. Wijsneuzerige Mammacare-verpleegkundige gaf me een knipoog. Misschien wist ze ondanks mijn terughoudendheid om eerlijk antwoord te geven best hoe het werkelijk zat.

'Hoe bedoel je, je hebt geen zomerkleren?' vroeg Kath tijdens onze middagpauze.

'Nou, die heb ik toch weggegooid,' zei ik. 'En dat is achteraf gezien misschien toch niet zo'n slimme zet geweest.'

'O. En dat terwijl je voor je diagnose zo'n waanzinnig goeie look te pakken had.'

'Ach,' zei ik nadat ik een slokje van mijn muntthee had genomen, 'ik denk dat ik toch nog niet helemaal klaar ben voor een nieuwe zomergarderobe.'

'Wat?' gilde Kath. 'Maar je gaat naar Madrid! Een van de modehoofdsteden van de wereld! Als je maar niet denkt dat je je daar in een spijkerbroek en een T-shirt kunt vertonen, dame.'

'Maar ik heb dit toch?' Ik trok even aan het randje van mijn oude, vertrouwde zwarte jurkje waarmee ik me altijd en overal kon vertonen.

'Daar ga je het niet mee redden,' waarschuwde Kath me. 'Maxi-jurkjes zijn nu helemaal in, en lichte kleuren, en vrolijke vlotte handtassen. Jij gaat nu dus naar Oxford Street, huppakee.'

'Maar dan is onze lunch afgelopen!' stemde ik in. 'Want ik vlieg vanavond al!'

'Dan draag ik je bij dezen op dat je vandaag eerder naar huis moet,' drong ze aan.

'Hè?'

'Zie het maar als werk. Vanmiddag bestaat jouw werk uit jezelf zomerklaar maken.'

'Jij bent de baas.' Ik liet me vermurwen, want je moet een gegeven paard nooit in de bek kijken, hè.

'En als je toch bezig bent, zorg dan meteen voor een geschikte Glastonbury-outfit, want Lisa Lynch, jij gaat een te gekke zomer tegemoet.'

Kath was niet de enige die zich zorgen maakte over de vraag of ik wel klaar was voor de zomer. In España wachtte me namelijk nog een goede fee. Mijn Spaanse schoonzus Paloma, die met P.'s oudere broer Terry is getrouwd, heeft toen ze in de veertig was ook borstkanker gehad. Dat is inmiddels acht jaar geleden en ze maakt het tegenwoordig uitstekend. Beter nog dan uitstekend. Ze is een joviale, gelukkige, opgeruimde, bierdrinkende, kettingrokende, pas gepensioneerde heldin die altijd in is voor een lolletje en ze was in topvorm toen wij haar zagen. 'Je hebt al last van opvliegers, hè?' vroeg ze, terwijl ze me al binnen een paar minuten na onze aankomst een waaier in de hand drukte. Ze gaf me een alwetend knipoogje, klapte haar eigen waaier soepel open en zwaaide er met een enkele, bijna naadloze beweging vanuit haar pols zachtjes mee vlak voor haar gezicht. Ik knipoogde terug en probeerde haar supercoole beweging te kopiëren, maar mijn pink raakte verstrikt in een van de baleinen en dus zag de waaier er uitgeklapt eerder uit als een zwarte pizzapunt van kant. Wat was ik zenuwachtig; de stuntelige Jedi Kankerjongeling tegenover haar Jedi Kankermeester.

Het was eigenlijk heel suf, maar door die eenvoudige uitwisseling van knipogen wist ik dat ze begreep wat ik het afgelopen jaar allemaal had doorgemaakt. Alle dingen die ik alleen met meneer Halvezool had besproken, alle gevoelens die ik niet aan mijn familie had kunnen uitleggen, alle dingen die ik niet goed op mijn blog had weten te beschrijven. Zij snapte het gewoon. Zonder dat er een diepgaand gesprek voor nodig was, of tranen, of ons Spaans-Engelse mengelmoesje. Met alleen maar een knipoog, een glimlach en een tikje met haar waaier zei ze me: 'Ja, ik weet het.' (Of misschien wel: '*The force is strong with you.*' Ja, doei.)

Het Spengelse mengelmoesje was overigens een veel leukere manier om mijn kankerverhalen te delen, vooral doordat onze Lynch-mannen er ellendig genoeg voor hadden gezorgd dat het enige wat we van elkaars taal wisten neerkwam op 'ben je soms getikt, of zo?' (in Paloma's geval) en *'Cariño, he encogido a los niños'* (in mijn geval).

'Dus die, eh, sjeemoferapie... Erg?' zei ze, waarbij ze het woord, dapper als ze was, veel beter uitsprak dan ik volgens mij in mijn eigen moedertaal kan. Ik trok mijn wenkbrauwen op ter bevestiging. 'Yep. Een hel.' Ze knikte. 'Depressie ook, niet?' We knikten als een stel knikkebollende hondjes na zo'n drie *cervezas* te veel achterover te hebben geslagen. 'En kinderen? Is niet mogelijk?' (Voeg hier zelf maar het voor de hand liggende grapje toe over de Spaanse inquisitie.) Ik haalde mijn schouders op en kwam met mijn – inmiddels – standaardantwoord op de proppen, dat P. en ik samen heel gelukkig waren en dat ons leven nu gewoon een andere wending had gekregen.

'Ja, we boffen maar met onze mannen, hè. Ik heb toch eigenlijk al nooit moeder willen worden,' zei Paloma, terwijl ik zag dat de twee heren van de andere kant van de tafel stiekem zaten mee te luisteren met een blik die bij allebei verdacht veel op een adorerende glinstering leek. 'Maar jij redt het wel,' vervolgde ze, wat volgens mij eerder een vaststelling dan een vraag was. 'Toen ik je op het vliegveld zag en ik je huid en je haar zag, dacht ik: ja, jij redt het wel, jij bent moedig.' (Zie je wel, de Kracht is inderdaad sterk in mij.) Ik gaf haar een knuffel en besloot de opmerking over mijn haar en mijn gebruikelijke antwoord daarop achterwege te laten en haar dus niet als ieder ander die het lef had daar iets over te zeggen, meteen de wind van voren te geven.

Maar naarmate ons gesprek vorderde werd het steeds duidelijker, bijna griezelig duidelijk zelfs, hoeveel overeenkomsten onze verhalen vertoonden, ondanks het feit dat we toen

we onze diagnose kregen in leeftijd bijna twintig jaar scheel-
den. De linkerborst? Ja. Stadium 3? Ja. Oestrogeengevoelig? Ja.
Geen kanker in de familie? Nee. We vertelden elkaar hoe we
het knobbeltje waarvan we allebei hadden gedacht dat het een
cyste was, hadden gevonden: zij in de douche, ik in bed met
P. Ik vertelde haar over dokter Lachebek en over zijn advies
om meteen over te stappen op het eten van waterkers en ker-
sen. Paloma vertelde me over haar oncoloog en dat hij erop
had gestaan dat ze alleen nog maar heel af en toe rood vlees
at, elke dag een glas wijn zou drinken, zich regelmatig zou laten masseren en vooral stress diende te vermijden.

'O ja, dat is mijn favoriete advies,' zei ik, hoewel dat in mijn
geval vreemd genoeg afkomstig was geweest van een caissiè-
re in de buurtsuper, geen oncoloog dus. 'Wat jij moet doen,
lieverd,' had ze mijn moeder en mij op het hart gedrukt toen
het me na Chemo 1 voor het eerst weer lukte om de twintig
meter naar de winkel af te leggen, 'is alle stress uit je leven
bannen. Werk, geld, zorgen, alles. Laat anderen daar maar
voor zorgen. Denk jij nou maar eventjes alleen aan jezelf.'

Het is fijn dat ik ook in de positie verkeerde dat dat kon.
Mijn werkgever was ontzettend aardig en begripvol geweest
door me meteen met verlof te sturen, P. nam alle financiële
lasten op zich (wat lang niet verkeerd is als je een meisje bent
met een zwak voor iTunes en handtassen), en wanneer mijn
ouders er waren zorgden die voor het huishouden. Alles werd
gewoon gedaan. De enige stress die ik had was de stress die
de tumor me aandeed, wat eerlijk gezegd op zich al meer dan
genoeg was. Maar mijn schoonzus en ik hadden nog iets gemeen gehad voordat we allebei kanker hadden gekregen, want
ongeveer een jaar voordat we op de kwaadaardige activiteit
onder onze linkertepel waren gestuit, hadden we het beiden
nogal zwaar gehad op ons werk. Zwaar in de zin dat je een

kort lontje hebt, niet meer kunt slapen en daardoor 's ochtends meteen al tegen je man uitvalt omdat hij zegt dat je moet opstaan.

'Het is die stress die voor kanker zorgt,' verklaarde mijn schoonzus stellig. Ik merkte dat ik weifelend en uit beleefdheid instemde. Maar dat had ze dus meteen door. 'Nee, nee, echt, dat is waar,' probeerde ze me te overtuigen. 'Dat zegt mijn oncoloog.' Nu had ik mijn oncoloog slechts een paar keer gesproken, maar ik kon me niet echt voorstellen dat Assistente Glamourpoes me zou vertellen dat stress kanker veroorzaakte, net zomin als ik me kon inbeelden dat ze me zou zeggen dat je van elke ochtend een gin-tonic of een dieet bestaande uit chocoladefondue snel weer gezond zou worden. Maar Paloma's arts geloofde dat duidelijk wel. Zij trouwens ook. En daarin verschilden onze verhalen dus wel.

Raar is dat, hoe een klein stukje zee tussen twee landen zo'n verschillende zienswijze over de Klotezooi kan opleveren. Aan de Britse kant van het Kanaal lijken we veel voorzichtiger te zijn met de hele kankersemantiek. Zo wordt 'geen spoor van kanker' wel gezegd, maar 'kankervrij' niet en denk ik ook dat het merendeel van de Britse artsen zich op de vlakte zou houden over de uitspraak dat stress kanker 'veroorzaakt'. Als ik mijn schoonzus mag geloven, hebben Spaanse oncologen vergeleken met hun Britse collega's veel meer aandacht voor iemands levensstijl, stress, instelling en iets als positief denken – van die rare, niet te meten zaken die je niet via een bloedtest kunt bepalen. Hoewel ik het tijdens dat gesprek niet zei, vind ik dat eerlijk gezegd een verrekte riskante aanpak. We worden immers toch geacht stress in toom te kunnen houden, net als je je cholesterol bijvoorbeeld kunt verlagen? En als stress tot kanker leidt, betekent dat dan ook dat degenen die het hebben gehad daar zelf verantwoordelijk voor zijn?

Als je er geen positieve instelling op na houdt, betekent dat dan dat je de zaken alleen maar verergert?

Ik vind het eigenlijk maar raar, dat stressgedoe. Hoewel ik denk dat er wel een, zij het, flinterdun medisch verband bestaat tussen stress en gezondheid (in de zin dat het volgens sommigen je immuunsysteem verzwakt), twijfel ik er niet aan dat het wel een rol speelt. Niet dat ik daar bewijs voor heb en ik weet dat ik nu riskeer dat je me erg zweverig zult vinden, maar ik heb altijd geloofd dat er een verband tussen lichaam en geest bestaat. Om maar iets heel simpels te noemen: blozen als je je schaamt. Of trillen als je zenuwachtig bent. Of jezelf zo erg opnaaien op de ochtend van je rijexamen dat je bijna moet overgeven. En wat dacht je van vlinders in je buik vlak voor een date? Maar dat stress kanker zou veroorzaken? Sodeju. Als dat zo was, zou er in elke metro een wagon vol kankerpatiënten zitten.

Het probleem is denk ik eerder dat mensen altijd op zoek zijn naar antwoorden. Waarom overkomt mij dit? Heb ik iets fout gedaan? Had ik iets wellicht anders moeten aanpakken? Dus stress toeschrijven aan kanker kan gewoon een voorbeeld zijn van die zoektocht naar een antwoord, terwijl dat niet bestaat. Ja, toegegeven, af en toe heb ik op momenten dat ik woedend was deze hele Klotezooi ook geweten aan het feit dat ik me altijd weer laat opnaaien door bazen met een grote bek, makelaars, slechte scheidsrechters en James Blunt. Maar eigenlijk geloof ik dat dus niet. Dat weiger ik gewoon te geloven, omdat de kanker dan mijn eigen schuld zou zijn. Er zijn een hoop zaken waar ik de verantwoordelijk voor wil nemen, zoals voor de roze nagellak op onze witte lakens, dat ik de afstandsbediening opeis om alle afleveringen van *Hollyoaks* te kunnen zien, dat ik ooit verkikkerd ben geweest op Mick Hucknall, maar nee, de Klotezooi hoort daar dus niet bij. Hoe

moeilijk het ook is om er vrede mee te leren hebben dat je afgezien van een rottige combinatie van oestrogeen en klote-
pech, niet iets of iemand de schuld kunt geven van deze ziekte, is dat wel zo'n beetje waar het op neerkomt. Que sera sera.

34

Gefeliciteerd

Juni 2009

'Doe maar rustig aan,' zei de laborante met een blik van 'daar gaan we weer' toen ik vorige week mijn jurk dichtritste na de jaarlijkse mammografie. 'Probeer je maar te ontspannen.' Ik liep groen aan en knapte bijna uit de naden van mijn jurk. 'Ontspannen?' brulde ik. 'ONTSPANNEN?!' (Ik vrees dat ik heel even een soort Brian Blessed werd.) 'Hoe kan ik me nou ontspannen? De vorige keer dat ik bij dit apparaat stond,' zei ik, terwijl ik vol minachting naar de machine gebaarde die mijn rechtertiet zojuist zo plat als een stressballetje had gedrukt, 'had dat niets om het lijf moeten hebben, alleen had ik toen dus wel BORSTKANKER. Ik ga ervan uit dat dat ook daar in dat dossier van je staat?' Volgens mij moest ze stiekem lachen om mijn reactie want ik zag haar mondhoeken omhoogkrullen, waarmee ze duidelijk aangaf dat ze mij niet zo serieus nam als de ziekte die ik had.

Mijn vorige mammografie vond plaats in de kliniek waar dokter Lachebek werkt, slechts een paar minuten voor de diagnose dat ik kanker had. Ik had toen niet eens geweten dat ik er eentje zou krijgen; ik dacht dat ik gewoon naar het ziekenhuis ging voor de uitslag van de 'standaardbiopsie' van mijn 'cyste'. Aangezien ik daar zelf voor had betaald, omdat ik dan acht weken eerder aan de beurt was dan wanneer ik het via het ziekenfonds regelde, kon toen zowel de test als de uitslag op één dag plaatsvinden. Tegen de tijd dat ik na de mammografie mijn kleren weer aantrok, waren de foto's al geprint. Aangezien dat mijn enige ervaring was waarbij mijn tieten waren geplet, ging ik er optimistisch genoeg dan ook van uit dat ondanks het feit dat het een ander ziekenhuis was, ik het, als er iets mis was met de uitslag van mijn mammografie, ook nu weer op dezelfde dag zou horen.

'Ik zal er niet omheen draaien,' zei ik tegen de laborante voor ik mijn beha losmaakte en zij het apparaat aanzette. 'Ik ben echt doodsbang.' Ze grijnsde minzaam, wat klaarblijkelijk haar onbehulpzame standaardreactie was op bijna alles wat er gebeurde. 'En ik wil dus echt dat je me dat zegt als je iets ziet wat niet helemaal klopt,' smeekte ik haar.

'Dat kan niet,' bitste ze terug. 'Ik kan je niets zeggen, want dat mag ik niet. Je zult moeten wachten tot je iets hoort van een arts.'

Er vielen een paar tranen op de rand van het apparaat voor me. 'En hoe lang gaat dat duren?' snikte ik.

'Zo'n twee tot drie weken, denk ik. Ze sturen je een brief. Of ze bellen. Soms bellen ze.' Ik ging ervan uit dat 'soms' betekende 'als er een probleem is'.

Ik bleef huilen terwijl de machine deed wat ze moest doen, zowel door de pijn van mijn platgedrukte borst als door het vooruitzicht dat ik zo lang op de uitslag zou moeten wachten. 'Oké, goed,' zei de laborante nadat het gezoem eindelijk was opgehouden. Ik draaide mijn hoofd met een ruk naar haar om. Betekende dat 'goed' in de zin van 'er is niets te zien', of 'goed' in de zin van 'we zijn klaar'? Ik durfde het niet te vragen, uit angst voor dezelfde reactie van 'dat ga ik jou echt niet aan je neus hangen' en omdat ik bang was dat mijn gekwetste kinderzieltje in combinatie met het gedrag van de Ongelofelijke Hulk er misschien toe zou leiden dat ik dan haar hoofd tegen de metalen plaat aan zou rammen die mijn rechtertiet net had geplet.

En dus is het nu wachten geblazen.

Weer.

Weer dus, verdomme.

Ik probeer me zo goed mogelijk te houden, neem zo veel mogelijk hooi op mijn vork als mijn vermoeidheid toelaat en doe net alsof ik elk geluidje van de telefoon of het geklepper van de brievenbus helemaal niet hoor. Ik probeer meteen van onderwerp te veranderen als dat ook maar zijdelings te maken heeft met de Klotezooi, duw alle negatieve gedachten naar de achtergrond en zodra mijn zorgen naar de oppervlakte komen, doe ik braaf alle kalmeringsoefeningen die meneer Halvezool me heeft geleerd. ('Is dit een rationele gedachte? Heb ik reden om aan te nemen dat het waar is? Kan ik het onderbouwen?') Het lastige daarvan is alleen dat mijn hoofd soms een beetje met me dolt en denkt dat het veel te slim is voor dat soort therapieonzin. 'Nou ja, eigenlijk,' zegt het sarcastische stemmetje in mijn hoofd dan, 'is die zorg wel degelijk rationeel en ja, je hebt inderdaad reden om dat te geloven en ja, je kunt het onderbouwen. Jezus, de vorige keer dat je ervan uitging dat je tieten kankervrij waren, kreeg je keihard het lid op de neus, dus die Halvezool kan de pot op met zijn kalmeringstechnieken. Als ik jou was zou ik lekker doorgaan met koekjes vreten.'

Rationeel denken heeft natuurlijk niet per se te maken met je beter voelen. Want uiteindelijk kun je niet om de feiten heen. Mensen kunnen dus zo veel en vaak als ze willen zeggen: 'Je redt het wel' en 'er is niets aan de hand', maar kunnen ze wel echt weten dat alles goed komt? Kunnen ze dat aan hun water aanvoelen? Natuurlijk niet. Net zomin als ik dat kan, of de artsen dat kunnen, of de alles verziekende Kankergod dat kan. En op dit moment heb ik al mijn aandacht nodig om beleefd te blijven kijken elke keer dat iemand dus zoiets zegt. Dan moet ik mijn tong afbijten om niet een monoloog af te gaan steken dat ik open moet staan voor eventueel slecht nieuws, dat ik mezelf op het allerergste probeer voor te bereiden en hoe vreselijk ik het zou vinden als ik 'zie je nou wel' zou moeten zeggen als ik een diagnose zou krijgen die uitsluitend aan mijn voorkeur voor symmetrie tegemoet zou komen.

De klotewaarheid is dat ik hoe dan ook geen ene moer aan die uitslag kan doen. Als er kanker in mijn rechtertiet zit (aangezien mijn linker helemaal is leeggeschept, was er geen enkele reden voor het scannen van die kant), zal ik gewoon een paar keer keihard moeten vloeken, het accepteren, de mouwen opstropen en door de modder waden van de tweede behandeling die ze me dan kunnen bieden. En als deze Klotezooi geen vervolg krijgt, dan wordt het me verdorie toch een waanzinnig Glastonbury-uitje.

Precies een jaar nadat ik te horen had gekregen dat ik borstkanker had, stond het tatoeëren van mijn linkertepel ingepland. Ze hadden me een paar tijdstippen gegeven waarop het kon, maar het leek mij eigenlijk wel leuk om juist op die dag naar de Tepelkliniek te gaan (heette die maar echt zo) en dus koos ik, altijd op zoek naar de romantiek achter een gebeurtenis, 17 juni uit als de dag dat ik de tepel, waarvan dokter Lachebek een jaar geleden had gezegd dat die eraf moest, zou laten vervangen.

Zelfs na een heel jaar brak het angstzweet me nog steeds uit als ik aan die diagnose terugdacht. *Hè? Ik? Borstkanker? Weet u dat zeker?* Het voelde nog altijd alsof ik het over iemand anders had, over de een of andere zielenpoot waarin ik een tijdschrift over had gelezen of over had gehoord tijdens een afgeluisterd gesprek in de bus. Het was nog niet tot me doorgedrongen. Nog steeds niet. Misschien gebeurt dat ook wel nooit.

De mammografie was inmiddels een week geleden en P. en ik belden al een paar dagen lang minstens twee keer per dag het ziekenhuis of de uitslag al bekend was. We waren in de wachtkamer allebei dan ook zo ongedurig als een stel kangoeroes op een trampoline en sprongen zowat uit ons vel toen een hoog stemmetje mijn naam riep. Ik keek op om te zien van wie dit olijke gekwetter afkomstig was en zag een bruisende blonde tante staan, compleet met indrukwekkende hoeveelheid oogschaduw en felroze trui. Alles aan haar: haar kleren, make-up, haar en schoenen, straalden uit dat ze 'iets met kleur deed'. De Roze Dame bleek mammacare-verpleegkundige van beroep, maar had daarnaast een aanvullende opleiding als tepelkleurspecialist gevolgd en nu hielp ze vrouwen aan tepelhoven die ze door een borstamputatie waren kwijtgeraakt. Ik vermoed dat 'kleurenspecialist' niet de juiste benaming is, het is vast iets wat medisch gezien imposanter klinkt, iets als Tepelhof-vervangingsspecialist of zo, of professor in de Tepulaire Reconstructie.

Meteen aan het begin van de afspraak gaf de Roze Dame me een fotoalbum zodat ik al snel meer beelden van tieten zag dan in een hele jaargang van de Playboy. Ik bladerde er vol verwondering doorheen, vooral vanwege de 'voor'-foto's van boezems met één tepel naast de 'achteraf'-foto's met daarop trotse, voltooide borstkassen in volle dubbeletepelglorie.

Ik probeerde de juiste geluiden te maken waarmee ik blijk zou geven van mijn goedkeuring in plaats van opwinding, maar ik vond het eerlijk gezegd allemaal toch wel een beetje op een soort kinky interieurprogramma op tv lijken, mede doordat die getatoeëerde tepelhoven wel iets weg hadden van trompe-l'oeils (ontwerper Laurence Llewellyn Bowen zou hier vast op kicken), en ik me al half inbeeldde dat mijn tiet dan de volgende make overkandidaat zou zijn. De Roze Dame pakte een polaroidcamera (ik neem aan dat ze wel zo'n meteen-klaarding móést hebben, want ik kan me niet voorstellen dat ze bij de fotobalie van de plaatselijke drogist een oogje zouden dichtknijpen als ze al die rolletjes vol tieten zouden zien) en nam een foto van mijn 'voor'-tiet. En ik ondertussen maar giechelen.

Ik nam plaats op het bed terwijl de Roze Dame zich over me heen boog en mijn niet-tepel met de rechtertepel vergeleek. 'Hmm,' peinsde ze hardop. 'Ze zijn prachtig lichtroze, hè.' Ik had haar wel kunnen zoenen. Wat een verrukkelijk compliment. Misschien wel het mooiste compliment dat ik ooit heb gehad, en dus negeerde ik haar gebruik van het meervoud dan ook maar even, terwijl ik duidelijk een enkelvoudig tepelgeval was. 'Ik denk dat we heel zachtroze nodig hebben, met een vleugje reebruin of misschien gewoon bruin,' ging ze verder. Terwijl zij zoemend aan de slag ging met mijn borst, met precies dezelfde soort tatoeagenaald waarmee het sterretje op mijn pols was aangebracht, dacht ik terug aan mijn vroegere baan als redactrice voor een woontijdschrift. Ik probeerde me verwoed de namen te herinneren van roze verf met een vleugje reebruin zodat ik haar versteld kon laten staan van mijn kleurenkennis. 'Hm, ja, ik vermoed dat dat goed past bij Farrow & Ball's-oudroze, hè? Of misschien nog eerder Dulux' cyclaamroze?' Gelukkig wist ik mezelf te bedwingen en niet als de eerste de beste betweter uit de hoek te komen, wat volgens mij een slimme zet was, aangezien mijn wangen toch al de neiging hebben 'magenta' te kleuren.

Hoe blij ik ook was dat ik de optische illusie van een derde tepel bezat, waarvan de kleur bijna identiek was aan zijn evenbeeld, kon ik een ietsiepietsie teleurstelling toch niet onderdrukken. Het siliconenimplantaat in mijn nieuwe tiet verving niet alleen het exemplaar dat me was afgenomen, maar trok er met zijn pronte, mooie ronde welvingen zelfs een lange neus naar. Alleen leek de vervangende tepel nu wel het zielige zusje van de rechtertepel, want hoe goed het werk van de Roze Dame ook was, zó fraai was het nu ook weer niet. Helaas moet ik dus toch zeggen dat het inkleuren van dat verwrongen stukje huid dat ik mijn derde tepel was gaan noemen, wel iets weg had van Mac-lippenstift opdoen bij een varken.

Misschien dat het aan mijn stemming van die dag lag. Misschien dat als ik een week later had afgesproken voor mijn tepeltatoeage, of zelfs vóór die jaarlijkse mammografie, ik dan een volkomen andere bui had gehad.

'Hoe ziet-ie eruit?' vroeg P. toen ik weer in de wachtkamer kwam.

'Hij is eh... Tja, gewoon, mwah,' luidde mijn weinig toeschietelijke antwoord.

'Mwah?' herhaalde P.

'Mwah, ja. Gewoon mwah. Je ziet het straks wel.'

'Oké, schatje,' zei hij terwijl hij mijn handtas oppakte en met me mee naar buiten liep. 'En nu? Naar huis en effe chillen?'

'Is goed. Maar ik moet eerst nog wat doen,' zei ik.

Zonder het te hoeven vragen pakte P. mijn mobieltje al uit mijn tas.

Het kwam niet alleen doordat ik op 17 juni graag een fijne 'kankerverjaardag' wilde hebben dat ik hoopte op een goede mammografie-uitslag. Om te beginnen was ik doodsbang dat ik de uitslag zou krijgen terwijl we in Glastonbury waren en dat ik dan pal voor het Pyramid-podium in een pauze zou horen dat ik het festival vroegtijdig zou moeten verlaten vanwege nog meer ongewenste activiteit onder mijn beha. Als ik vandaag goed nieuws te horen zou krijgen, betekende dat dat Glastonbury van mij was en dat ik ervan kon genieten op de manier waarop ik me dat ook had voorgesteld sinds ik de kaartjes op een sombere oktobermiddag midden in mijn chemokuur had gekocht. Maar nog meer dan op een fantastisch festival, hoopte ik op een mooie afsluiting van dit boek. Zoals je op de voorgaande pagina's hebt kunnen lezen, ben ik er dol op ergens een punt achter te kunnen zetten en het idee dat dit verhaal zou eindigen met de terugkeer van mijn kanker – of nog erger, met een onduidelijke uitslag – baarde me denk ik evenveel zorgen als de eventuele terugkeer van die tumor. Ik wilde dit boek keurig netjes kunnen afsluiten: 'Een jaar uit het leven van de Klotezooi'. Ik wilde de dag dat het exact een jaar geleden was dat ik kanker had tot een aangrijpende verjaardag maken en de 365 voorafgaande dagen benoemen tot 'Het jaar waarin ik een boek heb geschreven' in plaats van 'Het jaar dat ik kanker had'.

Maar met of zonder goede uitslag, zelfs deze suffe optimist wist dat 17 juni 2009 niet het einde van het hele verhaal zou zijn. Er stond me nog een hoop meer te doen. De heftigste fase van mijn Klotezooi-ervaring had zich dan misschien in een keurige tijdspanne van twaalf maanden afgespeeld, de grotere strijd zou een heel leven duren. En of het nu één of dertig jaar na de diagnose was, ik vermoedde dat het zenuwachtige, dreigende gevoel in mijn maag toen ik het ziekenhuis belde voor de uitslag van de mammografie, jaarlijks zou terugkeren.

'Fuckerdefuck, P., ze gaat me zo terugbellen. Dat kan toch niet goed zijn?'

'What the...? Nee. NEE,' bitste P. vanachter het stuur terwijl hij zijn stem met elke lettergreep verder verhief. 'Zeg eens PRE-CIES wat ze tegen je heeft gezegd.'

'Ze zei dat ze de uitslag voor zich had liggen, maar die eerst met een arts moest bespreken voor ze het me kon vertellen.'

'Zijn dat echt precies de woorden die ze gebruikte?' brulde P. kwaad.

'Ja. Echt... Ik dacht het wel. SHIT, P., IK WEET HET OOK NIET MEER!'

'Waarom zou ze dat zeggen?' schreeuwde hij tegen de toeristen die bij het oversteken bij Marble Arch negeerden dat hij voorrang had. 'WAAROM ZOU ZE DAT NOU ZEGGEN, VERDOMME?'

'Ogodogodogodogodogod,' stamelde ik. Ik ging op mijn handen zitten terwijl ik mijn nagels achter in mijn bovenbenen drukte en heen en weer begon te wiegen in mijn stoel.

Eenmaal thuis smeten we onze tassen in de woonkamer en ploften neer op bed, waar we naast elkaar op onze rug lagen en in een verdoofde stilte naar het witte plafond staarden. De telefoon ging.

'Hé, zus! *Fo Shizzle ma nizzle*,' rapte Jamie aan de andere kant van de lijn. 'Wassup...'

'Nee-J.-niet-nu-'k-zit-te-wachten-op-de-mammografie-uitslag,' stamelde ik waarbij ik mijn zin tot één onverstaanbaar woord verhaspelde.

'Shit hé, oké,' zei hij. Hij hing meteen op, in een nanoseconde de mond gesnoerd. De rapper hield zijn klep.

'Het was Jamie maar,' zei ik tegen P., terwijl hij dat natuurlijk allang doorhad.

'Waarom gebeurt dat toch altijd?' jammerde hij. 'De hele dag gaat dat kutding niet en dan net als je een heel belangrijk telefoontje verwacht...'

'Net als een bus,' mompelde ik, te zeer afgeleid om met iets anders dan dit afgezaagde mopje te komen.

We gingen weer naast elkaar op bed liggen, met een paar centimeter wit katoen tussen ons in, te zenuwachtig om elkaar zelfs maar met onze vingertoppen aan te raken. Ik inspecteerde de onvolkomenheden op het plafond dat ik inmiddels net zo goed kende als mijn eigen spiegelbeeld.

En toen was het zover. Ik herkende het nummer. 'Dit is het.' P. schoot overeind en sloeg zijn benen over elkaar terwijl hij zijn hoofd in zijn handen liet zakken net als hij destijds had gedaan toen we hadden gehoord hoe ernstig mijn ziekte was.

'Hoi, met Lisa, dag,' antwoordde ik gehaast. 'Kun je het me nu vertellen?'

'Lisa, ja, sorry voor daarnet,' hoorde ik de verpleegkundige zeggen, waarbij ze even een dramatische stilte inlaste die ik niet op prijs stelde. 'Het ziet er goed uit.'

35

Je beste beentje voor

Juli 2009

Tijdens het hoogtepunt van de top 40 van het boulevard-
persfeest dat de naam 'The Battle of Britpop' droeg, hing ik
met mijn gerafelde Fred Perry-T-shirt aan de balustrade aan
de achterkant van het strandhuisje dat we met de hele familie hadden gehuurd, naarstig proberend om af te stemmen op de juiste radiozender om te kunnen horen of Blur
of Oasis nou op nummer één stond. Ik vrees dat 'huisje aan
het strand' alleen een iets te rooskleurig beeld schetst, want
het was eerder een geel houten hutje dat bijzonder in trek
bleek bij wespen en dat het slaperige (nou ja, comateuze)
stadje Sutton-on-Sea behoedde voor het bikkelharde (laten
we wel wezen, waarschijnlijk radioactieve) tij van Lincoln-
shire. Hier ging mijn familie elke zomer twee weken naartoe, en in 1995 was dé zomerhit 'Country House' van Blur.
En nu even snel veertien jaar vooruitspoelen naar afgelopen
zondagavond, halverwege en ergens achter in het publiek
voor Glastonbury's Pyramid-podium terwijl Blur, dat net een
doorstart had gemaakt, datzelfde liedje speelde. Dat riep
acuut beelden in mijn hoofd op van wespensteken, patat
met kleine stukjes gefrituurde vis en al het zand uit mijn
Samba Adidassen moeten schudden. Ik geef direct toe dat

'Country House' absoluut geen geweldig nummer is (dat was toch ook de hele ironie van The Battle of Britpop?), maar al na een paar maten van het hoempapageluid van de kopersectie waande ik me weer terug in Sutton-on-Sea.

Gezien het verband tussen popliedjes en herinneringen aan vroeger is het denk ik ook geen toeval dat ik de afgelopen drie maanden meer cd's heb gekocht dan het hele afgelopen jaar. Dat vind je misschien raar, aangezien ik de afgelopen tijd zo veel vrije tijd heb gehad dat ik met gemak alle liedjes van Pink Floyd tot aan Elvis Presley zelfs achterstevoren had kunnen instuderen, maar ik heb tijdens mijn Klotezooi-jaar eigenlijk überhaupt weinig aandacht besteed aan muziek. Dat heeft ongetwijfeld een groot gat geslagen, maar ik wijt mijn desinteresse heel eenvoudig aan een volkomen gebrek aan alles wat ook maar in de verste verte te maken had met interesse, energie of zin.

Nu vraag ik me echter af of ik misschien onbewust wilde vermijden dat mijn soundtrack van 2008/9 vertroebeld zou raken doordat het het ergste jaar van mijn leven was. Bij de enige cd die ik in die hele periode wel heb grijsgedraaid (*The Seldom Seen Kid* natuurlijk), wilde ik er alleen naar luisteren als ik me weer een beetje mens voelde, want ik keek wel uit voor ik die liet bezoedelen door herinneringen aan die klotekanker. Ergens hoop ik zelfs stiekem dat ik er expres een muziekarme periode van heb gemaakt, aangezien dat misschien wel het slimste is wat ik ooit heb gedaan.

Het bereiken van Glastonbury met P., Tills en Si (zo omschrijft Tills het althans, alsof je dat kunt vergelijken met het bereiken van de top van de Mount Everest of met Nelson Mandela's *Long Walk to Freedom*,) had niet alleen veel om het lijf in de zin van hoeveel ik in mijn 'jaartje ertussenuit' had meegemaakt, maar ook doordat ik besefte hoe moeiteloos je weer kunt terugvallen in de geruststellende armen van alles waar je van houdt (of graag naar luistert). Alsof je van een vervaarlijk danskoord op een groot, zacht kussen belandt. Dat het allemaal plaatsvindt op een boerderij in Somerset maakt het alleen maar geweldiger. Als je weinig bereik hebt en sms'jes er achtenveertig uur over doen en je laptop, e-mail en Twitter-account in geen velden of wegen te bekennen zijn, ben je echt nog verder verwijderd van alle drukke communicatiemiddelen van het leven waar je thuis niet zonder dacht te kunnen. Hoewel dat de rest van de tijd merkwaardig genoeg zelfs best geruststellend aanvoelde, hoef je dan opeens niet continu ziekenhuisenquêtes in te vullen, herhalingsrecepten te bestellen, vervolgafspraken in te plannen, of een paar keer per dag vragen te beantwoorden over hoe je je voelt. Sodeju, wat was dat heerlijk! Op een van die middagen daar keek Si met een schok op van zijn glas cider – of pis, want dat het net zo goed kunnen zijn. 'Gossiemijne,' zei hij zomaar uit het niets, 'ik was even vergeten dat je ooit ziek bent geweest.' En het mooie daaraan was dat ik dat voor het eerst dat jaar ook even was vergeten. Dank je wel, Glastonbury. Je komt dan misschien wel beurs, modderig en met meer bacillen terug dan een mobiele toiletcabine op een zondagavond heeft vergaard, maar voor elke plek die mij de Klotezooi kon doen vergeten, steek ik à la McCartney mijn duimen omhoog. Die vier dagen op Worthy Farm markeerden dan ook meer dan alleen een geweldige reünie van Blur, de terugkeer van Springsteen-zweetbandjes en de ontdekking dat Neil Young 'Down by the River' drie weken kan laten duren. Het markeerde tevens het moment dat ik mijn vinger van de pauzeknop kon afhalen en eindelijk weer op de *play*-knop van mijn heerlijke leventje kon drukken.

Terwijl P. en ik elkaar warm hielden boven een kaarsvlamme-tje op ons bejaarde dekentje op het grootste rockfestival ter wereld, zei hij opeens: 'Als iemand me een jaar geleden zou hebben gezegd dat we hier zouden zitten en jij beter zou zijn, dan nou ja...'

'Nou ja, wat?' vroeg ik.

'Nou ja, weet je, ik denk dat ik daar wel genoegen mee zou nemen,' zei hij na een tijdje, wat waarschijnlijk 's werelds grootste understatement was.

'Ja, dat denk ik ook,' was mijn even droge antwoord.

Een paar maanden daarvoor had een of andere betweter op mijn blog geschreven dat ik op een dag zou beseffen dat alles weer normaal was, zonder door te hebben gehad wanneer dat precies was gebeurd, maar ik denk dat het dus toen was: tij-dens dat beciderde gesprek in de kou, toen de kanker slechts een nietig detail was waar mijn man en ik niet meer van on-der de indruk waren.

Ik verlangde al langer dan een jaar naar een gesprek dat niet zou gaan over mijn diagnose, mijn haar, mijn immuunsys-teem, mijn littekens, mijn infectie, mijn opvliegers of mijn tie-ten. Ik was de tel kwijtgeraakt van het aantal mensen dat een telefoontje begon met de vraag 'en hoe voel je je nou?' in plaats van 'hallo'. Het was overweldigend fijn om te weten dat mijn welzijn iedereen zo aan het hart ging, en dat ze zo graag wil-den horen in welke fase van herstel ik me bevond, maar altijd maar weer naar mijn welbevinden vragen betekende ook dat er dus wel iets fout moest zijn.

Zo was ik dus eigenlijk op zoek – meer nog dan naar een remedie tegen kanker, of een tumorvrije tiet, of een goed kap-sel of een nieuwe tepel – naar de schijn van normaliteit. Nor-male omstandigheden waarbij ik het over *Coronation Street* in plaats van over kanker kon hebben. Of dat ik misselijk was vanwege te veel drank in plaats van de chemo. Dat mensen me zouden vragen 'hoe gaat-ie?' in plaats van 'hoe voel je je vandaag?' Normaal in de zin van kunnen zaniken over mijn haar, ondanks het feit dat ik een tijdje geleden niet eens haar hád, of zeuren over mijn dikke dijen, alsof dat het ergste was dat je mogelijkerwijs kon overkomen. Normaal in de zin van ouders hebben die gewoon een weekendje konden komen logeren omdat ze ons even wilden zien, niet omdat ze voor ons moesten zorgen. Dat ik mijn man kon zeggen dat ik van hem hield, alleen maar omdat ik daar zin in had, zonder mezelf bang af te hoeven vragen hoe vaak ik dat nog zou kunnen zeggen. Normaal in de zin van op een deken in een weiland kunnen zitten, in plaats van onder een deken op de bank. Normaal in de zin van dat ik opging in een menigte van zeker 180 000 mensen.

Ja, inderdaad, ik had die borstkankerbehandeling weten te doorstaan. Alleen wilde ik niet per se daarom tot heldin worden uitgeroepen. Ik wilde gewoon een normaal meisje zijn, dat een normaal leven leidde, net als voor deze Klotezooi. Ik wilde mijn vaders dagelijkse vraag of er nog nieuws was kunnen beantwoorden met een verveelde 'weet ik veel', en dat hij dan tevreden zou antwoorden: 'Daar moet ik het dan maar mee doen, hè.' Hoewel het te veel eer zou zijn – en een compleet verzinsel – als ik je nu zou zeggen dat ik niet ergens dolgraag elke Glastonbury-ganger had willen aanhouden om te zeggen: 'Hé, heb je 't al gehoord? Ik heb borstkanker overleefd', in de hoop dat ze me op een biertje zouden trakteren, wist ik tegelijkertijd dat ik het overleven van borstkanker niet per se aan mezelf te danken had. Ik heb de kanker helemaal niet verslagen. Ik had alleen het soort kanker dat behandeld kon worden en een briljant medisch team dat kon toezien op de uitroeiing ervan. Mijn taak bestond er slechts uit hen daartoe in de gelegenheid stellen, de behandeling ondergaan, te accepteren hoe ik me door die behandeling zou voelen en eruit zou zien, en gewoon maar hopen op een goede afloop.

Dat is me allemaal echter iets te zen, en aangezien ik het soort meisje ben dat (a) de voorkeur geeft aan een burn-out in plaats van een fade-out en (b) nooit een kans voorbij laat gaan om een beloning op te strijken, wist ik P. na Glastonbury te strikken voor een wel heel bijzonder winkeluitje.

'Ik betaal,' zei hij.

'Nee, ík betaal,' protesteerde ik, terwijl ik me afvroeg waarom we ruziemaakten over wie de creditcard van onze gezamenlijke rekening zou overhandigen.

'Maar ík wil betalen,' kibbelde P. door.

'Goed dan,' bond ik in. 'Maar als iemand het vraagt, dan heb ik ze gekocht. Als cadeautje voor mezelf! Oké?'

'Ja hoor, prima.' Hij trok zijn wenkbrauwen bedenkelijk op toen hij de etalage zag.

Als je voor het gemak even vergeet dat we moesten aanbellen voor we de winkel in konden en dat ik een geweldig toegewijde, hulpvaardige verkoopster helemaal voor mezelf had, was dit een van de doodgewoonste zaterdagmiddaguitjes die P. en ik ooit hebben gehad. Ik stond veel langer dan strikt noodzakelijk gekke bekken te trekken in de spiegel en hij stond wat ongemakkelijk in een hoekje op zijn telefoon de cricketuitslagen te checken.

'Peeeeeeeeee,' jammerde ik. 'Zeg nou eerlijk! Deze of deze?'

'Eh... Kom eens wat dichterbij.' Hij verborg de telefoon achter zijn rug, maar haalde zijn vinger overduidelijk niet van het knopje omdat hij de pagina dan zou kwijtraken. 'Ik weet niet, lieverd. Jíj moet ze aan.'

'En jij moet ernaar kijken,' kaatste ik terug.

'Kweenie. Ik vind ze allebei wel mooi,' was zijn laatste woord.

'Nou, dat helpt echt enorm.' Ik wierp een blik op de verkoopster, die ik daarmee uitnodigde om als publiek te fungeren in deze man-vrouw-winkelroutine die we in al die jaren hebben geperfectioneerd. 'Het lastige,' zei ik tegen haar, terwijl P. zich weer richtte op een gevallen wicket, 'is dat ik deze nooit meer uit wil trekken. En als ik zo veel geld ga uitgeven, moeten ze wel overal bij staan.' Ik nam aan dat het weinig zin had om net te doen alsof dit soort uitspattingen vaste prik was, want het was wel duidelijk dat ik gewoonlijk in Kennington winkel en niet in Knightsbridge.

'In dat geval denk ik niet dat het uitmaakt welke van de twee je kiest,' antwoordde ze beleefd, ter ondersteuning van de mening die P. bijna had gegeven.

Ik bleef nog een tijdje gekke bekken trekken voor de spiegel voor ik me weer tot P. wendde. 'Deze,' zei ik terwijl ik naar mijn rechtervoet wees. 'Deze worden het.'

'Weet je het zeker?' vroeg P. terwijl hij zijn creditcard inruilde voor een erg chique bruine tas. 'Het is een grote stap.'

'Het is een verrekt grote stap, ja,' beaamde ik.

'Ik ga nog even deze laatste *overs* kijken terwijl jij met je nieuwe speeltje speelt,' zei P., die languit op de bank ging liggen nadat hij op bewonderenswaardige wijze een paar uur meisjesgedoe had moeten doorstaan. De overblijfselen van ons festival lagen nog verspreid op onze slaapkamervloer en ik schoof wat rugzakken en regenjassen aan de kant om mijn geweldigste aankoop ooit uit de doos te halen. Vervolgens schopte ik nog wat vieze kleren en modderlaarzen onder het bed om ruimte te maken tussen de spiegel en mij en zette toen voorzichtig een paar stapjes in mijn Christian Louboutins met open teen.

'Haha!' kraaide ik opgewonden bij de aanblik van mijn plotseling gegroeide gestalte van maar liefst 1 meter 85. Ik hief mijn armen en wist wankel maar met een bevrijd gevoel nog net overeind te blijven. Ik moest in de nasleep van de borst-kanker toch weer leren lopen en nu legde ik de lat ook nog eens twaalf centimeter hoger. Maar na een kutjaar vol uitzon-derlijke beproevingen, waarin ik slechts kon hopen dat ik overeind zou blijven, bedacht ik nu dat dit doodgewone meis-je wel toe was aan een nieuwe uitdaging.

Dankwoord

Ik lees al mijn hele leven de dankwoorden in cd-hoesjes en heb er altijd van gedroomd dat ooit eens zelf te kunnen doen, dus vergeef me als ik me als een hongerige shopper op de eerste dag van de uitverkoop hierop stort.

Ik wil graag ~~de Academy~~ de volgende mensen bedanken, niet alleen voor hun hulp zodat dit boek bij de drukker is beland, maar ook voor wat zij hebben gedaan om me door deze klotezooi die ik de Klotezooi noem heen te helpen slepen.

Allereerst aan alle ongelofelijke internetvrienden (oeh, vriend) die mijn blog *Alright Tit* ooit hebben gelezen, ernaar hebben gelinkt, hebben geretweeterd, rondgebazuind of gepimpt. Ik geef jullie bij dezen twee dikke zoenen. Marsha Shandur, die er vroeg bij was en anderen altijd een stapje voor bleef. Stan Cattermole, voor de blogbijdrage die zijn kritische lezerspubliek op mijn blog attendeerde. Stuart Bradbury, voor het geweldige ontwerp waardoor mijn site opviel. Matt Thomas, die bleef zeuren dat ik moest gaan twitteren. Stephen Fry, die met zijn bijzonder aardige woorden het aantal hits tot grote hoogten bracht.

Kath, omdat ze de beste baas is (en ook een geweldig slechte invloed op me heeft), en alle anderen bij Forward. Shirley, voor haar veelvuldige, attente mailtjes en genoeg bloemen om een potpourrizaak mee te kunnen beginnen. Mr. Bancroft, omdat ik altijd heb gezegd dat ik hem zal bedanken als ik ooit een boek zou schrijven. Dave Grohl, voor het negeren van de continue stalkerachtige verwijzingen. (En dit is mijn allerlaatste niet al te goed verhulde poging om zijn aandacht te trekken.) Derby County, omdat ze overeind bleven in een seizoen waarin ik een degradatie niet zou hebben getrokken. Sgt Pepper, die me dwong af en toe pauze te nemen door boven op het toetsenbord te gaan zitten (eventuele typefouten zijn dan ook haar schuld), en omdat ze me heeft veranderd op een manier waarop de kanker dat nooit zou hebben gekund.

Dank aan mijn agent Matthew Hamilton, die ontdekte dat ik schreef en altijd vlak voor het weekend met goed nieuws kwam. Aan iedereen bij Arrow, met name Steph Sweeney, Gillian Holmes, Claire Round, Louisa Gibbs, Charlotte Bush, Amelia Harvell, Richard Ogle, David Wardle en het verkoopteam voor hun verpletterende enthousiasme en vertrouwen in *Toffe Tiet* en alle noeste arbeid (en drank) die benodigd was voor het boek naar de drukker kon.

Dank aan alle medisch deskundigen bij het London Breast Institute en het Royal Marsden Hospital (van wie de meest gedenkwaardigen in dit boek worden genoemd) en wier deskundigheid ervoor heeft gezorgd dat ik hier nog ben. Ik sta enorm bij jullie in het krijt, maar jullie zullen voorlopig genoegen moeten nemen met deze erkenning en een paar cupcakejes.

Dank aan al mijn geweldig vrienden, die me vanaf het allereerste blogbericht niet-aflatend hebben aangemoedigd, bijna net zo erg als van die opdringerige showbizzmoeders. En vooral die ontzettend lieve Tills, omdat ze in Chemoweek 3 altijd iets leuks wist te verzinnen en de zus is die ik nooit heb gehad. En dank aan Si, voor de altijd beschikbare doe-hetzelfhulp en chips met rare vormpjes. Aan Ant, die onverdeeld dichtbij bleef ondanks de in werkelijkheid grote afstand tussen ons. Aan Polly en Martin, voor hun geweldig opgeluchte reacties toen de uitslag van mijn mammografie goed bleek. En aan onze 'Goldsmiths Mum' Angela, die de 'caps lock' eraf haalde. Aan Weeza, die mijn leven al beter maakte alleen door er weer deel van uit te maken. Aan Busby, voor de rossige carnavalspruik en het planten van dat Super Sweet-zaadje. Lil, omdat ze Sgt Peppers lievelingstante is. Sal en Ive, voor *Abigail's Party* en hun op kleur afgestemde beterschapskaartjes. Ali, voor de talloze vrolijke theeleutsessies. Aan Leaks, die het nooit maar dan ook nooit serieus nam. Aan *The WardJonze Entity* voor twaalf jaar wc-humor en het boek dat we nog niet hebben geschreven. Aan Jon, Suze en de jongens, dat P. en ik deel mochten uitmaken van jullie geweldige familie. En aan elke andere, onmogelijk hier allemaal op te noemen, vriend of vriendin die me ooit heeft gebeld, geknuffeld, me op Facebook heeft gepord, gemaild, bezocht, ge-sms't, gemberkoekjes voor me heeft gebakken of een afropruik uit Liverpool voor me heeft gekocht. Ook dank aan de mensen die gewoon niet wisten wat ze moesten zeggen.

Aan de Lynch-clan: Val, Terry, Ted, Paloma, Andy, Tracey, Izzy, John, Val (en als ik de rest van de aangetrouwde familieleden uit de regio Liverpool nu ga opnoemen zou ik nog een boek moeten schrijven): een sterke familie waar je niet omheen kunt. Zullen we het binnenkort in The Star vieren?

Jean en Hedley, die me altijd weer het gevoel gaven dat ik op het juiste spoor zat. Paul, die een obsceen geldbedrag aan Breast Cancer Care heeft gedoneerd voor het eerste exemplaar van dit boek. Will, die 'borstkanker' op internet opzocht terwijl hij tot aan zijn knieën in de lego had moeten zitten. Non, die zoals altijd ook nu kalm bleef. Tante Anne, mijn kankermaatje, mijn held en de moederkloek der moederkloeken. Oom Frank, met wie ik zo lekker kan knuffelen. Matthew, voor reisjes naar het Isle of Wight en de geklutste eieren met restjes curry. En aan alle anderen die ik gelukkig familie of een vriend van de familie mag noemen.

Jamie, de attentste, aardigste, liefste, grappigste, kloterigste broer die je maar kunt bedenken en die me altijd in de zeik neemt. Dank ook aan zijn prachtige Leanne, omdat ze het lef had om zich in te trouwen in de familie Mac (en die naam absoluut waard is). Aan mijn ongelofelijke ouders, voor AL-LES. Zelfs op de aller-allerergste momenten van de Klotezooi heb ik nooit ook maar iets anders gedacht dan dat ik toch maar ontzettend bofte dat ik uit zo'n uitzonderlijk stel ben voortgekomen. Ik hoop dat jullie beseffen dat jullie een buitengewoon gezin hebben gesticht op wie veel mensen jaloers zijn.

En – als laatste en belangrijkste – mijn lust en mijn leven, mijn drijfveer, mijn wereld, mijn alles: mijn P.

Bij de productie van dit boek is gebruikgemaakt van papier dat het keurmerk Forest Stewardship Council (FSC) draagt. Bij dit papier is het zeker dat de productie niet tot bosvernietiging heeft geleid. Ook is het papier 100% chloor- en zwavelvrij gebleekt.